中國學術思想 研究輯刊

三五編

林慶彰 主編

第1冊

《三五編》總目

編輯部 編

《詩經》誓詛詩研究

許清源 著

花木蘭文化事業有限公司

國家圖書館出版品預行編目資料

《詩經》誓詛詩研究／許清源 著 -- 初版 -- 新北市：花木蘭文
化事業有限公司，2022〔民111〕
目 4+182 面；19×26 公分
（中國學術思想研究輯刊 三五編；第 1 冊）
ISBN 978-986-518-803-0（精裝）
1.CST：詩經 2.CST：研究考訂
030.8   110022420

ISBN-978-986-518-803-0

9 789865 188030

中國學術思想研究輯刊
三五編 第 一 冊   ISBN：978-986-518-803-0

《詩經》誓詛詩研究

作　　者　許清源
主　　編　林慶彰
總 編 輯　杜潔祥
副總編輯　楊嘉樂
編輯主任　許郁翎
編　　輯　張雅淋、潘玟靜、劉子瑄　美術編輯　陳逸婷
出　　版　花木蘭文化事業有限公司
發 行 人　高小娟
聯絡地址　235 新北市中和區中安街七二號十三樓
　　　　　電話：02-2923-1455 ／傳真：02-2923-1452
網　　址　http://www.huamulan.tw 信箱 service@huamulans.com
印　　刷　普羅文化出版廣告事業
封面設計　劉開工作室
初　　版　2022 年 3 月
定　　價　三五編 23 冊（精裝）新台幣 62,000 元

《三五編》總目

編輯部 編

《中國學術思想研究輯刊》三五編 書目

詩經學研究專輯

左傳學研究專輯

先秦學術思想研究專輯

漢代學術思想研究專輯

魏晉學術思想研究專輯

《中國學術思想研究輯刊》三五編
各書作者簡介・提要・目次

第一冊　《詩經》誓詛詩研究

作者簡介

　　許清源，1982 年生於臺北。少時於北部生活、求學。父逝後，與家人搬遷至雲林定居。大學時就讀東海大學中文系，當時便熱衷古典文學的研究與閱讀。畢業後，謀得教職，現任教於雲林縣立崙背國民中學。任教期間，始終對於學術研究無法忘情，遂於 2015 年重回東海中文系攻讀碩士，從師於呂珍玉老師門下。此篇「《詩經》誓詛詩研究」，即是在呂珍玉老師指導下所完成的碩士論文。

提　要

　　《詩經》留下珍貴的周文化記錄，透過讀《詩》，可以考察周人政治、社會、生活、信仰等樣貌。崇尚周文化的孔子，更是提出「溫柔敦厚詩教也。」以《詩》為教材，期勉弟子讀《詩》，從中培養性情，以此推廣到敦厚風俗，甚至治理國家。然而所謂詩教，除了主文譎諫方式的美刺外，有些時候詩人也難免無法克制對現實的不滿，直露陳詞，甚至指天立誓，以死咒人。這類誓詛詩在《詩經》中約十七首，因異於溫柔敦厚的特質，歷來不被學者重視。撰者以為通過這些不假辭色，情感率真的詩篇，或許也是考察周人遇事態度、情感宣洩、生命情態、道德標準、精神依託的好材料，亦不失為反面觀察的好視角。因此通過文本詳析，歸納誓詛詩篇，探析詩人寫作情境，生活遭遇，

如何透過誓詛抒發情感，採用的誓詛儀式，以及背後所呈現的周人精神依託。

本論文共分六章，各章要旨如下：

第一章「緒論」，說明本文研究動機，前人研究情形、研究範圍與研究方法、研究步驟與預期成果。

第二章「誓詛行為的形成」，分為「發誓」、「詛咒」與「宗教裡的誓詛」三節，前兩節分別探討誓、詛行為形成的原因，進行這種行為時的心理狀態與儀式。第三節「宗教裡的誓詛」，取佛教、基督教、道教中的誓詛行為和《詩經》對照，比較彼此異同。

第三章「《詩經》發誓詩探析」，共列《詩經》中發誓詩篇十二首，以毛詩、三家詩為基礎，並參酌歷代《詩經》重要注家詮解詩義，以為詩旨判讀依據。將《詩經》發誓詩分為軍事、抗暴、愛情、隱者自適等四類，其中以愛情類的發誓詩居多。從這些詩篇我們可以發現，「誓」在周人的生活當中，扮演著洩導人情、澄清自我意志的重要功能。

第四章「《詩經》詛咒詩探析」，共列《詩經》中詛咒詩五首，較之發誓詩，詛咒詩相對不多，應是受到周文化崇尚道德，重視人性美善的影響。因為詛咒詩用詞狠毒，詛人生瘡、咒人速死，毫不遮掩個人憤慨情緒，不論在《詩經》甚至中國文學作品中皆屬異數。

第五章「《詩經》誓詛篇章中所呈現的現象」，提出透過考察《詩經》誓詛詩，可以觀察周人的心理需求、精神信仰、道德標準，並進一層分析其內涵。

第六章「結論」，總結全文研究結果。誓詛詩呈現原始巫文化遺俗，神監信仰為誓詛行為基礎，天地日月、鬼神等超自然力量主宰人類行為，可證自身清白，可懲不善惡人，其俗雖有損益，延續至今不絕。

目　次

第二、三冊　宋代后妃祭祀之禮研究：以儀式象徵、禮儀思想與性別秩序爲核心

作者簡介

　　施譯涵，臺灣台南市人，文化中文研究所碩士，成功大學中文研究所博士。主要關懷課題爲宋代學術思潮對經學、理學之影響、宋代性別秩序及筆記、詩話等。

提　要

　　本文選擇宋代吉禮中與后妃密切相關的「先蠶」、「高禖」以及「皇后祔

廟」之禮為研究核心。首先透過溯源原始祭儀、禮經以及各時期禮儀的變遷，探究宋代如何援引禮制、禮意、禮經，進行后妃參與國家祭祀討論與規劃禮節儀式。其次，依據宋代學術背景、社會秩序與政治因素，及史料所反映的現實狀況、宋儒之理想和儀式規劃等方面再行進一步之分析。

　　經歸納出四個重點：一、就此三項禮儀於宋代的發展來看，實反映出不同時期學術思想，對於經典、禮文的不同解讀，如何影響禮儀的規劃與制定。不過，對禮儀真正起決定性作用的是現實的政治力，甚至是皇權的裁奪，或可說是經過朝廷認證，取得了政治與學術之間的某種程度的平衡。二、就宋人所堅持的男女性別秩序的原則而言，實以《易經・家人》及《禮記・內則》的「男外女內」倫常規範秩序為主。為了符合這種倫理秩序，他們針對不符合「男女正位」之漢唐注疏與祭祀儀式實施再解讀以符合男女內外的性別區隔。更且，基於對修齊治平的重視，不單要求女正位於內，亦強調男子修身齊家的重要性。可發現秩序的規範不只約束女性，亦要求男子反求諸己。三、從理學家秉持長幼尊卑秩序，堅持以元配配享，並反對庶生母入廟祭祀之論述，比對宋廷以「母以子貴」之說，讓皇帝庶生母得以配祔太廟之情事。可發現理論與實際、人情孝思與禮法秩序之間無法避免的衝突。四、關於此三種祭祀禮儀所運用之儀式象徵大抵有四種：（一）傳達人神相接的象徵運用；（二）透由象徵意涵，亦可說是巫術思維之運用，予以達到施行的目的；（三）以陰陽屬性獲得感應，達到祭祀目的；（四）體現辨貴賤、序尊卑的倫理秩序。

目　次

上　冊

第四冊　從周文傳統到孔子：《左傳》中的「德」、「禮」思想研究

作者簡介

　　汪美葵，女，湖南瀏陽人，39 歲。2009 年畢業於北京師範大學古籍與傳統文化學院，獲碩士學位，專業方向為歷史文獻學；2020 年畢業於輔仁大學中文研究所，獲文學博士學位，師從王初慶教授，專業方向為先秦經學（春秋學），特愛《左傳》。本書是作者博士學位論文。

提　要

　　本文透過以《左傳》為中心的文本考察，揭櫫春秋時期「德」、「禮」思想演變之跡，以見從周文傳統到孔子儒學之間的一段觀念史進程，並討論其與孔子學說中心概念之間的關係。

　　「德」與「禮」，足以稱之為周代以來至春秋思想史中的兩種核心觀念，其意義演變歷程與先秦道德人文主義的進展直接相關。西周金文及周初傳世文獻中已大量出現作為一個重要觀念的「德」，從《尚書》可見，周文傳統中「德」的根本性質，是一個天命觀前提下的最高政教理念，既具有宗教面向，又顯耀著強烈的人文性質，其核心涵義為一泛指意義上的「美德」義。

　　至《左傳》中反映的春秋時期的「德」觀念，是在周文傳統此種「德」的意涵基礎上產生了極大的拓展與意義變化。「德」的人文性得以繼承與進一步強化，同時其宗教性日漸減弱；且在「德」的人文性意義中，亦產生內在

的意義演變，一方面「德」的政教性意義繼續發展；另一方面隨著泛指意義的「美德」義漸轉出「道德」義，及諸德目的倫理性意義的形成，「德」的倫理性意義亦日益凸顯。

「禮」當起源於宗教祭祀和風俗習慣。周代的「禮」，實際指涉是一套作為事實存在的政教文化設施，即周代禮制，春秋時人乃日益透過此禮制實體，對「禮」進行了大量的意義詮釋。從《左傳》來看，春秋時期「禮」觀念的主要指涉包括：儀文儀節層面的「禮儀」義、制度規範層面的「禮制」義及精神內義層面的「禮意」義等，其意義演變趨勢則體現為：「禮」的政治意義得到強化；「禮」的精神內義不斷走向深化，尤其「禮」與「德」形成彼此相依的統一關係；「禮」的倫理價值越來越多地落實到個體層面，成為個體的立身原則。

春秋時代思潮中的「德」、「禮」觀對孔子學說實產生直接的影響，成為其中心概念形成的重要思想基礎；而孔子則在前者的基礎上進行了重要的意義創新與轉化。孔子進一步推動了「德」之倫理道德義的發展，進而將原先作為一種具體德目的「仁」，經由創變而成為道德理性本體，從而以「仁」代「德」而作為最核心概念，且攝「禮」歸「仁」，為「禮」賦予內在的道德理性根據，由此建構了其學說基本的中心概念體系，開創了由內在向外在的價值實現之坦途。

目 次

第五冊　先秦至漢武時期五行說發展脈絡

作者簡介

　　朱昀，1958 年生，國立暨南大學中文系碩士。

　　曾任雜誌社編輯，撰寫報紙副刊專欄，獲多項文學獎。之後任職長江電腦公司總經理。1991 年，成為台灣的「全國百大製造業」；同年，榮登台灣「全國傑出企業領導人金峰獎」；1994 年，獲中國「全國五百大科技人才獎」。

　　遊歷五十餘國，人生閱歷豐富，復能將文、史、商揉合剖析。目前，致力於「宏觀歷史」與文學的教學；又在有關歷史的社群網站，撰寫歷史典故與考證；另在故宮博物院，導覽中國的歷代文物。

提 要

　　五行說，其脈絡之演進，係自西周始，學者諸子以「五」組合的因子，充塞於學說中，之後漸次附麗、流變、增長，逮至戰國末年的稷下學者鄒衍，將其蓬勃成五德終始說。

　　究其源，乃是近千年來，上古之人，因對於五種自然物之不可缺，並由賴以存續而衍生之敬畏，依五種物象、物理性質，以類取象，產生釋義並推理，從「自然義」開始，演繹到「人文義」，並觸及「宗教義」。故，在理論上，經由先秦各時期、諸侯、大夫以及諸子，不斷地收納、增義，衍化出五物各擁顏色、方位，而不同方位又各具掌管之帝、神，佐、獸，並掌不同之節氣。逐漸及於天文、地理、季節、耕作、祭祀，乃至於政治、人事、德行、

禮儀、軍事、面相等等，成為天命之所歸，政治上改朝換代的依據。然而，從「自然義」的初始，到「人文義」的釋義，「宗教義」祭祀的實踐，卻是逐漸緩進而成，最終演化成為一套繁複的宇宙人文哲學。

而五德終始係源自於五行說，此一神秘的學說於齊威王時的鄒衍集前人學說之大成，發皇在秦、漢王朝一統天下後，統治者亟需有一套「受命於天」的論證以支撐本朝替代前朝而據有天下的合法性。當現有王朝因德行衰微，導致政治腐敗，民生匱乏，上天即降下災異，或是出現即將崛起的新王朝取而代之的符瑞兆應，前一個朝代無法達到的「德」，即為後一個朝代繼起之「德運」克前朝之德，以「五行相勝」導致「五德終始」的循環秩序，不斷地推進以至於無垠。

鄒衍之書雖佚，世人無從知曉其文本之全然。但從五行蛻變成為一個複雜的五德終始說的體系，成為皇朝代表的「五德終始」，以「從所不勝」之說，將後起的王朝之所以能代替前朝，乃因「德運」的天命使然。終秦漢兩代，都難以脫離此一神秘的，屬有神話與天人感應的意識形態及其在學術思想中的影響，復經《呂氏春秋》、《淮南子》、《春秋繁露》與司馬遷注入新元素，演化成一套包覆天人宇宙觀的哲學體系。

政治上的實踐推行，秦始皇為應天命，改其先祖數百年前所認定之白帝、金德，而成為水德，並依水德之理論，施酷法以治天下。

漢高祖、文帝均擁兩種以上之德應。逮至漢武，在理論、政治、社會、文學、天象等等領域中，不斷地分辨、爭擾、摸索、嘗試，最終亦改祖先之制，以黃帝、土德定案，完成了五行、五德說，從理論走向實踐的第一次終始的循環（案：即是以文獻學說中：黃帝為土德，歷：木、金、火、水四德，至漢武復以土德定案，成為第一次循環的完成，第二次的起始）。

目　次

第六冊　秦漢雜家治國思想體系研究──以《呂氏春秋》《淮南子》爲中心

作者簡介

　　俞林波，男，山東省東明縣人，1982 年 2 月出生，博士，副教授，碩士研究生導師；研究方向為先秦諸子、出土文獻和古典文學。現為濟南大學文學院教學科研人員、濟南大學出土文獻與文學研究中心兼職研究員；先後在《東南大學學報》《中國典籍與文化》《文學遺產》《船山學刊》《文學遺產》《寧夏大學學報》《福州大學學報》《中南民族大學學報》《南昌大學學報》《中國簡帛學刊》《現代出版》《阜陽師範大學學報》等刊物發表論文三十餘篇，獨著出版《元刊呂氏春秋校訂》《〈呂氏春秋〉學術思想體系研究》《秦漢雜家治

國思想體系研究——以〈呂氏春秋〉〈淮南子〉為中心》等學術專著 3 部，主持國家社科基金項目 2 項、省部級基金項目 3 項，榮獲市級獎勵 2 項。

提　要

　　秦漢雜家在繼承、吸收先秦諸子學術思想的基礎上融通、創造，形成了自己的治國思想體系。所謂「治國」就是君、臣執行治國方略治理國家的過程。這其中君、臣是統治者，是「治國主體」，而「治國方略」則是由治國主體制定、實施的治理國家的理論、制度、方針、政策。秦漢雜家的治國主體和治國方略有機聯繫的整體則組成秦漢雜家的治國思想體系。「治國主體」「治國方略」緊密聯繫、息息相關，「治國主體」制定、執行「治國方略」，「治國方略」則從制度上限制、監督「治國主體」。「治國主體」「治國方略」是秦漢雜家治國思想體系中最關鍵的兩個點。秦漢雜家通過實行「賢人政治」來保證治國主體由賢能的君、臣組成。秦漢雜家的治國方略「法天地」「審人情」，勾連天、地、人，容納乾坤萬物，是全面、系統、科學的治理方略。秦漢雜家治國思想體系的綱領就是由賢能的「治國主體」執行「法天地」「審人情」的「治國方略」來治理國家。

　　在當前中國社會的轉型期和世界格局的轉變期，秦漢雜家在治國思想融合中所表現出來的開闊視野和平等客觀對待各家學術思想的寬容態度，以及根據其自身對時代主題的把握而建構自己治國思想體系的自覺，可以為我們提供有益的經驗和借鑒，具有重要研究意義。

目　次

第七、八冊　魏晉玄學新論──從王弼到嵇康的典範轉移

作者簡介

　　謝大寧，畢業於國立台灣師範大學國文研究所，民國 78 年獲得文學博士學位，博士論文題為「從災異到玄學」。

　　畢業後旋即任教於國立中正大學中文系，歷任副教授、教授、系主任。民國 98 年自中正大學退休，旋即轉任佛光大學中文系、佛教學系教授及中文系主任。目前仍為佛光大學中文系教授及國際長。

　　主要研究方向，早期求學期間比較偏向中國思想史，畢業後則主要以中國哲學為專業，大致涵蓋儒釋道等領域，並兼及中國哲學史的問題。近年則用力於「經典詮釋」的領域，希望藉著檢討中國哲學近年來比較哲學走向的問題，來展開另一個有關經典的意義詮釋領域，這是一個更具有開拓價值的領域。

　　三十年來，發表的專書包括《儒家圓教底再詮釋》、《歷史的嵇康與玄學的嵇康》以及《勝鬘經講記》等，單篇論文大約六十篇。

提　要

　　筆者這部擬定名為《魏晉玄學新論──從王弼到嵇康的典範轉移》的論文集，蒐集了筆者這二十幾年來有關魏晉玄學的新思考。這些論文大致以兩篇論文為核心，一篇是一部完整的著作，也就是《歷史的嵇康與玄學的嵇康》這篇我當年升等教授的升等論文，以及〈中國玄學的重新分期〉這篇單篇論文。根據這兩篇論文，我提供了一個有關魏晉玄學的全新圖像，一個完全不同於傳統常識性觀點的圖像，這當然是一件十分大膽的事。我的新圖像和傳統的玄學圖像是完全不可共量的，簡單說，傳統的玄學圖像是一個以王弼為核心所構築的圖像，而我的新圖像則是一幅以嵇康為核心所重新描繪的圖像，王弼則被我給放回到了漢朝的學術脈絡之中。這個觀點無疑是個顛覆性的觀點，但我之所以敢提出這麼一個大膽的顛覆性觀點，並非來自於我喜歡

標新立異，而是實在有不得不然的理由，所謂予豈好辯哉，予不得已也，大概就是這樣吧！

傳統的玄學圖像給我帶來的第一次困擾，其實發生在我撰寫博士論文的時期。當時我在處理的是一個有關兩漢思想史基本結構的問題，我希望能夠以一個比較具有內在理路的方式，來重新勾勒為什麼可以由先秦思想轉向到兩漢思想，又為什麼兩漢思想會過渡到魏晉玄學？對這個論題的前一半，無論我處理得好不好，我自認整體的邏輯還是流暢的，證據基本也還算充分，但後一半的論題，我就遭遇了重大難題。我在一般中國思想史理解的基礎上，對魏晉玄學有了一個輪廓性的認識，這個認識當然是奠基在湯用彤先生所建立的典範之上的，最多只是加上了牟宗三先生的哲學修正。但是問題就來了。我根據傳統的對魏晉玄學的認識，進入到這個思想史的論題後，我幾乎找不到任何邏輯轉折的可能性。對於此一論題，我雖然完成了博士論文，但我心裡十分清楚，我的處理基本上是失敗的。於是，這個遺憾就一直迫使我必須尋求補過之道。今天這部擬出版的論文集，其實就是完整記錄了我補過的過程。

據我目前的了解，由湯用彤先生所奠定的傳統理解玄學的典範，其實根本開始於一些倒果為因的誤解與想像，他的所有論據其實都是靠不住，也禁不起推敲的，在本書中我的許多篇論文都在針對湯先生的誤解與想像，提出全面性的批判，因為拆掉這些誤會，我們才能為新典範的誕生清出空間。在我認為，牟先生的工作已經為我的這個清理工作，做出了哲學層次的引導，但是牟先生還是跟湯先生的典範綁得太緊了，以至於反而給整體魏晉玄學的清理工作，帶來了困擾，這困擾就在對王弼思想的處理上。

王弼思想的確是個不好處理的問題，他太重要，也太模糊。他的兩本著作都是典範性的，《周易注》與《老子注》的地位不需要多所闡明，但是這樣由同一位天才少年所寫的兩部著作，彼此的思想關聯卻是充滿疑竇的。我們歷來的常識性觀點，認為王弼是根據「援老入易」的觀點寫就，也就是說王弼確定是根據道家思想來改造了《周易》的思想，一般論者似乎都以毫無質疑的態度，直接接受了這樣一個「先驗性」的論斷，但是在我整體的了解後，卻很詫異地發現，這個論斷不只缺乏真正的證據，而且為魏晉玄學帶來了災難性的後果。因為正是由於這個原因，讓我根本無法在思想史的脈絡上，可以邏輯地聯繫起兩漢和魏晉間的關係。這個發現迫使我也必須進一步重新處

理王弼，並對王弼思想進行重新定位。而我的基本結論就是，王弼思想確實與漢代主流思想有所不同，但他的主要關切點是易學，而非道家，他在思想史上的定位，也只能是終結漢代思想的人，但卻不可能是魏晉玄學的發起者。

清理了王弼之後，我的難題隨之而來，那就是該如何理解玄學思想的發生呢？傳統上是把這個問題寄託在王弼與何晏身上，主要當然就是王弼。但若王弼被我從玄學的脈絡中清理出去，那麼玄學的起處又該落實在誰身上呢？針對這個問題，我的主要線索出現，就在於《老》、《莊》、《易》這三部書在魏晉時期聲量的分途發展上。我們都知道，玄學的得名是南北朝時期把《老》、《莊》、《易》合稱三玄所致，但是如果我們再仔細注意一下，就會發現在不同時期，這三部書被當時知識份子討論的頻率是不一致的。它明顯地分成了兩組，《易》與《老》是一組，大抵流行在正始之前，《莊子》則是在正始之後成為一支獨秀的狀況，而且討論《易》、《老》的模式與討論《莊子》的模式也顯然不同，這情形當然不會是偶然的。傳統的玄學典範並未把這一現象納入討論，這是因為它以王弼為核心，因此即使這個現象是個很顯著的現象，一般論者也不會把它當成有意義的論題。但是當王弼的論點被拿開後，這現象的意義就出現了。從這一線索，我乃注意到了嵇康的地位。

莊子是真正決定魏晉玄學性格的主導思想，但莊子思想畢竟在兩漢整整隱沒了四五百年，從思想史的角度看，該如何理解這個思想的突然重現呢？如果從思想史的內在理路來看，這個問題實在不好解釋，因為莊子思想的重現，相當程度上乃是一個偶然事件。如果說要把一個偶然事件，變成一個思想史脈絡的解釋，這的確需要特別堅強的理由，而從王弼身上很難找到這樣的理由，但是如果從嵇康身上來看，則恰好可以提供特別符合邏輯的詮釋。嵇康作為曹家女婿，在高平陵事件後，成為政治黑名單人物，以此被迫隱居山陽打鐵。但嵇康沒有屈服於這個命運，他想把自己的隱居生活活出一個格調來，因此莊子乃進入了他的視野。這個故事在當時是有名的，加上嵇康與阮籍在後來魏晉士人中的影響力，這的確可以作為一個詮釋的脈絡來看。於是我就從這一點出發，開始了我改以嵇康為典範，重構整套魏晉玄學詮釋的努力。

以上就是我在這部書中，所做的最主要工作。我的確幾乎推翻了所有目前還是主流的魏晉玄學觀點，換句話說，我幾乎是在挑戰今天整個魏晉玄學圈中的每一個人。從態勢上看，我這個挑戰的格局拉得實在有些大，因此

我論點遭逢的攻擊也勢必會很多。雖然我必須說，截至目前為止，在台灣的學圈內，知道我論點的人不在少數，但是我得到的直接回應是少得可憐的，為什麼如此我實在很難揣測，也許跟我論文發表的方式有些關係吧！但我自問，因為我幾乎重構了所有魏晉玄學的論點，所以如果本書可以出版，學圈內的所有同行都可以比較完整地得到我的論點之後，也許他們就不會再迴避我的觀點了吧！學術的討論並不必以贊同我的論點為前提，但就算不同意我的觀點，或者認為我的觀點是錯誤的，但因為我可能是魏晉玄學領域中，截至目前為止，唯一一個可以跳脫在湯先生、牟先生詮釋典範之外的論點，所以我的觀點也絕對是相關討論必須處理的一環，這是我的自信，也相信這是客觀學術討論所必須的。

上述這一基本架構，我大約完成於二十年前，近年由於研究方向的轉移，曾有一段時間不曾觸及魏晉玄學，直到幾年前的一些因緣，讓我想到我還必須對魏晉玄學的來龍去脈，做出更完整的處理，不能僅以把典範從王弼轉移到嵇康為已足。這也就是說除了搞清楚玄學是怎麼來的，還得回答玄學又往何處而去。當年湯用彤先生之所以研究玄學，乃是為了講好中國早期的佛教史，因為一般都認為正是玄學扮演了接引佛學的角色，所以佛學，特別是龍樹學，才得以順利被中國人所吸收。但是我也想到了，玄學接引了佛學這個命題固然是無法否認的事實，但這並不代表佛學就是玄學的歸宿，玄學跟佛學畢竟還是兩個不同的學問，所以我們不能只是用佛學把玄學消化掉了這樣的理由，來說明玄學往何處去的問題。針對這點，我乃又發表了幾篇論文，針對性地處理了這個問題。簡單說，我認為玄學以移形換位的方式，從莊子的精神中發展出了一套完整的美學理論，從而把玄學引向了後來中國文學與藝術之中，換言之，玄學並不是被佛學消化掉了，而是變成了中國文學與藝術的骨髓。這樣我就完整構築了一套有關玄學的理論與詮釋，這也就是這部書的另一個主要內容所在。

最後，必須說明的是，本書的論文撰寫時間跨度是很大的，至少超過了二十五個年頭，特別是二十年前的論文，它們撰寫時未必每一個論點都很成熟，因此如果細讀每篇文章，也許會發現有些論點被我後來推翻了，或者我也沒注意到可能前後會出現矛盾的論點，之所以會如此，主要是因為我的論點一直在發展當中，直到討論玄學分期的那篇文章完成，我的論點才算達到了比較穩定的狀態，在此之前，有些說法都不免有些飄移，所以如果發現這

種情形，只能請讀者以我後出的論點為準。此外，我也必須說，我對一些論點處理得還是很不夠的，特別是王弼的思想，還需要非常系統的處理，否則就無法更堅強地撐住我的論點。這也是這部書不足的地方。我最近指導的一篇博士論文，就在更系統地處理有關王弼的問題，未來，我也會在這部書的基礎上，尋求更多的補強，這當然都只能俟諸異日了！

目　次

第九冊　魏晉品鑑書寫下的文化視域研究

作者簡介

姓名：江伊薇

最高學歷：畢業於國立成功大學中國文學研究所碩士班

目前就讀：國立成功大學中國文學研究所博士班

目前任教：國立台南第二高級中學

近年著作：

論文類

　　一、第三十八屆南區八校中文系碩博士論文研討會發表〈〈離騷〉「水」

意象的內涵探析〉

二、第三十五期《雲漢學刊》發表〈從《人物志‧流業》論《世說新語》中謝安「觀人」與「被觀」的識鑑活動〉

三、第三十六期《雲漢學刊》發表〈從《世說新語》與《文心雕龍》論曹操形象塑造之異同〉

四、2018 年忠義文學獎大專組論文類佳作〈從〈離騷〉情緒詞探析屈原寫作筆法與忠義形象〉

五、第三屆群書治要學術研討會發表〈《群書治要》編選《抱朴子‧酒誡》意蘊：貞觀時代的飲酒與政治關係〉

文學獎類

一、第 18 屆桃園縣文藝創作獎散文首獎

二、2016 年教育部文藝創作獎教師組散文特優：〈字跡〉

三、2018 年教育部文藝創作獎教師組散文佳作：〈止痛藥〉

四、2021 年桃城文學獎散文第二名

提　要

　　人物品鑑的文化風尚，在歷史書寫上由來已久，推溯至先秦時期的史傳文本或是諸子思想，都有著對於人物身體形貌、命運發展乃至於言行觀察到內在德性的褒貶評價，從傳統相人的術數文化到諸子識人理論，品鑑文化的發展，透過文本的記載與分析，可以照見人倫識鑑在時代變動中的轉變與人文化的發展，探究曹魏之前的人物品鑑源起，能將品藻文化的視域擴展到心理學與人生價值觀的層次，由小見大，視野更為多元。

　　時代到了漢末魏初，人物品鑑風氣更盛，探究其政治局勢的動盪，人才的需求更為迫切，故朝臣為呼應執政者的用人需求，便提出了許多的觀人法則。在實用的觀點上，人物品鑑的書寫更重視系統性與材質的分類，像是劉劭《人物志》中，即羅列了完整的鑑識人才方法，從九徵、體別到八觀、七謬的人物品鑑流程，加上桓範《世要論》、鍾會《才性四本論》、歐陽建《言不盡意》等曹魏名臣探討人物才能的作品，都應證了此時期觀人面向的調整，在社會局勢的氛圍下，識鑑不再只是紙上談兵，它肩負著政治勢力的壓力與朝政官人的委派，因此，在山濤擔任吏部尚書時書寫的《山公啟事》，亦可以觀察在公文撰寫上的特色與實際任派人員的考量。

　　最後，魏晉時期的代表，則以《世說新語》為核心探索，透過文本中橫跨不同時間與思想觀念，帶出不同人才識鑑的超越與突破，從德性、才性到神韻的人倫識鑑轉換，加之以美學與審美文化的連結，呈現出名士的自我覺醒與精神超越，並透過筆法的整理，突出「時論」的社會意義與評價觀點，特殊的寫作方法，亦呈現《世說新語》在人物言行記載與褒貶結構與敘述視角的不同，在文學與文化的對話中，能綜覽魏晉六朝的思想脈絡與情懷風采，更見品鑑特色精蘊之所在。

目　次

第十冊　陽明心學與復古派關係研究

作者簡介

吳瓊，副編審，文學博士，研究方向為中國文學思想史，發表多篇學術論文及評論性文章。現為中國地圖出版社編輯，主要從事圖書出版、課程研發等工作。

提　要

陽明心學與復古運動於同一時期登上歷史舞臺，它們並非截然相反的矛盾存在，而是存在著互通、互融的內在關聯。陽明心學對個體主觀情感的重視是心學與復古派相互交融的前提，而對「真」的追求是復古派與陽明心學共同的價值取向。陽明心學產生的最大意義在於轉變了明代士人固有的傳統價值觀，豐富了士人的人生選擇與生命內涵。然而，復古派對陽明心學的認可與接受，主要偏向於對自我生命安頓與個體性情愉悅的層面，其積極用世的進取精神則有所失落，從而導致激昂奔放之風骨的逐漸缺失。陽明心學不僅改變了復古派士人的人格心態，對其文學思想的演變也起到重要的作用。陽明心學是明代性靈文學思想的哲學基礎。由復古向性靈文學的過渡勢必是一個充滿曲折與矛盾的發展過程，而明中期接受陽明心學影響的復古派士人，則是這一過程尚處在朦朧狀態中的先行者。儘管性靈文學觀念尚未形成如後來李贄、湯顯祖、袁宏道等人那樣完整的理論形態與創作實踐，但他們文學思想所呈現出的過渡色彩不僅為後來者提供了理論資源與文學範式，更體現出正、嘉之際文學思想多元發展的實際風貌。

目　次

第十一、十二冊　王心齋與中晚明儒學的轉折——兼論道德自我與社會人倫的衝突與和諧

作者簡介

潘玉愛，輔仁大學哲學系博士，曾任元培科技大學、耕莘健康管理專科學校、東吳大學、長庚大學、國立高雄大學、台南應用科技大學、台北市立大學通識中心兼任教師和文藻外語學院專案教師。現任玉林師範學院政法學院內聘副教授，教授《中國哲學史》、《思辨與選擇》、《人與自然的對話》、《當代世界熱點問題》等課程，主要研究方向宋明理學、應用倫理，曾合撰《科技倫理——走在鋼索上的幸福》、《公民與社會》、《中文大學堂》等書，合編注《思光華梵講詞：哈伯瑪斯論事實性與規範性》，公開期刊發表 10 篇，學術論文 34 篇。

提　要

本文從外部問題探討中晚明的社會，以及儒者的心理意識為核心，展開探討中晚明期儒學，在長期理學的態式之下發展後，所產生的內部問題與批判，再往外層政治、經濟的問題，後確立儒士的心態。其次，細觀王心齋個體的本體工夫的存有論，再論王心齋對於儒家社群建構，所開展出的儒士社會實踐。再者，檢視王心齋後泰州學派的群己觀，就王襞、王棟、耿定向、李贄等人的型態討論其形上心靈，又針對中晚明儒學內部的批判，發掘當時

疑難的問題意識。再返回至整體關係之中，探論中晚明儒者所論的聖人與經世的義涵，探察聖人與經世的論述脈絡。最後，以中晚明儒家與西方哲學自由主義與社群主義的交涉，審視中晚明儒家是與社群主義的主張較為相應，王心齋的哲學精神與特質是較近於自由主義，但其公共論述的模式不同；王心齋對於社會的建構是以德性教化，羅爾斯是以契約權利，所以對於公義概念，王心齋稍可見其社會正義的雛型，也以均分的觀念，如以上有冊下有票的方式，而羅爾斯是以客觀的正義原則進行社會分配。

　　在王心齋與中晚明儒學的轉折，探究後發現中晚明儒學已有自由的因子，良知學的提出是前因，而王心齋與王龍溪、泰州學派則是在儒、佛交流下，促使儒學有更鮮明的自由基礎，尤其生存權的方面，無疑是提出一種人人平等的宣聲，但不是透過契約論的型態，而是透過德行教化的方式觸動人心，使社會有所自覺，以柔性與漸進的方式推動中晚明的發展與前進，即便在當時素以經世為己任的東林學派，也是僅以道德經世一說，這不可諱言是一種德治思維的教化模式，正如同麥金泰爾對於社群主義的論述，個體在相互關係下界定其個體的身份與責任，而此責任不是基於一種義務，而是出於對於個體自身美善真的追求，如此開出許多人文的向度：宗教、藝術、政治或其他等等。道德自我與社會人倫，從《大學》中所揭示是由個體到群體，個體是群體的基礎，群體的個體的完成，道德自我與社會人倫即是如此交互作用與影響，在倫理行為上亦是為了統一兩者，達至最高的善（和諧），而王心齋與泰州之門人，在中晚明乃是為通往和諧過程的奮鬥，所以呈顯一種衝突性，但若如王陽明的順應政權與當時思潮，中晚明思想的啟蒙可能延至清代，仍舊不會有經世致用的發展。

目　次

上　冊

第十三冊　胡居仁理學思想研究

作者簡介

　　黃威豪，銘傳大學中文所碩士畢業，1996 年生，桃園市人。主要研究領域為宋明思想史，又以儒學傳統中的理學為方向，尤關注朱子學於明初理學上之發展脈絡。深刻切己體察傳統理學中於生活上之相容，故以理學中心性、

工夫所蘊含之微言大義為人生依歸。現雖未繼續攻讀博士，仍不輟於對理學思想上之琢磨，以期通達「萬事萬物本出一理」之體悟。

提　要

　　胡居仁（1434～1484）作為明初思想大儒，但他的思想往往被輕忽抑或被誤解，在眾多的哲學史當中，胡居仁往往被其同門陳獻章的思想光芒所遮掩，故而不予載錄，在許多資料文獻中胡居仁也往往以陪襯的方式，與其同門陳獻章出現。即使有所提及，也往往因學者的輕忽而誤解其思想核心，在許多的期刊、講義、文章中對於胡居仁的理氣論，多數學者往往緊抓胡居仁在《明儒學案》中：「有此氣則有此理，理乃氣之所為」的條目，而以偏概全認胡居仁有「氣本思想」抑或是「主氣論者」，更有學者認其有「氣本」思想之先導地位，然《居業錄》當中實並無載錄《明儒學案》此一條目。而觀胡居仁所著《居業錄》一文，也能發現其理氣、心性論恪守程朱思想基底，這也呼應《明史》論胡居仁：「篤踐履，謹繩墨，守儒先之正傳，無敢改錯。」總的來說，胡居仁在理氣論與心性論的基礎上恪守程朱體系，是有其深遠的原因，他身處在佛老之學、心性之學逐漸蓬勃的背景下，且此時程朱之學已漸趨頹勢，他又是以程朱為道統，恪守其思想體系的大儒，故而程朱體系中形上學的嚴謹性，對胡居仁來說有著重大意義，因為其對於此學術氛圍所要做的批判，乃是基於「為學工夫」與「學風思潮」上的問題，故而，胡居仁的理學思想焦點，實是為了拓展自己對抗此時代心學思潮與功利氛圍的「為學工夫論」與「經世致用論」。

　　於是本文第二章中乃梳理胡居仁理氣、心性論上的脈絡，一方面補正時人對胡居仁理氣論上的偏誤，一方面分疏其心性論上對「心體」地位提高的意義，旨在說明其形上思想做為鋪墊其工夫論與經世論之意涵。第三章中處理工夫論的問題，指出其特有的「讀書工夫」，實是為了回應當時的功利思潮，與規勸當世學者不要陷入「高者入空虛，卑者流功利」之弊端。第四章由「政治思想」與「國家體制之制定」兩條脈絡做分論，旨在說明胡居仁有別於此時代學者，只有獨善其身的「內聖」思想，其更有兼濟天下的「外王」特質，且在這當中，更有著對國家體制改革的策論思想，這些策論的本質與工夫的內涵，實奠基於其身為理學家修立教化之精神，故而不論是格物窮理上的工夫思想，抑或是改革體制的經世思想，皆以「德」之本心貫穿而一。

目　次

第十四冊　陽明學的異質發展──聶雙江「歸寂說」之研究

作者簡介

　　簡凡哲，台灣基隆人。生於 1981 年。畢業於輔仁大學中文系、台北市立教育大學中國語文學系碩士班。碩士期間致力於中國思想研究，專研儒學發展。現職為高中國文教師。

提　要

　　宋明理學心學一脈至王陽明出而大熾，整個理學思想的推衍，才算進入了最後的完成階段。陽明後學中，基本分為三派：浙中派、泰州派，與江右派，皆自認直承陽明學說而來，彼此常有學術上的爭辯，尤其是屬於浙中派的王龍溪與江右派的聶雙江兩人爭辯最烈。聶雙江以「歸寂說」解釋陽明的良知學，於當時學術界引起一陣軒然大波，可謂突起異軍。「歸寂說」在聶雙江思想，甚至對江右學派的思想，亦扮演著舉足輕重之地位，如同屬江右派

的羅念菴極度讚賞「歸寂說」的理論，雖有所諍議，但羅之「收攝保聚」說，亦不免受其影響。是以聶雙江的「歸寂說」定位了他在王學思想上的地位，雖然有爭議處，但若就其思想系統獨立研究，則頗為可取，更可以看出王學由王陽明開始，再由門人後學的闡發與轉化，形成了一種特殊的王學的異質發展。

本文則由雙江之學以論「歸寂說」，試圖將聶雙江之思想單獨論之。故第一章主要討論方向呈現本論文的研究方向等等前置作業問題。第一節介紹近人對於聶雙江之研究，以完整的論文或書籍介紹為主，例如：林月惠的《良知學的轉折——聶雙江與羅念菴思想之研究》、大陸學者吳震的《聶豹、羅洪先評傳》等等書籍，以其了解近人對雙江先生的研究主題概況。第二節則進入本論文的研究方向與方法之呈現，本論文最主要的議題是在聶雙江哲學理論中的「歸寂說」思想之研究，並旁及當時聶雙江與時人的哲學辯論。第三節則是介紹本論文的預期研究成果研究價值。

第二章則以論聶雙江之「仕」、「學」、「悟」三者。雙江之「仕」可為其講「歸寂說」之實證經歷，因為雙江所在乎者乃「學以致仕方為所用」的實務思考，因此他以仕進為避諱，任官後亦頗有政聲，而此即可視為雙江實踐歸寂說的證明。至於雙江之學，本文提出他曾為督學邵寶取為弟子員，明代社學系統中，常常是以吏為師，故筆者經由資料推論，雙江之所以熟習並用程朱之學於歸寂說中，即因邵寶「學以洛、閩為的」，加上當時邵寶親取為弟子員，故雙江之學應由程朱學入手。雙江之「悟」則講其後來從學陽明良知說，在翠微養病之時，從研習《大學》漸悟「虛寂之旨」，故「雖父師之言，不敢苟從」，自己的思想慢慢形成氣候。到了六十一歲被逮下獄，在獄中「乎見此心真體」，從此之後便以為「天下之理皆從此出」，至此以後，一生皆從事良知歸寂之研究。

第三章是本文重心，由歸寂說之源起進入，基本接續第二章雙江之「悟」而論。隨後則是論「歸寂說」之基本架構。由於雙江的「歸寂說」，依然是由陽明良知學以得悟，故多半是基於陽明良知學的再解釋，而這種再解釋還援用了程朱學說，依此而講良知乃未發之中，已發則受未發之宰制。「歸寂說」之開展，其基本圖像就是陽明良知學的開展，透過聶雙江對陽明學的詮釋，使「寂」成為良知之重心，其中涉及了援引周濂溪以至於朱子之說，使「靜」的觀念融於其說。並與王龍溪交涉「致知」之說，讓整體思想更為縝密。最

後論及實踐工夫，乃由「靜坐」以入門，「較之龍溪之籠統講一『悟』字，反見踏實」。

第四章論「歸寂說」之諍議，尤其是與王龍溪之辯論，實際上可見二人之論，若就個人思想而言，實乃旗鼓相當，龍溪對於「歸寂說」之批評，若除去陽明良知學的背景概念，實無以為據。更有羅念菴贊同「歸寂說」概念而講「收攝保聚說」，然而雖然念菴贊同雙江「歸寂說」，不過其「收攝保聚說」卻也未必全從雙江，可說是雙江「歸寂說」開啟「良知本寂」的思考以後，讓後學者有另一思考良知發展的方向。

第五章則為結論。因為聶雙江思想雖屬陽明心學一脈，但他試圖融合心學與道學，故其說轉化程朱思想用以解釋「歸寂」概念。而陽明學末流轉入狂禪，聶雙江「歸寂說」因強調知覺的修為，因而成為得以救正王學流弊之說，是以後來提倡「慎獨」思想者，多有雙江「歸寂說」思想之痕跡。

故黃宗羲言江右之學乃「為之救正（王學），故不至十分決裂」，實是對聶雙江「歸寂說」的一句公評。聶雙江「歸寂說」的提出，也許對於「良知」的概念並非全為陽明思路，但是這種發展卻是活化了王學內部的思辨，因此這種異質的發展，亦有正面的刺激性質，不可全盤的對其否定。

目　次

第十五冊　王船山論《易》的「人文創化」思想之研究

作者簡介

黃能展，1959 年出生於台南市。臺灣師範大學數學系學士、國立空中大學人文學系學士、南華大學哲研所碩士、東海大學哲研所博士（2012～2017；論文指導教授：蔡家和老師）。2017 年獲得東海大學博士學位之後，我就選擇了潛心獨自研究的學術之路。回顧個人在思想研究上的進路，不論從研究所時期鑽研馬克斯・謝勒（Max Scheler）的「人格理論」、或博士班時期探討王船山的《易傳》思想，甚至目前以中、西方思想之會通的努力，這都是出於個人對哲學熱愛的志趣所在。其次，個人在未來的研究上則著眼於中、西思想的比較，以及異質文化之間的會通與論述。大致上，若將易經看成是東方思想的根源，那麼包括高達美的美學、列維納斯的他者理論、以及謝勒的哲學人類學等西方哲學家的思想，他們將成為我個人在未來的思想探索上所要關注的重點；簡言之，個人目前研究的思想方向，主要包括：易經與美學、易經與他者、以及易經與哲學人類學等三大比較哲學的課題。

提　要

本論文的主旨有二：其一，在於申述船山論《易》的人文創化思想和精神，尤其揭示船山易學是奠基在一個「人文世界」的機體生化流行之中，並以「〈乾〉〈坤〉並建」承天命之降而展開天人合於「性命」之理的當代思想特色；其二，關於船山言「《易》為君子謀」的主張，筆者則透過當代哲學人類學的精神來進一步深入詮釋。

筆者對船山易學之研究有獲得底下結論：（一）船山易學其既不是主觀、客觀主義、唯心或唯物論，亦不是人類中心主義；另外，它並不是二元論，同時

也不是西方傳統的一元論，因為船山主張「一本而萬殊」的「一」，此即同一性中包容差異性，且「同一性」與「差異性」是以「兩端一致」而諧和對立調合，而此調合論是要從懷特海的機體哲學來探討。（二）若僅學《易》而廢筮占不講，則自天所祐之吉將隱而不顯；相對地，若廢學以尚占，則吉凶已著而筮者不知補凶、悔、吝之過。因此，若以學《易》、占《易》為二端，則可達至「兩端一致」之理。（三）若就《彖》為「體」而函「乾坤四德」的天人之蘊、以及《爻》為「用」而顯「兩端一致」之理言之，則《彖》所要昭回人道的是儒家的仁義之「蘊」。（四）船山論《易》的「人文世界」是以聖人和君子之人格作為人倫價值的承載者。然而，聖人作《易》而卻謀之於君子，且此「君子」的形象則符應當代哲學人類學的思維；亦即，「君子」是結合效聖者、得天者與體誠者於一身。

目　次

第十六冊　方東美《易》學思想探析與溯源

作者簡介

楊國傑，生於台灣新竹。台灣大學哲學研究所碩士班畢業。

提　要

1949 年前後因政治情勢赴台之學人中，聞方東美名聲者眾，然較宏觀探析其思想者寡。本文以為其思想要旨乃在藉全面性對比與會通中、西、印哲學思想並建構其生生哲學之思想體系。然歷來研究，多將此一異於當代新儒家思想之特色歸因於方氏哲學宗傳之淵博，且以西方機體主義融貫中國形上思想發展而成的一套生命本體論。本文則嘗試從另一途徑——《周易》，深掘其在方東美哲學體系建構過程中扮演的角色及其內容。首先，方氏雖無討論《周易》之系統性專著，然透過對其散見各處論述之理論重構和思想溯源，本文指出《周易》於方氏思想中的根源性與核心性；續而於第二、第三章，本文將說明方氏立基在先秦原始儒家思想之《易》學觀、《周易》經傳成書性質與歷程，以及「學《易》者所以通其象、通其辭、通其理」之治《易》門徑，後論證其《易》學觀乃脫轉自清代私淑於戴震的焦循。依次於第四、第五章，經由掌握方東美對「形上學途徑」與「人文的途徑」所持的觀點，探析其「動態歷程之價值中心本體論」之主張，遂得其《易傳》哲學思想之精要，同時本文深入爬梳方氏對戴震思想重銓之理路並溯源之，後發現且證明此部分乃深受戴震影響。最後，藉由把握方氏《易》學「生生哲學」之奧義，指出《周易》思想在方東美理論體系中的關鍵性與重要性及其可能之侷限。

目　次

第十七冊　意象範疇的發生及當代價值研究

作者簡介

　　胡遠遠，女，生於 1981 年，河南商丘人。2018 年 6 月畢業於華東師範大學，獲文學博士學位，現任教於鄭州航空工業管理學院，碩士生導師，兼上

海市教育科學研究院博士後研究員。主要研究方向為中國古代文論與美學、藝術理論、藝術教育及美育等，在核心刊物發表論文十餘篇，出版專著一部，主持 2020 年度教育部人文社會科學研究青年基金項目《意象範疇的發生及當代價值研究》（項目編號：20YJC760033）一項，並多次榮獲河南省青年教師教學獎。

提 要

　　本書由本人的博士論文《先秦意象觀發生論》增訂而成。論文選取中國傳統美學的一個核心概念「意象」作為考察對象，尋根溯源，從先秦時期廣闊的社會生活觀察其發生及意義生成的過程。同時，在研究方法上，打破由概念到概念、純粹邏輯抽象的文化建構，而是把「意象」這一美學概念的闡釋，還原到它產生和發展的人文、社會進化背景。書中與「意象」範疇發生相關的中國早期哲學、文化、社會、政治制度等現象的分析力求細緻、準確，尤其是發生學的視角和理論旨趣，為少數審美和藝術理論研究以西貫中的做法，給予補益和參證。此外，本書融入了作者近年來對其中部分章節和論題的最新思考，並拋磚引玉，論及意象範疇的當代價值。

目 次

第十八冊　《莊子》教育哲學研究

作者簡介

　　黃睿，1989 年生，福建漳州人，輔仁大學哲學博士，目前在廈門大學人文學院兒童哲學研究中心進行兒童哲學領域的博士後研究。17 歲大學畢業，21 歲獲得華東師範大學教育學碩士學位，此後在廣東省深圳中學擔任高中教師五年。任教期間開設了科學思想史、柏拉圖《理想國》、亞理斯多德《政治學》等哲學普及課程。2016 年起在輔仁大學哲學系攻讀碩博士，主要從事古希臘哲學、《莊子》哲學和兒童哲學研究。

提　要

　　本論文運用文本翻譯、經驗交會、隱喻分析等方法，從教育目的論、教育本質論、教育心靈論和教育方法論四方面闡明《莊子》的教育哲學思想。

　　就教育目的論而言，《莊子》針對當時主流的「有用論」，提出「無用論」與「大用論」作為反抗。《莊子》希望培養的是獨立於外物和世俗的「能遊者」。

他們有一種反道德主義的倫理關懷，能與他者在調適中共生，以精神上的探索為樂。

就教育本質論而言，《莊子》把教育視為「化」，透過「化」所具有的化生、生育、更新、變形等意義，表達了以下觀點：教育即允許事物自然地變化、教育是師生之間奇妙的因緣、教育是人對「過去的我」的否定、教育是對固定本性的超越。《莊子》還把「化」看作在空間中的移動（遊），而師生就是「同遊者」關係。

就教育心靈論而言，《莊子》從神、知、氣三方面分析心靈。「神」具有「勞神」和「凝神」兩種模式。「知」分為經驗之知，以及對經驗之知形成反思的超越論之知。情緒包含了認知與生理兩方面，後者稱為「氣」。對心靈的教育也就是對心靈疾患的診斷和治療，主要有認知重評、心流體驗、真實假裝三種技術。

《莊子》還蘊含了大量的教育方法，本文討論較有特色的三種。傾聽教育法透過非評價性的傾聽來舒緩情緒。故事教育法透過「視差之見」引發超越論的思考。觀察教育法重在展示教育者的獨特生活風格，對學習者創造自己的生存美學起到啟發開悟的作用。

目　次

第十九、二十冊　《莊子》倫理學研究——以多瑪斯倫理學爲線索

作者簡介

藍啟文，1958 年出生於臺灣花蓮，中華民國開業中醫師。自 1991 年起曾任藍啟文中醫診所院長，花蓮縣第十八、十九屆理事長，中華民國中醫師公會全國聯合會第七屆副秘書長。1984 年通過國家中醫師特種考試。2014 年畢業於華梵大學哲學系研究所，獲哲學碩士學位。2021 年畢業於天主教輔仁大學哲學系研究所，獲哲學博士學位。曾撰《老子哲學中「德」概念之分析》（2014）。

提　要

《莊子》文學的委婉纏綿和哲學的氣勢磅礴，翻閱〈天下〉篇即可一目了然。其具備特異本質的用語表現有三端：即「萬物畢羅」的宗教性、「深閎而肆」的思想性、以及「諔詭可觀」的文學性。

西方倫理學影響後世最深遠且最具代表性者就是多瑪斯。多瑪斯是一位哲學家也是一位神學家，但這並不妨害多瑪斯嚴謹的哲學思考。他的著作等身而且結構細膩、論證縝密、思想創新，無法不令人讚嘆與佩服。多瑪斯倫理學是西方中世思想的大綜合，不但統整所有希臘、希伯來、猶太的哲學思想，並創建中世時期以士林哲學為主軸思想最偉大的哲學系統。作為多瑪斯代表作品的歷史神學《神學大全》，是多瑪斯眾多著作中的一部不朽鉅著。

多瑪斯的倫理思想提示「天主聖化人類歷程」清晰架構：天主是「天主聖化人類歷程」終極的始源、人是「天主聖化人類歷程」倫理實踐的主體、「基督」是「天主聖化人類歷程」人類回歸天主的必然道路。

莊子的道德理論明示「天道道化人類歷程」清楚藍圖：天道是「天道道化人類歷程」終極的始源、人是「天道道化人類歷程」道德實踐的主體、道

是「天道道化人類歷程」人類回歸天道的必然道路。

《莊子》與《神學大全》基於「超自然或神的啟示」，皆是屬於一種「歷史神學」的著作。其中皆具體論及「幸福倫理」、「神學倫理」、「哲學倫理」、和「救贖倫理」的內容。

礙於篇幅的限制，本書只涉獵《莊子》與《神學大全》關於「哲學倫理」的部份，亦即本書所論述的第一部「倫理的人學基礎」與第二部「倫理的德行實踐」。

至於「神學倫理」、「幸福倫理」、和「救贖倫理」三部份，則是未來研究的方向與目標。亦即「神學倫理」是人性完美的發展和希望，以及「幸福倫理」和「救贖倫理」則是人性完美的最終價值。

目　次

第二一冊　窺基《說無垢稱經疏》的唯識學詮釋

作者簡介

　　竇敏慧，目前就讀於德國慕尼黑大學佛學研究博士班。大學時對佛教哲學產生興趣，畢業後進入國立臺灣師範大學國文所碩士班哲學組。碩士論文題目為《窺基《說無垢稱經疏》的唯識學詮釋》，對比《維摩詰經》的三種漢譯本、日本大正大學整理的梵文本，以及藏譯本，試圖理解唐代玄奘翻譯《維摩詰經》（定名為《說無垢稱經》）是否加入了自身唯識學背景的名相，進而探討其徒窺基的《說無垢稱經疏》如何以唐代唯識學角度詮釋《說無垢稱經》。

　　取得碩士學位之後，考上國立臺灣師範大學國文所博士班，繼續佛學研究。於博士班三年級時申請進入德國慕尼黑大學博士班，加強梵語與藏語的佛學語言能力，且延續碩士論文中的對於唯識學中種子學說的興趣，博士論文以世親至安慧為時間段，檢視初期唯識學如何回應部派佛教的質問，並將

種子與薰習理論發展成唯識學派的特殊學說。

提　要

　　本研究探討窺基《說無垢稱經疏》所建立、與歷代《維摩詰經》疏本觀點迥異的唯識學立場，以及在《維摩詰經》疏解史上的地位。窺基的「維摩詰經觀」以唯識思想為主，由於其所依據的《說無垢稱經》是玄奘所譯的版本，因而先以《維摩詰經》三家漢譯本的差異，審視窺基的立場是否與翻譯所依據的版本有關。

　　藉由梵漢對比，發現現存梵文抄本、羅什本、玄奘本與支謙本並非同一底本，且在字句使用上僅有些微差異，不構成整體《維摩詰經》的思想改變。且玄奘本所使用的唯識術語，如「vijñapti / vijñāna」、「bīja / gotra」和「ālaya」，在其他漢譯本與現存梵文抄本中，並不具有唯識義。因而可知玄奘本《說無垢稱經》依然未脫離《維摩詰經》的中觀學。

　　然而，窺基在《說無垢稱經疏》中，多處將玄奘所譯的經文以唯識學疏解。他將 vijñāna 認作「心識」，vijñapti 是「了別」；「bīja 種子」則是發正等覺心的「煩惱種子」；「gotra 種性」被解為「行佛性」和「理佛性」，為「五種性」所用；又將 ālaya 視作阿賴耶識的三藏，加入「執藏」的意涵。可見窺基依於玄奘譯本，卻溢出了玄奘的翻譯，增添入唯識思想的疏解傾向。

　　在判教中，窺基將《說無垢稱經》判為唯識宗三時教中的「第二第三時」，從說法空過渡到並說空有；八宗判釋以第七宗勝義皆空為主，卻也依第八宗應理圓實宗。可見窺基採用唯識宗的立場，判定《說無垢稱經》具有空觀和唯識兩種思想並存的經典。其中，窺基舉出清辨和護法代表中觀與唯識的論說，並以「空理義」和「應理義」區分兩者的說法。《經疏》一貫先舉出中觀為例，再說明中觀偏空，唯識方能展現空有的勝義諦。由此立論的結構，窺基的「維摩詰經觀」可分為「解脫觀」、「佛土觀」、「三性說」和「四重二諦」四項。

　　窺基的《說無垢稱經疏》雖然是溢出了《說無垢稱經》的經義，卻不能將之歸類為無效的疏作。依照伽達默爾的詮釋學觀點：即使疏解者親自參與翻譯的過程，強調準確翻譯的重要性，其疏本仍然可能帶有強烈的前見。此說解釋了窺基《說無垢稱經疏》基於宗派意識的緣故，不僅保存玄奘《說無垢稱經》的翻譯特色，更進一步實際展現唯識宗義。因此，若將中國佛教的

疏解本看作是必然獲得文本原意的詮釋之作，可能錯過了佛教思想史上宗派的歷史影響力。有鑒於此，窺基《說無垢稱經疏》並非只充實了經典的意義，亦是新的詮釋角度，也可做為《維摩詰經》疏解史的新觀點。

目　次

第二二冊　彭紹升評傳

作者簡介

　　錢寅，出生於 1986 年夏天的天津，祖籍河北獻縣。十八歲外出求學，轉益多師，先後於華中師範大學社會學院、四川大學文學與新聞學院、中國人民大學清史研究所、日本愛知大學中國研究科學習，現在河北工業大學人文與法律學院任教。

提　要

　　彭紹升是清代乾隆時期著名的佛教居士、理學學者、古文家、詩人和慈善事業家。作為一個淨土宗居士，彭紹升在傳播和弘揚淨土宗等方面有著卓越功績。彭紹升佛學著作頗多，不僅有《阿彌陀經約論》《華嚴念佛三昧論》等探討思想層次的哲理性論文，亦有《居士傳》《善女人傳》等疏理佛學源流、輯錄靈驗事蹟的作品。此外，彭紹升廣泛校刻佛經，凡經其整理流佈的經典基本上都錄有序、跋，詳述刊刻因緣和版本源流，這些文章大部分見收於他的佛學文集《一行居集》內。在行動上，彭紹升一直努力發揚佛教濟世度人的品格，大力興辦慈善事業，以鄉紳的身份資助鄉里。出身理學世家的彭紹升，一面承擔著佛教居士的義務，一面繼承家學發展理學思想。在彭紹升的思想中儒佛調和是一個非常重要的命題，其著作裏持論如此者頗多。而且他在與戴震的書信中，也多指出佛儒相通之處。彭紹升的理學著作，大多收在其外典文集《二林居集》中，當然很多思想也散見於他的佛學著作和詩文創作中。這些思想對後世公羊學派之產生可能也有著十分重要的意義。

　　本書試圖對彭紹陞進行深入、系統地研究。這應該是極有價值的。研究彭紹升是複雜且廣泛的。所以，本書試圖以文獻學為基礎，結合宗教學、史料學、社會學等社會人文學科的研究方法，對彭紹陞進行分析研究。本書寫作的中心思路是，通過考察社會和個人行為之間的聯繫，從而獲得關於人物思想、行為和歷史背景的全面認識。因此，本書將努力圍繞這一思路搜集文獻資料，以備考證之需。本書擬首先從彭紹升生平入手，作《冷淡生涯愛日長》一章，詳細勾勒彭紹升一生的軌跡，以求達知人論世之鵠。其次研究其

佛學思想，作《圓融無礙一乘道》一章，通過爬梳文獻資料以揆其禪淨調和及唯心淨土觀。再次簡述其儒學理念，作《海青之上繫儒巾》一章，由彭紹升著述來考察其包容儒釋的思想以及對後世公羊學興起的伏筆。第四探討彭紹升學術交流，作《互答書信論儒佛》一章，選取其與袁枚、戴震論學書信簡做評析，以為思想研究之補充。第五考察彭紹升社會事業，作《開門羅漢即菩薩》一章。最後，以餘論部分簡單說明彭紹升著作的史料價值。

目　次

第二三冊　印順法師的佛學思想

作者簡介

　　蔣立群，男，1966 年出生於北京。1988 年畢業於北京廣播學院（中國傳媒大學），之後從事新聞工作，由於工作上的便利，對國家政策以及社會上的各色人物都有興趣研究和思考。2004 年 11 月，師從中國人民大學金正昆教授完成碩士論文《2008 北京「人文奧運」的模式選擇》，對中外文化的比較研究有了初步成型的想法。2013 年 5 月，師從中央民族大學劉成有教授完成本書的寫作，自覺能對相關議題給出一個沒有矛盾的解釋。現服務於蘇州戒幢佛學研究所。

提　要

　　「人間佛教」思想是當今大陸和港臺漢傳佛教界一致推崇的現代佛教理念，但是對它的理解和詮釋卻是最多元、最歧異的。要想釐清其中的頭緒，需要我們超越現有的文本的詮釋模式，去挖掘人物思想背後的元問題，即印順法師當時心中的疑惑是什麼？他怎樣思考？以及他的結論。只有順著這個脈搏，我們才能理解他的思想，並對他所做努力的當代意義給予正確的評價。

　　根據這個思路，全書提出印順法師一生中曾發生過三次重大的跨越：第一次是在與其他宗教的對比中發現了佛教的與眾不同，從而皈依了佛門；第二次則是通過閱藏抉擇出了純正的佛法，並發現了中國現實佛教中各種問題背後的原因──對純正佛法的背離，因此他沒有特宏傳統的某一宗派，而是構建了一個具有現代意義的「人間佛教」體系；第三次，應該是試圖以他的「人間佛教」思想去扭轉中國佛教的面貌，更一步地，從淨化人心開始，逐步進到社會的真正進步，最終實現宇宙的莊嚴清淨。其中，前兩次跨越對治的問題明確，答案亦十分精彩。但是第三次的跨越只是抬起了一隻腳，結局如何，全看其繼承者能否切實地解決他遺留給我們的真問題。

　　至於「人間佛教」的解讀，本書採用了幾個分析問題的框架，通過它對東西方宗教哲學的細微差別嘗試著做出了一些界定，同時，亦將印順法師的

佛學思想置於這個框架之中，突出強調了緣起性空、人、踐行等幾個方面，
以期把「人間佛教」思想的核心理念完整、清晰地呈現出來。

目 次

《詩經》誓詛詩研究

許清源 著

作者簡介

許清源，1982 年生於臺北。少時於北部生活、求學。父逝後，與家人搬遷至雲林定居。大學時就讀東海大學中文系，當時便熱衷古典文學的研究與閱讀。畢業後，謀得教職，現任教於雲林縣立崙背國民中學。任教期間，始終對於學術研究無法忘情，遂於 2015 年重回東海中文系攻讀碩士，從師於呂珍玉老師門下。此篇「《詩經》誓詛詩研究」，即是在呂珍玉老師指導下所完成的碩士論文。

提　要

《詩經》留下珍貴的周文化記錄，透過讀《詩》，可以考察周人政治、社會、生活、信仰等樣貌。崇尚周文化的孔子，更是提出「溫柔敦厚詩教也。」以《詩》為教材，期勉弟子讀《詩》，從中培養性情，以此推廣到敦厚風俗，甚至治理國家。然而所謂詩教，除了主文譎諫方式的美刺外，有些時候詩人也難免無法克制對現實的不滿，直露陳詞，甚至指天立誓，以死咒人。這類誓詛詩在《詩經》中約十七首，因異於溫柔敦厚的特質，歷來不被學者重視。撰者以為通過這些不假辭色，情感率真的詩篇，或許也是考察周人遇事態度、情感宣洩、生命情態、道德標準、精神依託的好材料，亦不失為反面觀察的好視角。因此通過文本詳析，歸納誓詛詩篇，探析詩人寫作情境，生活遭遇，如何透過誓詛抒發情感，採用的誓詛儀式，以及背後所呈現的周人精神依託。

本論文共分六章，各章要旨如下：

第一章「緒論」，說明本文研究動機，前人研究情形、研究範圍與研究方法、研究步驟與預期成果。

第二章「誓詛行為的形成」，分為「發誓」、「詛咒」與「宗教裡的誓詛」三節，前兩節分別探討誓、詛行為形成的原因，進行這種行為時的心理狀態與儀式。第三節「宗教裡的誓詛」，取佛教、基督教、道教中的誓詛行為和《詩經》對照，比較彼此異同。

第三章「《詩經》發誓詩探析」，共列《詩經》中發誓詩篇十二首，以毛詩、三家詩為基礎，並參酌歷代《詩經》重要注家詮解詩義，以為詩旨判讀依據。將《詩經》發誓詩分為軍事、抗暴、愛情、隱者自適等四類，其中以愛情類的發誓詩居多。從這些詩篇我們可以發現，「誓」在周人的生活當中，扮演著洩導人情、澄清自我意志的重要功能。

第四章「《詩經》詛咒詩探析」，共列《詩經》中詛咒詩五首，較之發誓詩，詛咒詩相對不多，應是受到周文化崇尚道德，重視人性美善的影響。因為詛咒詩用詞狠毒，詛人生瘡、咒人速死，毫不遮掩個人憤慨情緒，不論在《詩經》甚至中國文學作品中皆屬異數。

第五章「《詩經》誓詛篇章中所呈現的現象」，提出透過考察《詩經》誓詛詩，可以觀察周人的心理需求、精神信仰、道德標準，並進一層分析其內涵。

第六章「結論」，總結全文研究結果。誓詛詩呈現原始巫文化遺俗，神監信仰為誓詛行為基礎，天地日月、鬼神等超自然力量主宰人類行為，可證自身清白，可懲不善惡人，其俗雖有損益，延續至今不絕。

致謝辭

　　碩士論文終於在艱困中完成了，喜悅中難忘滿滿的感恩。這篇論文歷時約三年的時間才告完成，期間有許多的酸甜苦澀，只可為知者道，難與外人言。若不是老師與家人、朋友的鼓勵與提點，以我這懶散的個性，或許難有完成之日。

　　要感謝的人太多了，容我一一謝過：這篇論文從無到有，最要感謝指導教授呂珍玉老師了。感謝她在我徬徨失措，毫無方向的時候，願意引導我論文方向，啟發我向論題深入挖掘。撰寫過程，總能包容我的拙笨龜速，我知道她內心萬分焦急，但卻不曾因此苛責過我。更感謝她總是耐心批改論文表達不精確處，隨時提供參考資料，以補充內容，加強論文深廣度。在老師的身上，我看到了治學嚴謹的學人風範，對於學術的堅持與執著，這些我銘記在心，督促自己在中學教職上也恪遵職責，付出全心栽桃種李。

　　同時也要感謝兩位口試委員——魯瑞菁教授與車行健教授。對於在寫作論文上還是個生手的我，於口試當天總能給予我溫言指導，且提醒我在《詩經》誓詛詩篇的界定上，要有更多嚴謹的論述。這些提醒與建議，讓我深受啟迪、獲益良多，我的論文也因此能更趨完善。教授們的犀利慧眼以及對學術問題的堅持，都是值得晚輩效法跟進的。

　　再來，要特別向我的家人致敬。母親勞苦半生，養育我成人，現在本該是享清福的時候，卻又要在我忙於工作與論文之際，辛苦為我照顧女兒，感謝她在背後強力支撐著我，讓我得以專心從容撰寫論文。也要感謝妻子，除了教職辛苦，身懷六甲操持家務，還常陪我進出圖書館查找資料，協助我校

對論文錯誤。撰寫論文時女兒悅悅尚未出生，呂老師曾說我即將當父親，應該認真寫一本論文送給她當禮物，當我完成論文，說也巧合，兒子樂樂即將來臨，看來這本論文是我送給一雙兒女的好禮物，何其慶幸感恩。我也會銘記這段母親、妻子分憂解勞，兒女來臨的苦盡甘來，我會非常珍惜家人，保護你們。

年近不惑，總算完成了人生中的第一本論文，雖然不是什麼可以傳之萬世的不朽言論，但對我來說，至少證明了一件事，原來我還是可以在柴米油鹽之間，追求並完成自己的理想。在不安穩的現世，曾經如此踏踏實實、安安靜靜地讀書做學問。我盡了全力，完成這本論文，敬獻給所有想感謝的人。

歲在庚子季夏　許清源謹識於東海大學

目

次

第一章　緒　論

第一節　研究動機

　　《詩經》的時代遠自紀元前十一世紀至六世紀，不僅跨越時間長，產生的地域北自河北，南到江漢流域；東自山東，西至甘肅，幾乎遍及中國北方，紀錄如此長時間，如此廣大區域人民的生活，寫作藝術又達到相當水準，這部蒐集三百零五篇的詩歌總集，堪稱中國文學之祖，中國文化的寶藏。書中所涉及的內容包羅萬象，舉凡周人的政治、社會、生活、經濟、戰爭、禮儀、民俗、信仰等等議題，都可從《詩經》中找到可供研究的材料。

　　《詩經》是周文化的精華，包羅內容豐富。學者或以孔子所說「詩三百，一言以蔽之，曰思無邪」〔註1〕的觀念來理解周詩，甚或以「溫柔敦厚，詩教也」〔註2〕的概念來囊括詩三百篇的整體形象，有時會被固定刻板的觀念圈限周人的多樣生活圖像，削弱《詩經》作為周文化精髓的個別性與獨特性。就拿「溫柔敦厚」這四個字來說，整部《詩經》難道都是含蓄蘊藉的詩篇？難道沒有情緒憤慨、咒罵斥責的表達方式？其實不然，在詩中有不少對政治社會問題的怨刺抒發，詩人「主文譎諫」，透過曲折的方式，來訴求自己對現實人生的不

〔註1〕 何晏注，邢昺疏，阮元刻本《十三經注疏‧論語注疏》附校刊記，（臺北：藝文印書館印行，1956 年），頁 16。

〔註2〕 鄭玄注，孔穎達疏，阮元刻本《十三經注疏‧禮記注疏》附校刊記，（臺北：藝文印書館印行，1956 年），頁 845。《禮記》經解第二十六：孔子曰：「入其國，其教可知也。其為人也溫柔敦厚，詩教也；疏通知遠，書教也；廣博易良，樂教也；絜靜精微，易教也；恭儉莊敬，禮教也。」

滿和期許。作為讀者應該善體作者用心，受到詩教感化，養成溫柔敦厚的性情。

喜怒哀樂之情人性本具，應該適度表達，無須過度壓抑，如此讀《詩》更能了解詩人表情自然，毫不矯揉造作，貼近人性之真，因此千年後依然深獲人心，奉為經典範式。就以至聖先師孔子而言，他也不是一副道貌岸然，一味在日常生活中奉行溫、良、恭、儉、讓，諄諄善誘，毫無脾氣。從《論語》的記載中，我們也看到他對一些事情的盛怒狀態，試舉二例為說：

《論語·公冶長》

宰予晝寢。子曰：「朽木不可雕也，糞土之牆不可杇也，於予與何誅。」子曰：「始吾於人也，聽其言而信其行；今吾於人也，聽其言而觀其行。於予與改是。」〔註3〕

《論語·雍也》

子見南子，子路不說。夫子矢之曰：「予所否者，天厭之！天厭之！」
〔註4〕

宰予是孔門四科言語科的傑出弟子，只因大白天睡覺，不勤奮讀書，而遭孔子如此動氣斥責，又是罵他「朽木」、「糞土」之類，極為不堪入耳的話，雖然他被罵主要原因不是晝寢，而是言行不一，說話不算話，讓老師動怒說出：「始吾於人也，聽其言而信其行；今吾於人也，聽其言而觀其行。」以及「以容取人乎，失之子羽；以言取人乎，失之宰予。」〔註5〕對他徹底失望的話。

另一則「子見南子」，據《史記·孔子世家》記載：

靈公夫人有南子者，使人謂孔子曰：「四方之君子不辱，欲與寡君為兄弟者，必見寡小君。寡小君願見。」孔子辭謝，不得已而見之。夫人在絺帷中。孔子入門，北面稽首。夫人自帷中再拜，環珮玉聲璆然。孔子曰：「吾鄉為弗見，見之禮答焉。」子路不說。孔子矢之曰：「予所不者，天厭之！天厭之！」。〔註6〕

〔註3〕何晏注，邢昺疏，阮元刻本《十三經注疏·論語注疏》附校刊記，（臺北：藝文印書館印行，1956年），頁43。

〔註4〕何晏注，邢昺疏，阮元刻本《十三經注疏·論語注疏》附校刊記，（臺北：藝文印書館印行，1956年），頁55。

〔註5〕陳奇猷校注《韓非子集釋》，（臺北：漢京文化事業有限公司，1983年5月），頁1092。

〔註6〕瀧川龜太郎：《史記會注考證》，（臺北：萬卷樓圖書股份有限公司，1993年8月），頁751。

　　孔子帶著弟子到衛國，想實現自己的政治抱負，原本知道衛靈公夫人品行不好，但她欣賞孔子的才學，說出願見孔子的話，孔子辭謝，但依禮不得已去見她，這件事情對孔子的名譽有損，生性直率的子路因此對老師非常不悅，被自己的學生誤會，情急之下，孔子也顧不得老師的形象，指天立誓起來說：「如果我有什麼做錯的地方，就讓老天爺厭棄我！就讓老天爺厭棄我！」這便是孔子對天起誓的例子。

　　當人類面臨到生命中的諸多難題時，也許是因為憤怒、也許是因為遭到誤解，「發誓」、「詛咒」等激動言詞就容易伴隨而至。在先秦時期，天子與朝臣百姓間、諸侯與諸侯間、諸侯與夷狄間便已經存在著相當成熟的盟誓文化，在《尚書》、《周禮》、《禮記》、《左傳》等先秦典籍，都可發現這類材料，在《詩經》中也有和誓詛內容有關的詩篇，但似乎未引起學界太多的注意。

　　《詩經》作為一部三千年前的詩歌總集，內容記載了大量周人的生活面貌，其中自然存在不少原始社會遺俗。「誓詛」行為是法律、契約形成前人類祈求皇天、鬼神明鑑保證的儀式，只是後來在不語怪力亂神的儒家文化下，實踐「溫柔敦厚」的適中性情，遵行克己復禮的規範，往往忽略了人有七情六慾，難免會遇到憂心失望、挫折憤慨的狀況。當遇到這些問題的時候，詩人除了抒發不滿之外，有時還以較為強烈的方式表達自己的情緒，因此《詩經》中的誓詛篇章更顯得人性的自然，不過度壓抑克制。

　　孔子雖然說「溫柔敦厚，詩教也」，但相對的，他也曾說過「詩可以怨」〔註7〕，表示《詩》的另一個重大功能在於能排遣心中的憤懣不平。孔子曾經整理過《詩經》，甚至還把它拿來當教材，他依然保留《詩經》中不少情感激烈的發誓與詛咒篇章。這裡出現了一個很有意思的問題：既然《詩經》是「溫柔敦厚」的、既然《詩經》是「主文譎諫」的，又說《詩經》是「思無邪」的，那麼何以在聖人的把關下，仍然會出現這些用字強烈且惡毒的詩篇？這之中是否存在著一些矛盾？而這樣的矛盾又該如何解消？撰者以為，這個問題也許該把作詩的人與運用詩、理解詩的人分開來看。這就好像朱熹說《詩經》裏頭出現了幾首「淫詩」，但朱熹自己卻又無法為這個現象（《詩經》既經孔子刪削，為何還留下「淫詩」？）自圓其說，畢竟「淫詩」

〔註7〕　何晏注，邢昺疏，阮元刻本《十三經注疏·論語注疏》附校刊記，（臺北：藝文印書館印行，1956年），頁156。

的說法，甚至是「溫柔敦厚」的說法，都是後人為《詩經》所做出的部分理解與回應，終究不能代表詩人本身的創作原心。同樣的道理，撰者如今提出《詩經》中存在「誓詛」的詩篇，這是不是就意味著誓詛的行為與聖人的教化有所矛盾與牴觸？撰者以為恰恰不然，表面上看似矛盾的現象，其實並不矛盾。因為這些詩篇在一定的程度上可以反映先秦時期的文化信仰風貌，也可以透過這些詩篇來考察孔子所說「詩可以怨」的社會教化功能。但很可惜的是，這類誓詛材料，至今尚未特別被學者加以整理論述。

綜上所述，關於《詩經》中的發誓與詛咒詩篇，值得吾人加以考察，從中探究原始社會遺俗，周人信仰儀式，抒發情感方式，因此本論文擬以「《詩經》誓詛詩研究」為題，希望能通過心理學、民俗學、以及當時人的信仰來加以剖析，期能深入探究詩人在現實生活中遭遇挫折時，他的心理感受、精神狀態、人際關係，以及後來的排解方式。

第二節　前人研究探討

有關《詩經》中發誓與詛咒的詩篇，之所以歷來較少被研究者注意到這方面的議題，除了受到《詩經》的溫柔敦厚形象的影響以外，可能還關係到詩句當中極少出現關於「誓」、「詛」等字眼，又「誓」、「詛」二字在先秦時期又常與「盟」字連用〔註8〕，故筆者嘗試以「盟」、「誓」、「詛」三字為關鍵字，從《詩經》的三百篇詩作中搜尋。

《詩經》內容出現具有發誓意「誓」字者，僅〈衛風‧氓〉一篇「信誓旦旦」；出現「詛」字者，僅〈小雅‧何人斯〉一篇「以詛爾斯」；出現「盟」字者，僅〈小雅‧何人斯〉一篇「君子屢盟」。不過《詩經》中的「誓」字有時又以通假字「矢」字出現，如〈鄘風‧柏舟〉的「之死矢靡它」、〈衛風‧考槃〉中的「永矢弗諼」即屬之。又或以通假字「逝」字出現，〔註9〕如〈魏風‧碩鼠〉「逝將去女」等，甚至還有些誓詛詩篇完全未出現「誓」、「詛」、「盟」等

<hr>

〔註8〕 見金顏〈先秦盟誓的社會作用〉，《青海師範大學學報》（哲學社會科學版），2006 年第 5 期，頁 75。關於「盟」、「誓」、「詛」的字源探義及先秦時期的使用情形，將於本文第二章論述。

〔註9〕 「逝」一般注解多作發語詞，而《公羊傳》徐彥《疏》直接將《詩經》中的「逝將去女」引作「誓將去女」，有發誓、決心之意，於意為長。參見公羊壽傳，何休解詁，徐彥疏，阮元刻本《十三經注疏‧春秋公羊傳注疏》附校刊記，（臺北：藝文印書館印行，1956 年），頁 47。

文字，必須通讀全詩，深究內容，考察作意，才能找到詩意和誓詛的關聯。這是本文在研究材料，研究範圍，必須先精確掌握處。

　　至於與本文相關議題的前人研究，筆者擬分作三個面向來進行探討：一為「《詩經》誓詛相關研究」，二為「先秦盟誓相關研究」，三為「《詩經》原始社會相關研究」。由於本論文題為「《詩經》誓詛詩研究」，故而必須率先注意到前人是否已針對這個議題進行過類似研究；接著，本論文亦關心在先秦時期便已經存在的「盟誓制度」與《詩經》中所呈現的「原始社會」生活習俗。先秦「盟誓制度」的形成，必然與發誓詛咒脫離不了關係；而《詩經》所呈現「原始社會」的樣態，或許也可以拿來解釋初民在沒有穩定的律法條文以前，如何面對人心的詭詐欺騙，交與誰來主持公平正義？被人誤解冤枉時如何以誓詛行為支持自己的清白？如何獲得力量抗爭下去？

　　為考察前人對上述問題的涉略情形，擬從三方面蒐集考察前人研究文獻，踵繼前人研究成果，以豐富本文內容，開創新的研究發現。

一、《詩經》誓詛相關研究

　　目前注意到《詩經》「誓詛」材料的，臺灣學術圈比較直接談及的有林玲華的《詩經巫俗研究》，而在中國大陸則有任百平的《詩經中的巫文化研究》與瞿繼勇的〈詩經中的語言巫術及民俗信仰〉，茲就三文要點稍作論述。

（一）林玲華《詩經巫俗研究》，嘉義：嘉義大學中文研究所碩士論文，2006 年 7 月

　　此文著重在《詩經》中的巫俗信仰研究，將巫俗分為祭祀、占卜、生殖崇拜、醫療巫俗、語言巫術、其他類禁忌與交感巫術。而其中的「語言巫術」則論及本文所欲討論的「誓詛」文化，唯該文僅僅將這部分擺在一個小章節裡〔註10〕，不是該論文的主軸論述，因此未能針對這個議題詳加整理發揮。再加上其誓詛篇章的分類標準，與本文的分類標準有所出入，詩篇的取捨亦有落差，筆者的研究將針對《詩經》中的誓詛篇章，外加新出土《安徽大學藏戰國竹簡》〈秦風・無衣〉不同異文，詳加分類、考究、探析。

〔註10〕林玲華《詩經巫俗研究》，（嘉義：嘉義大學中文研究所碩士論文，2006 年 7 月），頁 98～129。該文的第三章「《詩經》中的巫俗——非專職者參與的活動」裡的第三節「語言巫術」對於《詩經》中的「盟誓」與「祝詛」有部分的論述。

　　林玲華於〈詩經巫俗研究〉一文中，將「語言巫術」分為「盟誓」與「祝詛」二類。其中「盟誓」類收入〈小雅・巧言〉、〈小雅・何人斯〉、〈王風・大車〉、〈邶風・擊鼓〉、〈衛風・氓〉、〈邶風・谷風〉、〈鄘風・柏舟〉、〈衛風・考槃〉等八篇；「祝詛」類收入〈鄘風・相鼠〉、〈小雅・巷伯〉、〈大雅・蕩〉等三篇。另外〈豳風・七月〉、〈小雅・天保〉、〈小雅・南山有臺〉、〈小雅・瞻彼洛矣〉、〈小雅・桑扈〉、〈小雅・鴛鴦〉、〈大雅・下武〉、〈大雅・行葦〉、〈大雅・既醉〉、〈大雅・假樂〉、〈大雅・卷阿〉、〈大雅・江漢〉等十二篇為「祝福之詩」。而「祝福之詩」非本文所欲討論的內容，「詛咒之詩」就其所列有三篇，而本論文所列的詛咒詩，尚加入〈小雅・巧言〉、〈小雅・何人斯〉等二篇，因此本文所列計有五篇。至於其所列「盟誓」八篇，其中的〈小雅・巧言〉、〈小雅・何人斯〉，在本論文的認定裡屬於「詛咒」的篇章[註11]，剩下六篇「盟誓」詩，本文尚加入〈大雅・大明〉、〈大雅・常武〉、〈召南・行露〉、〈魏風・碩鼠〉、〈唐風・葛生〉、〈秦風・無衣〉等六篇，因此「發誓之詩」於本文的認定中共計十二篇。

　　就上所述，基於《詩經》詩義詮釋多元紛紜，該文與本論文所列舉之詩篇在認定上的標準明顯不一，然而這對於研究《詩經》中的發誓與詛咒篇章，不論文本基礎，內容表現，所呈現的精神意涵，可以想見已經存在差異了。

（二）任百平《詩經中的巫文化研究》，重慶大學碩士論文，2012 年 5 月

　　這篇論文的研究主題與林玲華的《詩經巫俗研究》一文頗為相似。唯任百平側重在《詩經》中的交感巫術、樂舞儀式、語言儀式、占卜巫術等面相來進行研究，並試圖呈現《詩經》在巫文化發展史上的地位。其中任文在語言儀式中同樣注意到《詩經》中存在著「祝」與「咒」的詩篇。「祝」類的詩篇，他舉出〈小雅・甫田〉、〈唐風・椒聊〉兩篇；「咒」類的詩篇，他僅舉出〈鄘風・相鼠〉與〈小雅・何人斯〉兩首。對於「發誓」的篇章則付之闕如。

　　此文雖有觸及《詩經》中關於「詛咒」的詩歌，但可能由於這類詩篇並非該文主線，作者淺嘗則止，並未深入探究，這亦是撰者認為有必要將《詩經》中的誓詛詩做一全面性的整理與考察的原因之一。

[註11] 其認定標準將於本文的第三章及第四章詳加論述。

（三）瞿繼勇〈詩經中的語言巫術及民俗信仰〉，《常熟理工學院學報》（哲學社會科學），第 11 期，2009 年 11 月

　　這篇是大陸的學術期刊論文。內容與林玲華的《詩經巫俗研究》同樣都談到《詩經》中的語言巫術。比較不一樣的地方在於，瞿繼勇的〈詩經中的語言巫術及民俗信仰〉僅僅將《詩經》中的語言巫術分為「祝」、「詛」二類，發誓的部分僅在「詛」類詩篇當中驚鴻一瞥，並未做出完整的論述。

　　其中「祝」類詩篇列有〈小雅·天保〉、〈小雅·楚茨〉、〈小雅·甫田〉、〈大雅·既醉〉、〈大雅·行葦〉、〈周南·螽斯〉、〈唐風·椒聊〉等七篇；「詛」類詩篇列有〈鄘風·相鼠〉、〈小雅·巷伯〉、〈小雅·何人斯〉、〈王風·大車〉等四篇。不論「祝」或「詛」，在研究篇章的總數上，都不及林玲華的《詩經巫俗研究》，但該文對於《詩經》中的咒類詩篇，所刻劃出的周人心理狀態，有相當值得參考的論述，例如下文：

> 從某種程度上說，用語言詛咒別人的人和由於聽到別人的詛咒而憤怒不安的人，大都是相信語言具有降災降禍的特殊魔力。基於這樣的「心理」，施咒者希望受咒者遇到不幸、遭受艱難困苦、變成殘疾甚至受到死亡等懲罰，出現災難性的、不吉利的結局。在原始時代，死亡是人們普遍存在的一種最大的恐懼，是人類最厭惡、最想否定的一種災禍，所以用死來詛咒人便成了人們最常用的也是最狠毒的一種詛咒了。祝詛是《詩經》時期先民最普通也是最常用的語言巫術行為，它們實際上都是先民一種語言靈力崇拜的反映。在先民看來，祖先、神靈、鬼怪操縱並影響著人丁的繁衍、五穀的豐登、六畜的興旺以及家族發展的壯大。人與鬼神間的關係一旦發生破損或傾斜，就會危及人們的物質生產和生活。
> 〔註12〕

確實，「詛咒」之所以被人們在意，乃基於人類相信「語言」具有特殊的魔力，能驅使鬼神降來災厄，因此一旦詛咒的內容形諸語言或文字，必然造成被詛咒者心理上的壓力，這樣的心理基礎與關係，本文於第二章將進行專文論述，於此不多贅述。

〔註12〕瞿繼勇〈詩經中的語言巫術及民俗信仰〉，《常熟理工學院學報》（哲學社會科學），第 11 期，2009 年 11 月，頁 111。

二、先秦盟誓相關研究

目前筆者掌握到的先秦盟誓相關研究如下——田兆元《盟誓史》、雒有倉〈西周初期盟誓論述〉、金顏〈先秦盟誓的社會作用〉、田兆元、羅珍〈論盟誓制度的倫理與孔子信義學說的形成〉、李艷紅〈侯馬盟書溫縣盟書與左傳盟誓語言比較研究〉、田兆元、龍敏〈秦國崛起與盟誓制度研究〉、呂靜《春秋時期盟誓研究——神靈崇拜下的社會秩序再建構》、雒有倉、梁彥民〈論商周時代盟誓習俗的發展與演變〉等八篇期刊論文，以下分別論述：

（一）田兆元《盟誓史》，南寧：廣西民族出版社，2000 年 10 月

田兆元這本《盟誓史》，比較完整的介紹盟誓文化的發展脈絡，上起上古先秦，下迄元明清，將人類的盟誓行為作了相當完整的交代與整理。他認為，盟誓行為是人類組織社會的一項重要手段，他說：

> 單個的個體憑什麼變成群，群體靠什麼維繫以構成社會。對此要作一元的回答是很難辦到的，但有一點十分肯定：這種群必須是一個聯盟，他們必須遵循共同的誓約。盟與誓在人類文化活動中的地位舉足輕重是無庸置疑的。難以想像：沒有聯盟會有人類社會的存在？沒有誓約群體不會瓦解？〔註13〕

田兆元儼然把「盟誓」看作是人類組織社會的必要條件，或許我們也可以這麼說，在形諸文字的律法普遍使用在人類社會之前，「盟誓」便成了維繫彼此誠信的重要依據，因此把「盟誓」當作是維繫群體秩序的核心力量，似乎也不為過。

（二）雒有倉〈西周初期盟誓論述〉，《西北大學學報》（哲學社會科學版），第 36 卷第 2 期，2006 年 3 月

此文比較特別的地方在於，其時間的斷代乃是定位在西周初期，歷來關於先秦的「盟誓」研究，大多是將注意力集中在西周中後期乃至於春秋時代。作者提到：

> 西周初期，盟誓作為滅商鬥爭的一種政治手段，壯大周人力量、分化瓦解商紂集團起了較為重要的作用。周公東征之後，盟誓成為構

〔註13〕田兆元《盟誓史》，（南寧：廣西民族出版社，2000 年 10 月），頁 1。

建西周國家政權的重要組織形式，使諸侯與天子建立了宗法血緣之
外依靠神靈監督效忠的政治從屬關係。〔註14〕

因此作者將這篇文章分做兩個子題來討論：一是「盟誓在滅商建周過程
中的作用」，另一是「盟誓在構建西周國家政權過程中的作用」。從該文的研
究中可以知道，西周的創建與「盟誓」也有著密不可分的關係，周王室除了
利用「盟誓」來壯大自身實力，同時還藉著「盟誓」來分化商紂集團，並在周
公攝政期間，「盟誓」更扮演了鞏固政權、強化宗法制度的重要角色。總體來
說，此文對於西周初期的盟誓發展論述，有相當值得參考的地方。

（三）金顏〈先秦盟誓的社會作用〉，《青海師範大學學報》（哲學社會科學版）第 5 期，2006 年

這篇論文談及先秦的「盟誓」文化及其社會作用。文章起始先提到「盟」、
「誓」、「詛」三字在先秦時期經常出現連用的狀況，這對於研究《詩經》中
的發誓與詛咒是必須注意到的基本問題，本論文在第二章將會對此有所討
論。

此文還論及「盟誓在先秦存在的原因」，金顏將原因歸納為兩個方面：
一是「先秦時期神靈崇拜、祖先崇拜是盟誓存在的思想基礎」，另一是「先
秦時代社會激烈變革，王權逐層下移的社會現實成為盟誓發展的主要條
件」。

其中第一個原因牽涉到「原始社會」的宗教信仰問題〔註15〕，在民智未
開、初民對萬物的認識有限的情形下，自然不可預測的力量，會讓初民心存
戒慎，因此對於自然神靈的崇拜，在原始社會便形成一種普遍的信仰習慣，
再加上初民普遍相信，神靈具有賞善罰惡的絕對權威，因此「盟誓」便在神
靈的監控下，形成了一種不可違抗的契約。

〔註14〕雒有倉〈西周初期盟誓論述〉，《西北大學學報》（哲學社會科學版），第 36 卷
　　　　第 2 期，2006 年 3 月，頁 135。

〔註15〕金顏〈先秦盟誓的社會作用〉，《青海師範大學學報》（哲學社會科學版），2006
　　　　年第 5 期，頁 75。內文提及：「早在三代以前，由於生產力水平低下，人們
　　　　對自然、生命的認識是有限的，從而使人們產生了靈魂不滅、萬物有靈的原
　　　　始世界觀。考古發掘表明，中國大約從舊石器時代晚期就出現了靈魂不滅的
　　　　原始宗教觀念。在北京山頂洞人的墓葬中，人們發現屍骨周圍撒有赤鐵礦粉
　　　　末，並有死者生前的裝飾品，這便是這種原始宗教觀的具體體現。」

　　而「盟誓」存在的另一個原因，金顏認為「王權下移」提供了重要的條件。周天子的權力在進入春秋戰國以後，受到了嚴重的考驗，諸侯與諸侯間的紛爭，光靠周天子的力量已然不足排解，而原先周天子所持有的「盟誓權」〔註16〕，也隨著王室的衰落，漸漸下放到各諸侯的手中，自此誰取得盟誓權，便等同取得列國間的主導權一般，而後諸侯與諸侯之間的「盟誓」，遂逐漸形成了維繫國際間穩定的主要手段〔註17〕。

　　金顏認為，「盟誓」在先秦時期的作用主要體現在政治、經濟、軍事及外交等方面，表示「盟誓」在先秦時期，扮演了一個「解決問題」的角色，但也可能因為「盟誓」，又「製造」了另一個社會問題。

（四）田兆元、羅珍〈論盟誓制度的倫理與孔子信義學說的形成〉，《湖北民族學院學報》（哲學社會科學版），第 24 卷第 6 期，2006 年

　　一般談論先秦的「盟誓制度」，極少言及盟誓背後存在著「守信」的「倫理」，也就是說，「盟誓」本身其實是透過外在的神靈監督，抑或是盟書上條約的利益控制，讓參與盟誓的成員必須因為這些「外力」，而臣服於盟誓的內容，其中難免摻雜著因為恐懼而守信的成分，態度上是被動的，但此篇論文卻注意到「盟誓」亦存在著內在的積極意義。

　　此文提及思想家孔子欲透過恢復周禮以及對仁義學說的宣揚，企圖扭轉盟誓中的守信態度，從被動的懼怕，內化成積極主動的基本倫理。文章中提到：

> 春秋時期「禮崩樂壞」，社會發生信用危機。思想家孔子力圖通過
> 恢復周禮來重建道德倫理體系，故對盟誓這一禮制寄託了無限希

〔註16〕所謂「盟誓權」，乃是周天子透過盟誓朝會活動來鞏固政權，宣揚國威，在分封諸侯的同時，讓受封諸侯於神前宣誓永遠效忠周天子，這就是一種政治控制權。

〔註17〕金顏〈先秦盟誓的社會作用〉，《青海師範大學學報》（哲學社會科學版）第 5 期，2006 年，頁 76。內文提及：「盟誓可以說是當時社會權力的衡量器，透過盟誓的發展演變的過程，我們可以清晰地看到先秦時期王權逐層下移的社會現實，也正是由於當時王權下移的社會現實，使得作為權威象徵的盟誓，一度成為從高級貴族到低級貴族都熱衷於參加的活動，再加上上行下效，民間盟誓之風亦日漸盛行。」「進入春秋，由於王室的衰微，各諸侯國紛紛脫離了周天子的羈絆，呈現出諸侯林立、列國紛爭的局面，於是盟誓便成了解決社會生活中各種矛盾糾紛的重要手段。」

望。孔子不僅自己親自參與盟誓、主持盟會，對學生作盟官的理
想也大加讚賞，對齊桓公也十分佩服。孔子崇尚盟誓，是克己復
禮的行為；而對信義的倡導，則是著重心靈建設。盟誓與信義從
內外兩方面強化社會風尚的改造建設，因而對孔子的學說產生深
遠影響。〔註18〕

可知，孔子的信義學說的形成，與先秦時期的「盟誓」存在著非常密切
的關聯。先秦的盟誓活動頻見於史冊，其次數之多，歷來著實罕見，然而就
如老子所說「大道廢，有仁義；智慧出，有大偽；六親不和，有孝慈；國家昏
亂，有忠臣。」〔註19〕盟誓之所以多，乃因人與人間的信用關係出現了空前
的危機，故必須藉由盟誓的手段來確保彼此立下的約定能如實的被遵循，因
此孔子也在這樣的時代氛圍下，大聲疾呼信諾的重要，想透過對信義學說的
宣揚，來重新建立已然潰散的信用價值。

（五）李艷紅〈侯馬盟書溫縣盟書與左傳盟誓語言比較研究〉，《殷都學刊》，第 3 期，2007 年

〈侯馬盟書〉與〈溫縣盟書〉皆是近代出土的東周文獻，〈侯馬盟書〉於
1965 年 12 月下旬在山西省侯馬市春秋時期晉國遺址中出土；而〈溫縣盟書〉
則於 1979 年 3 月於今河南省溫縣武德鎮發現，這兩份出土材料，對於研究先
秦時期的盟誓文化，具有相當可靠的參考價值。

此篇期刊論文的研究重點在於比較這兩份出土材料與《左傳》的盟誓語
言特色，研究中發現，盟誓語言有其固定的套語、句式。文中提及：

> 盟誓在東周非常盛行，盟誓語言材料集中體現於兩宗出土材料〈侯
> 馬盟書〉、〈溫縣盟書〉和傳世文獻《左傳》中。本文通過出土的東
> 周載書〈侯馬盟書〉、〈溫縣盟書〉與《左傳》盟誓語言的對比研究，
> 探討盟誓語言的特點以及在後世的發展變化，旨在了解盟誓語言的
> 深厚淵源。春秋時期盟辭誓辭已形成特定的模式。人們在盟誓時所
> 使用的語言具有固定的句式和套語。〔註20〕

〔註18〕田兆元、羅珍〈論盟誓制度的倫理與孔子信義學說的形成〉，《湖北民族學院
　　　　學報》（哲學社會科學版），第 24 卷第 6 期，2006 年，頁 15。

〔註19〕王弼注，嚴復評點《評點老子道德經》，（臺北：廣文書局，1979 年），頁 17。

〔註20〕李艷紅〈侯馬盟書溫縣盟書與左傳盟誓語言比較研究〉，《殷都學刊》第 3 期，
　　　　2007 年，頁 124。

　　李艷紅的〈侯馬盟書溫縣盟書與左傳盟誓語言比較研究〉一文，對於先秦盟誓語言的文獻整理，雖然並非全面，然可由小見大，在語言學及盟誓文化的研究上依然提供了相當的參考價值。

（六）田兆元、龍敏〈秦國崛起與盟誓制度研究〉,《國際觀察》第 5 期，2007 年

　　此文的研究重點在於「盟誓制度」與秦國崛起之間的關係。該文提到，秦國早期是被周王室所排除在外的游牧民族，因此在各個位列諸侯的國家之中，偏偏就少了「秦」。直到西周末年，由於犬戎的進逼，秦人這才抓住了躋身諸侯的良機，透過對於周天子的尊崇並與周王室之間的「盟誓」，秦才因此成功躍上了諸侯之間的政治舞台。此一史實於《史記·秦本紀》中便可找到資料：

> 七年春，周幽王用褒姒廢太子，立褒姒子為適，數欺諸侯，諸侯叛之。西戎犬戎與申侯伐周，殺幽王酈山下。而秦襄公將兵救周，戰甚力，有功。周避犬戎難，東徙雒邑，襄公以兵送周平王。平王封襄公為諸侯，賜之岐以西之地。曰：「戎無道，侵奪我岐、豐之地，秦能攻逐戎，即有其地。」與誓，封爵之。襄公於是始國，與諸侯通使聘享之禮，乃用騮駒、黃牛、羝羊各三，祠上帝西畤。〔註21〕

　　其中「戎無道，侵奪我岐、豐之地，秦能攻逐戎，即有其地。」即是周王室對於秦人的許諾，故司馬遷後面接著「與誓」二字，說明秦國確實是透過了與周王室的「盟誓」而晉身諸侯之列的。

　　雖然秦國是透過「盟誓」而崛起，但它同時也因為「背盟」而走向衰敗。後來雖有商鞅的變法，秦國有再度振興的跡象，但「盟誓制度」在秦國的操弄下，已淪為功利取向下的竊國工具。

　　最後一提，該文還談到在秦出土的〈詛楚文〉〔註22〕，本論文也將於第二章第二節談及「先秦文獻關於詛的記載」時，進行〈詛楚文〉的相關討論。

〔註21〕瀧川龜太郎：《史記會注考證》，（臺北：萬卷樓圖書股份有限公司，1993 年 8月），頁 91。

〔註22〕田兆元、龍敏〈秦國崛起與盟誓制度研究〉,《國際觀察》第 5 期，2007 年，頁 32。內文提到：「〈詛楚文〉一共有三件，發現於宋代。一件得於今陝西渭水朝那湫旁，一件出於鳳翔開元寺，另一件傳出於洛。據考證，這三件刻石是秦惠王更元十二年（公元前 313 年），楚懷王伐秦，秦向神詛祝所刻。」

（七）呂靜，《春秋時期盟誓研究——神靈崇拜下的社會秩序再構建》，上海：上海古籍出版社，2007年6月

呂靜此書，針對春秋時期的盟誓文化，作了非常深入且全面的探察，主要著眼於盟誓中所存在的宗教性與政治性。基本上這本書同樣承認「盟誓」是建構社會秩序的重要元素：

> 盟誓是遠古時代就在諸民族中間流行的一種古老風習。關於盟誓的起源，由於材料的缺乏，至今很難作出明確的結論。不過新石器時代多個定居遺址的存在，說明了這一時期人們的安居生活以及與相鄰各部互相防禦、並存乃至戰爭的狀態，據此可以想像各社會集團為了達到和平共存，互相約定共同遵守誓約的行為早已發生了。……為了避免更大的傷亡，達到共存共榮的目的，當事人之間通過舉行盟誓的儀式，在共同崇拜的神的面前宣誓，堅守盟約，達到永久友好。所以說盟誓是在原始信仰的基礎上，群體之間相互交往的一種特殊的手段。〔註23〕

從這段文字我們可以知道，「盟誓」除了是維繫部落間和平共存的方式以外，我們更應該注意的是，「盟誓」其實是根源於古老的原始信仰，必須有神的居中監察，才能確保彼此不會違背彼此所共同立下的誓約。

（八）雒有倉、梁彥民〈論商周時代盟誓習俗的發展與演變〉，《陝西師範大學學報》（哲學社會科學版），第36卷第4期，2007年7月

此篇期刊論文雒有倉同樣參與其中的撰寫。此文所論述的時間斷代，較之〈西周初期盟誓論述〉一文，更上溯至殷商晚期。對於殷商時期至西周初期的盟誓習俗的發展演變，在史料的整理上，花了相當大的功夫，頗值得參考。

該文分做三個子題進行論述：一是「商周之際盟誓習俗發展變化的主要原因及其途徑」，二是「商周盟誓方式的發展與變化」，三是「宗法等級觀念影響商周盟誓習俗的表現」。

關於「商周之際盟誓習俗發展變化的主要原因及其途徑」這個項目中，論及商周之際對於「盟」、「誓」的重視，殷人與周人便產生了差異：殷人重「誓」，

〔註23〕呂靜，《春秋時期盟誓研究——神靈崇拜下的社會秩序再構建》，（上海：上海古籍出版社，2007年6月），頁1。

周人重「盟」，其間的不同，最主要是由於殷人的民族性質仍然是建立在血緣基礎上的氏族結構〔註24〕，因此「誓」便足以維繫其政治操作；而周人受到「宗法等級觀念」的影響，在大肆分封的狀況下，周王室必須透過「盟」，將沒有血緣關係的異姓諸侯納入在宗族裡面，如此才能解決異姓諸侯的參政問題。而「宗法等級觀念」更是透過分封、朝聘會盟、祭祀、行刑等途徑來影響盟誓習俗的發展與變化。接下來，在「商周盟誓方式的發展與變化」這個子題中，除了談到殷人重「誓」以外，還將周人進行「盟」的方式分為「設壇為盟」與「鑿坎為盟」兩類。最後，「宗法等級觀念影響商周盟誓習俗的表現」中，則提及在盟誓儀式中須具備的三大要素：盟牲、盟神與盟書，這三樣要素會隨著會盟性質的等級大小而出現若干差異。

　　整體來說，此篇期刊論文所蒐集到的商周盟誓習俗及儀式，皆有助於撰者對於該時期的盟誓文化進一步的認識。

　　上述八篇期刊論文與專書，均是針對先秦時期的「盟誓制度」，各自從不同的角度或不同的時間斷代進行了不同主題的研究，這對於我們建立先秦時期的生活輪廓、社會風貌與盟誓傳統，有相當大的幫助。同時，對於筆者研究《詩經》中的發誓與詛咒，在時代背景與盟誓制度的認識上，更提供了至關重要的線索與研究材料。

三、《詩經》原始社會相關研究

　　論及《詩經》原始社會有關的研究，目前筆者掌握如下：朱孟庭〈聞一多論詩經的原型闡釋〉、呂珍玉〈聞一多說詩中的原始社會與生殖文化〉，以及大陸三篇碩士論文：魏昕《滲透於詩經中的原始宗教意識》、孫宇《周禮所見巫術考》、苗純嬌《關雎、東方之日、九罭的巫術咒語因素解讀》等五篇論文，以下分述之：

（一）朱孟庭〈聞一多論詩經的原型闡釋〉，《成大中文學報》第十八期，2007 年 10 月

　　朱孟庭乃針對聞一多在《詩經》中的各種「原型」進行闡釋，「原型」意味著人類普遍存在一些原始的、基本的型式，而這些型式如果落實於文學中，

〔註24〕雒有倉、梁彥民〈論商周時代盟誓習俗的發展與演變〉，《陝西師範大學學報》（哲學社會科學版），第 36 卷第 4 期，2007 年 7 月，頁 45。

能很自然地引出各地方讀者的共鳴〔註25〕。朱氏認為聞一多運用的原型批評法，主要呈現在「隱語」與「神話」兩方面：

> 在隱語方面，除了言食茉苡能受胎生子外，其他皆與男女情愛有關，
> 如：「飢」為情慾未遂，「食」為遂慾的隱語；「魚」為匹偶或情侶的
> 隱語；「打魚、釣魚」為求偶的隱語；「烹魚、吃魚」為合歡、結配
> 的隱語；「吃魚的鳥獸」為主動一方的隱語等，另外亦指出河流乃隱
> 喻愛情。而在神話方面，聞一多則指出玄鳥圖騰神話、漢水游女神
> 話、姜嫄履跡感生神話、高唐神女傳說等。〔註26〕

因此研究《詩經》中的「原型」，當然也是瞭解其原始社會的一種途徑，其中特別是「神話」的原型，或許也能解釋何以原始社會中發誓與詛咒會存在的原因，誓詛的產生絕對不能與神靈脫鉤，一旦將神靈信仰從誓詛中抽離，誓詛文化將形成一個空殼，不具任何約束的力量，這在本論文的第二章將會有進一步的論述。

（二）呂珍玉〈聞一多說詩中的原始社會與生殖文化〉，《臺北大學中文學報》第 13 期，2013 年 3 月

聞一多處於新舊思潮衝擊極為劇烈的時期，他曾經透過西方的學術理論，來檢視中國的古代典籍，而《詩經》乃是中國最早的文學源頭，聞一多對這部古老的詩歌自然給予相當多的關注。他曾運用佛洛伊德的性心理學以及西方的人類文化學來討論《詩經》中的原始社會，雖然論述的過程中有趨新太過之嫌，但也為《詩經》立下了新的研究範式。該文中提到：

> 他（聞一多）為了突破舊說，不僅從文學、考據學、歷史學的角度，
> 還從社會學、文化人類學、文藝發生學、弗洛依德（Sigmund Freud）
> 心理分析等現代理論與科學方法，帶讀者到《詩經》的時代，讓讀
> 者瞭解《詩經》的真面目。他突破「國學」的種種局限，隨著民國
> 以來學術思潮，由傳統而向現代轉型，建立《詩經》研究的新範式，

〔註25〕朱孟庭〈聞一多論詩經的原型闡釋〉，《成大中文學報》第十八期，2007 年 10月，頁 83。

〔註26〕朱孟庭〈聞一多論詩經的原型闡釋〉，《成大中文學報》第十八期，2007 年 10月，頁 77。

取得一定的成就，被推崇為民國以來研究《詩經》最有創獲的學者之一。〔註27〕

其中「帶讀者到《詩經》的時代」的閱讀思維，也正是筆者之所以關注《詩經》中的原始社會的理由。唯有瞭解《詩經》中的原始社會，才能真正讀懂《詩經》，真正接近詩人創作詩篇當下的心理狀態。

而呂珍玉在此篇論文中，特別將聞一多研究《詩經》中的兩大主軸（原始社會和生殖文化）合而觀之，討論其中的關聯。注意到「原始社會的性欲」、「原始社會的婚俗與愛情」、「原始社會的生殖崇拜」、「原始社會的生殖符碼」等等面向，特別是在「原始社會的生殖崇拜」的討論中，更注意到女人若無法為種族繁衍後代，將受到男人與祖宗的詛咒與譴責：

> 從社會學的觀點看，宗法社會是沒有「個人」的，一個人的存在是為他的種族而存在的，一個女人是在為種族傳遞并蕃衍生機的功能上而存在著的，如果她不能證實這功能，就得被她的儕類賤視，被她的男人詛咒以致驅逐，而尤其令人膽顫的是據說還得遭神——祖宗的譴責。〔註28〕

這段論述支持聞一多詮釋〈芣苢〉詩中「芣苢」為胚胎，婦女採摘它，吃下多子的「芣苢」宜懷孕。〔註29〕這也間接證實了，在原始社會中不僅存在著詛咒，甚至還能根據這樣的詛咒與譴責將人予以驅逐，表示原始社會中並非根據我們所理解的律法來進行審判，這同時也意味著詛咒與未開化的原始社會確實存在著一定的關聯，因此該文的發現也為筆者的研究提供了另一項重要的思考線索。

（三）魏昕《滲透於詩經中的原始宗教意識》，東北師範大學碩士論文，2006 年 5 月

這篇論文關注到《詩經》中的原始宗教意識，對於原始社會中的「萬物有靈」、「物我混同」、「圖騰崇拜」、「交感巫術」、「原始巫術祭儀」、「原始物占」等等面向與觀念做了一番考察，企圖從《詩經》的作品中找出這些早已根植許

〔註27〕呂珍玉〈聞一多說詩中的原始社會與生殖文化〉，《臺北大學中文學報》第 13 期，2013 年 3 月，頁 36。

〔註28〕呂珍玉〈聞一多說詩中的原始社會與生殖文化〉，頁 54。

〔註29〕〈匡齋尺牘·芣苢〉，《聞一多全集》第 3 冊，（武漢：湖北人民出版社，1993 年）頁 202。

久的宗教意識。而且這篇論文，也同樣是循著聞一多的治學路線，欲帶領讀者
回到《詩經》的時代，還原《詩經》作品中的原始風貌。他說：

> 隨著《詩經》研究規模的日益龐大，已有很多學者受到這一新思路
> 的啟發，在《詩經》研究方面取得了不俗的成績。例如日本學者白
> 川靜所寫的《中國古代民俗》、《中國古代文化》等著作當中就包含
> 了很多從民俗學的角度出發，研究《詩經》所取得的豐碩成果；葉
> 舒憲的《詩經的文化闡釋》、李山的《詩經的文化精神》等著作從文
> 化人類學研究方法入手，在學界也產生了一定影響。……本文即試
> 圖立足文化人類學的相關理論，著重對《詩經》中所滲透的原始宗
> 教意識做一番嘗試性的考察和探討。〔註30〕

從上述可知，文化人類學儼然成為近年來研究《詩經》文本的新視角。
簡單來說，這篇論文很直接地觸及到《詩經》時期就已經存在的「宗教意識」，
然而這裏所謂的「宗教」，其實就是原始巫術。中國早期並無宗教的概念，卻
有濃厚的巫術信仰充斥在原始初民的生活之中。幾乎可以這樣說，巫術是原
始初民生活的一部分，因此從巫術的觀點來理解《詩經》的作品，可說是相
當不錯的研究思路。然而「發誓」與「詛咒」亦是巫術信仰的一環，可惜此文
並未對這方面做出更多的闡釋。

（四）孫宇《周禮所見巫術考》，東北師範大學碩士論文，2010年 5月

孫宇此文，其研究的文本雖非《詩經》，然其所觸及到的「巫術」內容，
與《詩經》所處的時代有著重疊性，又《詩經》的誓詛詩，本身就帶有非常濃
厚的巫術色彩，撰者對於「巫術」觀念的掌握，自然不可輕忽。這篇論文對於
「巫」的起源，下了不少考證的功夫。他提到巫同時具備了多重的身分，巫
是「巫醫」，也是「巫史」，且上古時期的君王，也都出於巫，在他看來，巫可
以說是古代「百科全書式」的人物。他在論文中說道：

> 巫醫同源的現象在中國文化史上表現的十分突出。醫又寫作毉，造
> 字者用「巫」作醫的意符，就是因為巫師和醫生、巫術和醫術無嚴
> 格界限。史前時代的巫師又是天文觀測者和歷史記錄者，傳說中奉
> 顓頊之命「絕地天通」的男正重和火正黎歷來被視為曆法的創始人。

〔註30〕魏昕《滲透於詩經中的原始宗教意識》，東北師範大學碩士論文，2006 年 5
　　　　月，頁 1。

負責通天將神的巫師自然也負責觀星象，這使他們能夠掌握更多的
天文知識並成為曆法學方面的專家。〔註31〕

上述這番論述很有參考價值。另外，孫宇除了對巫的產生有了相當嚴謹的
論據外，對於《周禮》中的「巫事」、「巫術」、「巫器」亦有相當深入的考察。

（五）苗純嬌《關雎、東方之日、九罭的巫術咒語因素解讀》，延邊大學碩士論文，2011 年 5 月

苗純嬌此篇論文，提到了《詩經》中存在著「祝咒儀式」和「祈祭語言」，
更試圖從文化人類學的角度與葉舒憲的「多重考據法」來推論《詩經》中的
〈關雎〉、〈東方之日〉、〈九罭〉三詩具有愛情咒語的成分。他認定〈關雎〉是
「淑女」為獲得「君子之愛」，所施咒術之詞；〈東方之日〉為男子性誘女子的
咒語；〈九罭〉描繪了女子為挽留深愛的男子卜筮施咒的全過程。

筆者以為，《詩經》確實存有祝咒的儀式與祈祭的語言，但卻不在這三首
詩篇裡。苗文明顯受到葉舒憲的影響，其推論未免過於天馬行空，我們很難
從這三首詩的具體詩文，看到任何與施咒相關的字眼。此處列其篇目，一則
可參誓詛在人類行為中常見，再則藉她的認定詛咒標準，呈現每個人讀詩理
解差異甚大，本文在選取研究材料上，詩旨的詮釋也遇到這樣的問題。

以上五篇與《詩經》中的原始社會相關的論文，皆給予筆者一定的研究
思路，顯然前人在《詩經》中的原始社會的研究中，大部分多關注在原始的
性慾、生殖或神話原型的研究，較少直接論及在原始社會當中的發誓與詛咒，
而發誓與詛咒的發生，其實與人類的原始本能有密切的相關，這是接下來筆
者所欲探討的重點之一。

第三節　研究範圍與方法

一、研究範圍

本論文的研究範圍除《詩經》中論及發誓與詛咒的詩篇外，尚旁及部分
先秦典籍，諸如《尚書》、《周禮》、《禮記》、《論語》、《左傳》等等先秦文獻，
其他出土文物如〈詛楚文〉、〈侯馬盟書〉、〈溫縣盟書〉、《安徽大學藏戰國竹
簡》亦在研究之列。

〔註31〕孫宇《周禮所見巫術考》，東北師範大學碩士論文，2010 年 5 月，頁 5。

　　由於《詩經》的詮釋，經過歷代長時間的傳播與接受，難免見仁見智，判定為發誓和詛咒的詩篇，個人見解容有一些差異。所謂「誓詛詩」，乃是《詩經》中牽涉到「發誓」與「詛咒」的詩歌。只是關於「誓詛詩」的界定問題，難免人言言殊，究竟是整篇詩歌的內容皆涉及誓詛的概念才算誓詛詩，還是一章、一句言及即可算數？撰者在此提出個人的認定標準。撰者以為，發誓與詛咒在「溫柔敦厚」的教化下，始終不是《詩經》的主流內容。但經過撰者的考察，《詩經》中確實也存在著一些強烈表達自己堅決意志的陳詞或咒人以死的惡毒文字，雖然這些文字不一定是整篇詩歌的主題，也很難以主題學定義的「誓詛詩」設訂研究題目；然為整合更多可供研究材料，即便只是篇中出現一、二句，也是反映周人誓詛行為的珍貴材料，本文俱將之列為「誓詛詩」的討論範疇。其次有些「誓詛詩」經過讀者接受，感受未必全同，要嚴格區別是發誓還是詛咒行為？也有一定的困難。在後面行文中撰者會適度加入說明。總之題為「誓詛詩」，並分為二類研究，確實比較方便研究進行。為清楚呈現本文研究詩篇與誓、詛詩句，製成文末附錄一「《詩經》中的發誓詩」、附錄二「《詩經》中的詛咒詩」以供備查。

　　撰者謹將本文認定為發誓與詛咒的篇章，羅列如下：

《詩經》述及「發誓」的篇章：

〈召南・行露〉、〈邶風・擊鼓〉、〈邶風・谷風〉、〈鄘風・柏舟〉、〈衛風、考槃〉、〈衛風・氓〉、〈王風・大車〉、〈魏風・碩鼠〉、〈唐風・葛生〉、〈秦風・無衣〉、〈大雅・大明〉、〈大雅・常武〉等十二篇。

《詩經》述及「詛咒」的篇章：

〈鄘風・相鼠〉、〈小雅・巧言〉、〈小雅・何人斯〉、〈小雅・巷伯〉、〈大雅・蕩〉等五篇。

　　合計以上發誓詩篇十二首，詛咒詩篇五首，總共十七首《詩經》中出現發誓、詛咒詩為主要探討對象，輔以其他先秦文獻，或出土文獻，期望能有所發現，提供研究《詩經》不同視角。

二、研究方法

　　本論文主要採「內容分類法」、「文本分析法」、「經史互證法」、「綜合歸納法」等一般學科研究方法來進行研究。茲分述如下：

（一）內容分類法

本論文將欲探討的《詩經》內容，分作「發誓」與「詛咒」兩部分進行內容的考察。

（二）文本分析法

在進行《詩經》中的發誓與詛咒篇章的研究，文本分析可說是相當基礎的工作，若不能通讀文本，遑論進一步考察周人的生活情態及心理需求。本論文主要以毛詩、三家詩為研究文本，並參考歷代《詩經》注家詮解詩義，分析文本內容。

（三）經史互證法

本研究涉及先秦時期的「盟誓制度」，因此除了針對《詩經》的文本進行考察以外，對於其他先秦典籍中的「盟」、「誓」、「詛」材料，皆是本論文所欲研究的對象，故《尚書》、《周禮》、《禮記》、《論語》、《左傳》等先秦文獻，及出土材料如〈詛楚文〉、〈侯馬盟書〉、〈溫縣盟書〉、《安徽大學藏戰國竹簡》等經史文獻，皆要拿來與《詩經》中的誓詛篇章互相印證，以求能較為全面的還原《詩經》中的誓詛文化。

（四）綜合歸納法

透過上述各研究法的發展，本論文預期能從《詩經》中的發誓與詛咒篇章歸納出周人的心理需求、道德標準、精神信仰，以及《詩經》中誓詛的儀式，有其政治、信仰及文化上的意義。

第四節　研究步驟與預期成果

本論文的研究路徑欲循聞一多的研究理念：「帶讀者回到《詩經》的時代」來理解《詩經》。聞一多以為文化是不可切割的，即便今日科學進步，在一些落後地區，還是深信巫術感應，崇拜鬼神信仰。《詩經》中雖有禮樂文明的呈現，也必然保留不少原始社會的遺俗，如他說〈芣苢〉一詩，婦女採芣苢吞食多子植物，是種感應巫術，可以懷孕生子。因此我們不能以現代文明的觀點來讀詩，必須回到《詩經》的時代，考察那些屬於原始社會的習俗與信仰。

　　因此本論文的研究步驟，乃是先整理出《詩經》中發誓與詛咒的篇章，考察其中所涉及的內容，人物所處情境；第二，先秦時期便已存在成熟的「盟誓制度」，其中《尚書》、《周禮》、《禮記》、《左傳》等典籍，皆出現大量的盟誓材料，同時更佐以〈詛楚文〉、〈溫縣盟書〉、〈侯馬盟書〉、《安徽大學藏戰國竹簡》等出土文物互相參照，預期從中尋得先秦文獻與《詩經》中誓詛篇章的關聯；第三，則是透過對原始社會的認識，來重建《詩經》時代的生活樣態，其中路先・列維―布留爾（Lucien Levy-Bruhl）的《原始思維》、詹・喬・弗雷澤（J・G・Frazer）的《金枝》以及林惠祥《文化人類學》等書，皆有助於我們對《詩經》「原始社會」的認識；第四，分析《詩經》中的誓詛篇章，期能正確認識周人進行發誓與詛咒的成因、相關儀節及其心理狀態。

　　循著以上研究步驟，本論文期待能得到如下的預期成果：讓歷來較少被關注的《詩經》誓詛篇章，能透過文獻的爬梳，將其形成的原因、類型、脈絡、周人心理需求，以及周人的道德標準及其精神信仰，加以深入論析探討，其中發誓與詛咒的題材，確實能為後世的文學創作樹立了最原汁原味的範式，而且誓詛行為即便在今日依法行事的時代，許多人還是認為法律無法約束道德良心，他們依然深信神監是最高審判，是法律始終無法取代的，可見人們對它有極深的心理依賴。

第二章　誓詛行為的形成

第一節　發誓

　　「發誓」一詞在今天仍被廣泛地運用。舉凡一國之元首、政務官及縣市首長的就職典禮，均會有相當慎重的宣誓誓詞及儀式〔註1〕；再如運動競技場上，為了表達對「君子之爭」的高度讚美，也為了承諾所有比賽項目都是在公平公正的情況下進行，運動員代表同樣會誦讀相關的誓詞〔註2〕，以表慎

〔註1〕　參見維基百科。就職宣誓（Oath of office），依照各國憲法或法例，總統、政府主要官員、議員、法官和其他司法人員在就職時必須宣誓，拒絕依法宣誓人士，將會喪失就任資格。宣誓時必須按照指定的誓詞宣誓。其中，中華民國總統、副總統、縣市（直轄市）長、縣市（直轄市）議員、鄉鎮市區長、鄉鎮市區民代表（不包含村里長）就職宣誓時，要向國旗及國父孫中山遺像肅立，舉右手向上伸直，手掌放開，五指併攏，掌心向前，宣讀誓詞。宣誓後，分別於誓詞上簽名、蓋章，送監誓人之機關存查。民107年9月1日，取自：https://zh.wikipedia.org/wiki/%E5%B0%B1%E8%81%B7%E5%AE%A3%E8%AA%93（該頁面最後修訂於民107年5月31日）。

〔註2〕　參見維基百科。奧林匹克誓詞（法語：Serment Olympique；英語：Olympic Oath）是每屆奧林匹克運動會的運動員代表、裁判員代表及教練代表在每屆奧林匹克運動會開幕典禮時莊嚴地宣讀承諾的誓詞。現時，所有參與該屆奧林匹克運動會的國家及地區持旗手手持所屬的旗幟在主席台周圍圍成半圈，而主辦國的運動員代表、裁判員代表和教練代表會站在主席台進行運動員、裁判員及教練宣誓儀式；作出宣誓時，運動員代表率先宣誓，宣誓人左手手持奧林匹克旗幟並舉高右手，然後莊嚴地宣讀運動員代表的誓詞；其後主辦國的裁判員代表跟教練代表以同樣的方式宣讀另外兩份誓詞。最始奧林匹克誓詞版本為「我們發誓，為了我們國家的榮譽和體育的榮耀，我們以俠義精神參加

重；其餘如婚禮的進行、情人間的海誓山盟、異姓兄弟的結拜儀式等等，皆不免會出現「發誓」行為。

因此，本節的重點在於觀察「發誓」行為背後的「心理狀態」，以及進行此行為時有何相關的「儀式」。本節特別將內容再細分為三個子項目來討論，分別是「『誓』字探源」、「先秦文獻關於『誓』的重要記載」、「發誓的心理狀態與儀式」等三部分，層層推進，以明發誓之起源、背後的心理狀態，以及發誓行為的傳承接受。

一、「誓」字探源

關於「誓」字的解釋，根據《禮記·曲禮》所載：「約信曰誓。」〔註3〕孔穎達注曰：「約信曰誓者，亦諸侯事也，約信以其不能自和好，故用言辭共相約束以為信也。」〔註4〕又《說文·言部》則說：「誓，約束也，從言折聲。」〔註5〕段玉裁注：「凡自表不食言之辭皆曰誓，亦約束之意也。」〔註6〕

透過上述諸書的記載，我們可以知道「誓」字乃是透過語言的力量來「約束」行為，以達到信守諾言的終極目標。然而這裡有一個問題很值得討論：「誓」究竟是拿來約束自己還是他人的行為？一般來說，「誓」比較偏向具有「自我約束」的涵義，由段玉裁的「自表」不食言之辭的解釋中，確實可以看到這樣的傾向。田兆元於《盟誓史》一書則提到：

奧林匹克運動會（英語：We swear that we will take part in the Olympic Games in a spirit of chivalry, for the honor of our country and for the glory of sport.）」。誓詞之後經過多次修改，而在 1961 年的修改把「發誓（swear）」及「國家的榮譽（honor of our country）」分別改為「承諾（promise）」及「團隊的榮譽（honor of our team）」，而後者的改動是為免涉及國家主義。現時的誓詞於 2000 年在澳洲雪梨舉行的奧運會在既有的宣詞中加入關於反興奮劑的元素。民 107 年 9 月 1 日，取自：https://zh.wikipedia.org/wiki/%E5%A5%A7%E6%9E%97%E5%8C%B9%E5%85%8B%E8%AA%93%E8%A9%9E（該頁面最後修訂於民 107 年 2 月 18 日）。

〔註3〕 鄭玄注，孔穎達疏，阮元刻本《十三經注疏·禮記注疏》附校刊記，（臺北：藝文印書館印行，1956 年），頁 92。

〔註4〕 鄭玄注，孔穎達疏，阮元刻本《十三經注疏·禮記注疏》附校刊記，（臺北：藝文印書館印行，1956 年），頁 92。

〔註5〕 許慎撰，段玉裁注，《說文解字》，（臺北：洪葉文化事業公司，2001 年 10 月），頁 93。

〔註6〕 許慎撰，段玉裁注，《說文解字》，（臺北：洪葉文化事業公司，2001 年 10 月），頁 93。

誓同盟存在著密切的相關性，故而盟誓連稱。但誓與盟也存在著較大的差異。從參與的對象來看，盟至少需要兩方，然後面對神靈而盟，不可能單個人有盟；誓則不同，它可以單獨面對神靈發誓，獨自許下誓願，不一定要講出來。所以盟必定是集體行為、社會行為，而誓可以是個人行為，儘管在很大程度上它是一種社會行為。誓需要一定的儀式，但並不像盟那樣，沒有儀式就沒有盟的存在，誓有時並不需要歃血殺牲，只要語言表達出來就行。盟重視歃血儀式的外在約束，誓則重視語言的魔力，同時靠內在自我對諾言的遵守。〔註7〕

　　田兆元於書中提到「誓需要一定的儀式」，這個觀念可能需再斟酌。就筆者的觀察，誓並沒有一定的儀式，相對「盟詛」而言，發誓的儀式更具彈性，端視發誓者所處的客觀環境而定，有日則指日，有河則指河，甚至可折箭或斷髮而誓，儀式相當靈活多元。另外，「誓重視語言的魔力」以及誓「靠內在自我對諾言的遵守」，可以說是「誓」的中肯解釋，但「自我約束」這樣的特色，在文獻當中並非放諸四海皆準，特別是將「誓」字拿來與軍旅活動相結合之時，「誓」更像是在約束他人行為的手段，《尚書‧大禹謨》裏頭，便有這樣一段關於「誓師」的記載：

　　　禹乃會群后，誓于師曰：濟濟有眾，咸聽朕命。蠢茲有苗，昏迷不
　　　恭，侮慢自賢，反道敗德，君子在野，小人在位，民棄不保，天降
　　　之咎，肆予以爾眾士，奉辭伐罪。爾尚一乃心力，其克有勳。〔註8〕

　　這是大禹接受到帝舜的討伐三苗命令之後，在出征前對其將士的「誓師」內容，內容中的「濟濟有眾，咸聽朕命」，這八個字很明顯不是用來約束自己的言辭，它更是一種命令、告誡，希望士兵們都聽從命令。誓師內容大抵是三苗如何的昏聵、如何的不懂近君子遠小人，搞得天降災禍，民不聊生，因此大禹希望將士齊心，討伐有罪，以建立不朽功勳。

　　可見得「誓」字在軍旅的運用上，具有告誡命令的意味，若真要與「自我約束」扯上關係的話，我們只能說「誓」是拿來約束自己國家的軍隊，而非

〔註7〕　田兆元《盟誓史》，（南寧：廣西民族出版社，2000年10月），頁13。
〔註8〕　孔安國傳，孔穎達疏，阮元刻本《十三經注疏‧尚書正義》附校刊記，（臺北：
　　　　藝文印書館印行，1956年），頁57。

他國的軍隊，若要透過某種儀式來制約他國的行為，那非得透過「盟」不可。「盟」是春秋時期國與國之間相當重要的活動，然而「盟」字的觀念，筆者以為其屬性與「詛」字會有更密切的關聯〔註9〕，因此本章第二節討論到「詛咒的心理狀態與儀式」時，將會把「盟」、「詛」二字放在一起討論。

「誓」字除了具有上述意涵之外，我們還必須注意到「誓」字與其通假字——「矢」字的關聯。呂靜於其著作《春秋時期盟誓研究——神靈崇拜下的社會秩序再構建》便對「誓」、「矢」二字有過討論：

> 在探討「誓」的時候，首先令人感興趣的是這種表達個人決意的心情與兵器「矢」之間的關係。……事實上矢是遠古的狩獵時代流行的一種重要的生產工具，也是一種戰鬥的武器。將如此重要的武器拗斷的行為本身，已經示意了自己的誓言決不撤回的強烈的意志。鐮田重雄在談到拗斷「矢」的象徵性意義與「誓」的本義的關係時說，「誓字從言從折，按《禮記》的〈祭法〉，萬物之死曰折，從這個角度來考慮，所謂誓是基於這樣的前提，即如果不信守約言的話，就會得到死亡的結果。」〔註10〕

從古代漢語文字使用現象，「誓」與「矢」同屬禪母月部，同音可以通假，在先秦文籍中不乏誓、矢通假用例〔註11〕。然而日本漢學家鐮田重雄卻從《禮記·祭法》中的「大凡生於天地之間者，皆曰命。其萬物死，皆曰折；人死，曰鬼。」這句話獲得靈感，尋得「折矢」這種行為，與「違誓者死」之間的類比關聯，似乎也能說服於人。特別是「拗斷矢」的行為，與項羽的「破釜沉舟」，其中所透露出的強烈決心，表達著此戰不勝誓不回頭的死志，兩者間很容易被聯想在一起。

綜上所述，「誓」字乃是透過語言表達內心強烈的意志，其意志之堅，猶如折矢之不復，藉以約束自身行為來信守承諾。

〔註9〕 在先秦時期「詛」的行為，皆是在「盟」之後發生；「誓」的行為發生之後，不必然會有「詛」的觀念，其中當然也有例外，只是按比例上來看，盟詛的行為有一定的連貫性，所以筆者考慮將此二者放在一起討論。

〔註10〕 呂靜《春秋時期盟誓研究——神靈崇拜下的社會秩序再構建》，（上海：上海古籍出版社，2007年6月），頁68。

〔註11〕 如《論語·雍也》中的「夫子矢之曰」與《詩經》中〈鄘風·柏舟〉的「之死矢靡它」皆是。

二、先秦文獻關於「誓」的記載

　　歷史上關於起誓的事件，多如牛毛，但為配合本論文所欲探討的《詩經》篇章，姑把時間斷代定位在先秦，在先秦留下最具規模且有系統的起誓文獻，非《尚書》莫屬，其他如《左傳》中亦有部分發誓的記載。《左傳》記載較多的是盟辭，與「詛咒」的關係較接近，又或者說，有時會有「誓」、「詛」具存的現象，很難將其完全切割清楚，這在下一節討論到關於「詛咒」的記載時，會有明顯的例子可參考。而《尚書》中的「誓」多是用於軍旅當中的告誡與命令，也就是所謂的「誓師」。田兆元於《盟誓史》一書中說到：

> 古人對誓的理解有時專指行軍打仗中的誓檄。《周禮·秋官司寇》所載士師之職有：「以五戒先後刑罰，毋使罪麗于民：一曰誓，用之于軍旅；二曰詰，用之于會同……」這樣把誓當作了一種文體，並帶有明顯的解說《尚書》的意圖，傳說最早的誓言乃啟所作〈甘誓〉，合乎《周禮》所謂用於軍旅的特點。〔註12〕

田兆元提到《周禮》儼然把「誓」當作一種文體，這樣的說法，筆者是同意的，因為在《尚書》當中的「誥」、「誓」、「命」等字的用法，確實各有專職，且《尚書》當中已有〈甘誓〉、〈湯誓〉、〈泰誓〉、〈牧誓〉等等以「誓」名篇的文字，因此將它定位為一種文體，並不為過。只是田兆元說「最早的誓言乃啟所作〈甘誓〉」，則有待商榷，理由是，在《尚書·大禹謨》當中便已經記載了大禹曾為了討伐三苗，而在其將士面前「誓師」的文獻資料，關於大禹誓師的材料筆者已於前文提及，便不再細述，總而言之，《尚書·大禹謨》中的誓師材料，恐怕才是目前最早的起誓紀錄。下文便就《尚書》中的〈甘誓〉、〈湯誓〉、〈泰誓〉、〈牧誓〉等重要篇章，以及《左傳·隱公元年》的一段關於「發誓」的事件稍加論述：

（一）〈甘誓〉

　　〈甘誓〉是夏啟準備在甘這個地方征討有扈氏的誓師文告。據歷史記載，夏啟得天子位，開啟了中國家天下的先例。相傳，大禹在去世之前，也想效法帝堯跟帝舜兩位賢君，將帝位傳給賢能的皋陶與伯益，以延續「傳賢不傳子」的傳統，不料皋陶先禹而去世，禹便將政權交給了伯益，雖然伯益當時也確實執掌了國政，但民心卻是向著大禹之子啟的。《史記·夏本紀》中說：

「禹子啟賢，天下屬意焉。及禹崩，雖授益，益之佐禹日淺，天下未洽。故諸
侯皆去益而朝啟，曰『吾君帝禹之子也』。於是啟遂即天子之位，是為夏后帝
啟。」〔註13〕其中「益之佐禹日淺」，可看出伯益並非不賢，他失天下的真正
原因乃是政治場上的歷練不夠，羽翼未豐，因此人民「去益而朝啟」，夏啟便
順勢得了天下。但在夏啟得天下之後，仍有不服的群眾，這些群眾便是有扈
氏，據說是因為支持伯益而叛變的，夏啟便決定要出師剿滅叛軍，在出征有
扈氏之前，留下了這樣的誓師文告：

> 大戰于甘，乃召六卿。王曰：「嗟！六事之人，予誓告汝：有扈氏威
> 侮五行，怠棄三正，天用剿絕其命，今予惟恭行天之罰。左不攻于
> 左，汝不恭命；右不攻于右，汝不恭命；御非其馬之正，汝不恭命。
> 用命，賞于祖；弗用命，戮于社，予則孥戮汝。」〔註14〕

誓師的內容可以說是簡單明瞭，夏啟透過這篇文告宣誓六卿，告發有扈氏
的罪行，表達出其得天下乃是獲得上天的應許，有扈氏不順應天命，我今天則
是代替上天來對有扈氏進行懲罰。因此在戰場上，將士們如果出現「左不攻于
左」、「右不攻于右」、「御非其馬之正」等等現象，都是所謂「不恭命」的行為，
結果將是「戮于社，予則孥戮汝」，誓語中滿是肅殺之氣，聽起來相當具有震懾
人心的效果，也凸顯出軍令如山的威武森嚴；反之，如果將士「用命」，那便是
「賞于祖」，可見其賞罰分明，一絲不苟的態度。

這篇〈甘誓〉充分運用了「師出有名」的心理戰術，軍隊出征，最怕是「師
出無名」，因此誓師的言辭，除了要約束、齊整將士的軍紀之外，還要點出對手
的種種罪行，且不論這些罪行是真實的還是捏造的，目的就是要讓將士們感覺
到自己是為了「正義」、「光榮」而戰，這是一種非常必要的心理手段，不僅後
世各代檄文如此，早在《尚書》當中，便可看見這樣的心戰技巧。

（二）〈湯誓〉

與〈甘誓〉雷同，〈湯誓〉同樣是一篇討伐前的誓師文告，只不過誓師者
換成了商湯，而被討伐者則是暴虐無道的夏桀。夏桀也是歷史上著名的暴君，

〔註13〕瀧川龜太郎：《史記會注考證》，（臺北：萬卷樓圖書股份有限公司，1993 年 8
月），頁 51。

〔註14〕孔安國傳，孔穎達疏，阮元刻本《十三經注疏·尚書正義》附校刊記，（臺北：
藝文印書館印行，1956 年），頁 98。

殘暴的他，搞得眾叛親離，商湯便也趁勢打著替天行道的名號，要來征討夏桀，底下便是〈湯誓〉的內容：

> 王曰：「格爾眾庶，悉聽朕言，非台小子，敢行稱亂！有夏多罪，天命殛之。今爾有眾，汝曰：『我后不恤我眾，舍我穡事而割正夏？』予惟聞汝眾言，夏氏有罪，予畏上帝，不敢不正。今汝其曰：『夏罪其如台？』夏王率遏眾力，率割夏邑。有眾率怠弗協，曰：『時日曷喪？予及汝皆亡。』夏德若茲，今朕必往。」「爾尚輔予一人，致天之罰，予其大賚汝！爾無不信，朕不食言。爾不從誓言，予則孥戮汝，罔有攸赦。」〔註15〕

誠如撰者在討論〈甘誓〉時提到，誓師的文告，必須交代之所以要大動干戈的合理性，才能達到師出有名的效果，所以商湯在〈湯誓〉的開頭提到「非台小子，敢行稱亂」，並非是我要妄動干戈，而是因為「有夏多罪，天命殛之」，夏桀的罪行已是罄竹難書，老天爺都想收拾夏桀這樣的暴君了，因此今天我們準備出師征討無道暴君，都是為了要順應天命及民心。這裡有一點要特別注意：「天命」、「上帝」等等觀念時不時地出現在誓師文告裡，這對於鬼神信仰濃厚的殷商臣民，確實具有一定的煽動力，從某種角度來看，這更像是一種情緒勒索，也就是你必須順從我的命令，如果不從，那可是違抗天意的大罪。因此商湯最後說了：「爾尚輔予一人，致天之罰，予其大賚汝！爾無不信，朕不食言。爾不從誓言，予則孥戮汝，罔有攸赦。」你們得好好地輔佐我，讓我得以行使上天懲罰無道的權力，那麼我將大大地對你們進行賞賜，絕不食言；反之，我將對你們進行屠戮，絕不寬恕手軟！可見得商湯在誓辭的最後，一樣不忘在賞罰分明的字句裡，結束他慷慨激昂的演說。

（三）〈泰誓〉

〈泰誓〉據說是周武王準備起兵討伐商紂王時的動員演說。〈泰誓〉現存共有上中下三篇，只是學者對於〈泰誓〉三篇的來歷，多持懷疑的態度。原先的《尚書》經歷始皇帝的焚書坑儒之後，幾乎失傳，後經伏生傳授，《尚書》始傳於世，惟伏生所傳《尚書》中並無〈泰誓〉三篇，後有所謂「河內女子獻泰誓」的軼事，才將此三篇文字併入《尚書》之中。就筆者的觀察，〈泰誓〉

〔註15〕孔安國傳，孔穎達疏，阮元刻本《十三經注疏・尚書正義》附校刊記，（臺北：藝文印書館印行，1956年），頁108。

當中的行文習慣，似與《尚書》其他各篇的行文方式略有差異，比如〈泰誓〉上篇中有「焚炙忠良，刳剔孕婦」這樣的句子，在筆者看來，這是相當成熟的句法結構，與韓愈所謂《尚書》「詰屈聱牙」、深奧難懂的印象並不相符，因此〈泰誓〉三篇是後人偽作的成分較大。茲擷取〈泰誓〉三篇中的片段文字論述之：

〈泰誓上〉

> 惟十有三年春，大會于孟津。王曰：「嗟！我友邦塚君越我御事庶士，明聽誓。惟天地萬物父母，惟人萬物之靈。但聰明，作元后，元后作民父母。今商王受，弗敬上天，降災下民。沈湎冒色，敢行暴虐，罪人以族，官人以世，惟宮室、台榭、陂池、侈服，以殘害于爾萬姓。焚炙忠良，刳剔孕婦。皇天震怒，命我文考，肅將天威，大勳未集。……〔註16〕

周武王與各諸侯會盟於孟津時，發表了這樣一篇誓文。既然是一篇誓師討伐的文字，數落被討伐者的罪狀，便是一種約定俗成的慣例。只是〈泰誓〉與前面所論及的〈甘誓〉、〈湯誓〉不太一樣，〈甘誓〉、〈湯誓〉中在舉發對方罪行時，往往不交代罪行中的細節，比如「有扈氏威侮五行，怠棄三正」，或「有夏多罪」、「夏氏有罪」等等，用的多是較為空泛的說法，但此篇誓辭中，便非常具體地指出商紂的荒淫豪奢以及暴力兇殘的一面，比如「焚炙忠良，刳剔孕婦」這八字，把商紂王的殘忍血性，描寫地非常具象，怪不得「皇天震怒」，要命令文王、武王起兵征討商紂了。

〈泰誓中〉

> 惟戊午，王次于河朔，群后以師畢會。王乃徇師而誓曰：「嗚呼！西土有眾，咸聽朕言。我聞吉人為善，惟日不足。凶人為不善，亦惟日不足。今商王受，力行無度，播棄犁老，昵比罪人。淫酗肆虐，臣下化之，朋家作仇，脅權相滅。無辜籲天，穢德彰聞。惟天惠民，惟辟奉天。有夏桀弗克若天，流毒下國。天乃佑命成湯，降黜夏命。惟受罪浮于桀。剝喪元良，賊虐諫輔。謂己有天命，謂敬不足行，謂祭無益，謂暴無傷。厥監惟不遠，在彼夏王。……受有億兆夷人，

〔註16〕孔安國傳，孔穎達疏，阮元刻本《十三經注疏·尚書正義》附校刊記，（臺北：藝文印書館印行，1956年），頁152。

離心離德。予有亂臣十人，同心同德。……嗚呼！乃一德一心，立定厥功，惟克永世。〔註17〕

在戊午這一天，周武王駐紮兵馬在黃河之北，在眾諸侯集結會師完畢以後，周武王便對所有將士再次誓師，文章中同樣羅列了數條商紂的罪狀，並提到夏桀覆亡的歷史殷鑑不遠，但商紂卻無法記取教訓，況且商紂的暴虐程度比諸夏桀是有過之而無不及，因此他說「受罪浮于桀」。另外，商紂還犯了一項大忌，那就是對於敬天及祭祀等觀念的輕蔑無禮，這對於重鬼的殷商臣民看來，更是要不得，「謂敬不足行，謂祭無益」便是在說這樣的事情。武王又提到，商紂雖有億兆百姓，但卻都離心離德，武王自己雖只有亂臣十人，卻是同心同德，因此這場戰爭的結果早就可以預見，大家更要一德一心，在此刻立下萬世不朽的功勞！

〈泰誓下〉

時厥明，王乃大巡六師，明誓眾士。王曰：「嗚呼！我西土君子。天有顯道，厥類惟彰。今商王受，狎侮五常，荒怠弗敬。自絕于天，結怨于民。斮朝涉之脛，剖賢人之心，作威殺戮，毒痡四海。崇信奸回，放黜師保，屏棄典刑，囚奴正士，郊社不修，宗廟不享，作奇技淫巧以悅婦人。上帝弗順，祝降時喪。爾其孜孜，奉予一人，恭行天罰。古人有言曰：『撫我則后，虐我則仇。』獨夫受洪惟作威，乃汝世仇。樹德務滋，除惡務本，肆予小子誕以爾眾士，殄殲乃仇。

爾眾士其尚迪果毅，以登乃辟。功多有厚賞，不迪有顯戮。〔註18〕

在戊午的隔天，周武王三度誓師。這次在誓文中對於商紂王的罪狀，又增添了幾條，其中最駭人聽聞的是「斮朝涉之脛，剖賢人之心」，這與〈泰誓上〉的「焚炙忠良，刳剔孕婦」比較起來，其殘暴程度不相上下。所謂「斮朝涉之脛，剖賢人之心」，乃是剁掉冬天早晨涉水者的腳脛，剖開賢人（比干）的胸膛取心觀看，這樣的行為可謂喪心病狂，加上其他周武王所羅列的罪狀看來，商紂當真是罪無可赦，因此「上帝弗順，祝降時喪」。文中還有一句「獨夫受洪惟作威」，其中的「獨夫」一詞，頗近於孟子所謂「聞誅一夫紂矣，未聞弒

〔註17〕孔安國傳，孔穎達疏，阮元刻本《十三經注疏‧尚書正義》附校刊記，（臺北：藝文印書館印行，1956年），頁154。

〔註18〕孔安國傳，孔穎達疏，阮元刻本《十三經注疏‧尚書正義》附校刊記，（臺北：藝文印書館印行，1956年），頁156。

君也」〔註19〕的「一夫」的觀念，這種把暴君當作是一名「獨夫」的觀點，似乎是在孟子以後才出現的進步視角，或許也可以從這個角度來解釋〈泰誓〉三篇為偽作的可能性。最後整篇文章仍以「功多有厚賞，不迪有顯戮」這樣賞罰分明的字句作結，這種寫法幾乎成了誓師文辭結束的定式。

（四）〈牧誓〉

〈牧誓〉是伏生所傳《尚書》中便已存在的篇章，乃周武王即將與商紂王大戰於牧野的一篇誓師文告，這要算是武王伐紂時可信度較高的誓師文詞。差別在於，此篇誓詞中對於商紂的罪狀，其抨擊紂王的強度不如〈泰誓〉三篇中那樣強烈，沒有「焚炙忠良，刳剔孕婦」、「斮朝涉之脛，剖賢人之心」等殘暴事蹟的紀錄，主要是指責商紂王聽信婦人之言，導致妲己干政，禍亂百姓。底下是〈牧誓〉全文：

> 時甲子昧爽，王朝至于商郊牧野，乃誓。王左杖黃鉞，右秉白旄以麾，曰：「逖矣，西土之人！」王曰：「嗟！我友邦冢君、御事、司徒、司馬、司空，亞旅、師氏，千夫長、百夫長，及庸、蜀、羌、髳、微、盧、彭、濮人。稱爾戈，比爾干，立爾矛，予其誓。」王曰：「古人有言曰：『牝雞無晨；牝雞之晨，惟家之索。』今商王受惟婦言是用，昏棄厥肆祀弗答，昏棄厥遺王父母弟不迪，乃惟四方之多罪逋逃，是崇是長，是信是使，是以為大夫卿士。俾暴虐于百姓，以奸宄于商邑。今予發惟恭行天之罰。今日之事，不愆于六步、七步，乃止齊焉。勗哉夫子！不愆于四伐、五伐、六伐、七伐，乃止齊焉。勗哉夫子！尚桓桓如虎、如貔、如熊、如羆，于商郊弗迓克奔，以役西土，勗哉夫子！爾所弗勗，其于爾躬有戮！」〔註20〕

在甲子日這天的黎明時分，周武王率領大軍至商國都城郊外的牧野，於牧野這個地方舉行了誓師儀式。文章開始，先描摹出周武王的意氣風發，以及軍容的壯盛：「王左杖黃鉞，右秉白旄以麾」，武王左手持著黃色的大斧，右手拿著白旗號令全軍，面對著各路諸侯，依然不慌不忙、指揮若定，要全軍「稱

〔註19〕趙岐注，孫奭疏，阮元刻本《十三經注疏·孟子注疏》附校刊記，（臺北：藝文印書館印行，1956 年），頁 42。
〔註20〕孔安國傳，孔穎達疏，阮元刻本《十三經注疏·尚書正義》附校刊記，（臺北：藝文印書館印行，1956 年），頁 157。

爾戈，比爾干，立爾矛」，想像一下，當千軍萬馬嚴整排列，所有士兵高舉戈、排列好盾牌、豎起長矛，這樣的場面、這樣的軍容是何等壯盛，未戰便已懾人之心。此刻，周武王方才正式誓師，誓師的內容依然按照前例，必先細數被討伐者的罪行，以站穩立場，表明征討行為的合理性：「今商王受惟婦言是用，昏棄厥肆祀弗答，昏棄厥遺王父母弟不迪，乃惟四方之多罪逋逃，是崇是長，是信是使，是以為大夫卿士。」表示商紂聽信了婦人之言，荒廢了祭祀這樣的大事，不任用自己的同宗兄弟，且對於從他國逃亡而來的罪犯卻是違反常理的尊崇以及信任，甚至委以高官厚爵，因此導致百姓受到了各種迫害。接著，在確立了討伐行為的正當性之後，便希望所有將士要「如虎、如貔、如熊、如羆」一般的勇猛，朝商郊進發，對於來降的敵人不要採取攻擊制服的方式，來日才能讓他們「以役西土」，好為我方效力。將士們一定要遵守我的號令，好好邁向敵軍進發，若不奮發向前，你們將被我屠戮！誓文的最後，依然高顯軍令森嚴的一面，只是這裡與先前幾篇誓師文辭的「賞罰分明」不同，此篇專講罰，對於賞賜則隻字未提。

（五）《左傳・隱公元年》

關於起誓的資料，《尚書》有較完整的紀錄。若以「發誓」與「詛咒」這兩個主題來看，《左傳》中的材料多的是「詛咒」〔註21〕，這在本章第二節會有較多論述，然而《左傳》中也並非全無起誓的材料，在《左傳・隱公元年》，便有這樣一段記錄：

> 遂寘姜氏于城潁，而誓之曰：「不及黃泉，無相見也！」既而悔之。
> 潁考叔為潁谷封人，聞之，有獻於公。公賜之食。食舍肉，公問之，
> 對曰：「小人有母，皆嘗小人之食矣，未嘗君之羹。請以遺之。」公
> 曰：「爾有母遺，繄我獨無！」潁考叔曰：「敢問何謂也？」公語之
> 故，且告之悔，對曰：「君何患焉？若闕地及泉，隧而相見，其誰曰
> 不然？」公從之。公入而賦：「大隧之中，其樂也融融。」姜出而賦：
> 「大隧之外，其樂也洩洩。」遂為母子如初。〔註22〕

〔註21〕《左傳》中有大量的盟辭，乃天子與諸侯，或諸侯與諸侯間會盟時的盟書載辭，盟辭多是約定兩方必須遵守的事項，若違反盟約，鬼神將降禍於該國，其屬性便屬於「詛咒」。

〔註22〕左丘明傳，杜預注，孔穎達疏，阮元刻本《十三經注疏・春秋左傳正義》附校刊記，（臺北：藝文印書館印行，1956年），頁37。

鄭莊公與其生母姜氏不睦，遠因乃是姜氏生莊公時難產，故將莊公取名為「寤生」，表示非常厭惡莊公這個小孩；近因則是姜氏偏袒莊公之弟太叔段，最後甚至在太叔段叛變的時候，姜氏欲作內應，準備大啟城門，讓太叔段進軍逼宮，所幸最後這場叛變被莊公所平定，但母子的關係卻也因此降至冰點。

於是莊公便將姜氏安置在城潁這個地方，並且發了重誓，內容是「不及黃泉，無相見也！」「黃泉」乃是古人以為死後會去到的地方，因此不及黃泉，無相見也，就是不到死亡的那一天，我們母子倆是沒有見面的可能的。但莊公不久便對這個誓言反悔了，只是誓言既發，自己又貴為一國之君，怎麼也不好做出「悔誓」這種行為來。這裡我們可以觀察到一點，即便如莊公這樣高地位的人，對於自己曾經發過的誓言，都不敢輕易反悔，其可能有二：一是「君無戲言」，一國之君說過的話尚且要遵守信諾，何況是誓言呢？如果違反誓言的內容，將如何取信於天下；其二，乃是在「誓言」的背後，人們相信是有一股超自然的力量在監督並操控著，如果違反誓言，恐怕會有不好的下場。正在莊公為此事感到愁悶時，解套的契機來了：有個叫潁考叔的，在聽聞此事後，便自動來向莊公進獻貢品，潁考叔則於席間藉著莊公向他問起為何「舍羹」不吃的原因時，潁考叔說出欲留肉給母親食用的想法，這才讓莊公主動提起母子失和的事，同時也說出欲違反誓言但苦無辦法的憂煩。這個時候潁考叔才提出「闕地及泉，隧而相見」的解套方式，讓鄭莊公得以了卻一樁心事。雖然這個解套方式是出於潁考叔的詭辯，其取巧的成分極大，但也足以說明古人害怕違背「誓言」受到懲罰的心理。

三、發誓的心理狀態與儀式

在梳理了「誓」字的詞義，並列舉春秋時期幾個重要的起誓事件之後，本節將繼續考察「發誓」背後的心理狀態及其外顯的儀式。

「發誓」是一種人類行為，而這樣一種人類行為之所以會發生，自然有其內外生成情境。外在可能這人遭遇到了什麼事件？什麼樣的外在氛圍，可以使「發誓」行為生成呢？而內在的條件是，這個人是基於怎樣的心理狀態，必須以「發誓」的極端行為，來排解他所遭遇到的事件？因此本節筆者欲從「發誓的外在情境和內在心理狀態」以及「發誓的儀式」這兩個面向加以論析之：

（一）發誓的外在情境和內在心理狀態

簡單來說，談「外在情境」其實就是在討論人「在什麼時候」會發誓？發誓必須在何種前提下才能被認可？前面我們談到的《尚書》中的〈甘誓〉、〈湯誓〉、〈泰誓〉、〈牧誓〉等諸篇誓文，全都是關於「誓師」的文辭，也就是《尚書》所記錄的「誓」，這些都是跟軍隊討伐無道昏君的需要而產生的，也可以說中國早期的「誓」基本是應用在軍旅中的檄文，然而「誓」發展到後來，運用的範圍與層面越來越廣，除了本論文要探討的《詩經》中出現若干發誓的詩篇之外〔註23〕，發誓這個題材在文學的應用上，逐漸趨向多元的態勢。底下我們來看兩個關於發誓在文學運用上的經典例子，便足以看見這樣的趨勢：

> 上邪，我欲與君相知，長命無絕衰。山無陵，江水為竭，冬雷震震，
>
> 夏雨雪，天地合，乃敢與君絕！〔註24〕

這篇〈上邪〉是漢朝的一首樂府詩歌，雖然用字中並沒有出現任何一個「誓」字，但從整體內容看來，它就是一篇跟「愛情」有關的誓言。詩中的女子為了向情郎表達自己願與之長相廝守的決心，便向上天起誓，除非是「山無陵，江水為竭，冬雷震震，夏雨雪，天地合」這五種不可能發生的現象，用以表達自己不可能與情郎分開的決心。清代王先謙在《漢鐃歌釋文箋證》說：「五者皆必無之事，則我之不能絕君明矣。」這裡我們可以看到，對於愛情的執著與眷戀，是可能觸發起誓的行為的，因此這類愛情中的海誓山盟，早已成為後代文學所慣用的書寫題材。

除了誓師與愛情而發誓的題材，《世說新語》裏頭，記錄了一段關於劉伶戒酒的軼事，這是為了戒掉壞習慣而發誓的例子，儘管劉伶最後並未因此而成功戒酒：

> 劉伶病酒，渴甚，從婦求酒。婦捐酒毀器，涕泣諫曰：「君飲太過，
> 非攝生之道，必宜斷之！」伶曰：「甚善。我不能自禁，唯當祝鬼神，
> 自誓斷之耳！便可具酒肉。」婦曰：「敬聞命。」供酒肉於神前，請
> 伶祝誓。伶跪而祝曰：「天生劉伶，以酒為名，一飲一斛，五斗解酲。
> 婦人之言，慎不可聽。」便引酒進肉，隗然已醉矣。〔註25〕

〔註23〕「發誓」被作為一種「文學」的題材，首見于《詩經》，乃因《詩經》為中國
文學的源頭，其後所看到的各類關於發誓的文學創作，皆以《詩經》為濫觴。

〔註24〕郭茂倩《樂府詩集》，（北京：文學古籍刊行社印行，出版年不詳），頁596。

〔註25〕劉義慶撰，劉孝標注，朱鑄禹彙注《世說新語彙校集注》，（上海：上海古籍
出版社，2002年12月），頁610。

劉伶，竹林七賢之一，也就是那個曾說出「我以天地為棟宇，屋室為褌衣，諸君何為入我褌中？」〔註26〕的文人。有一天，劉伶又犯了酒癮，口渴難耐，便向其妻求酒。身為太太的，為了丈夫的身體健康著想，自然不願意劉伶繼續毫無節制的酗酒，於是「捐酒毀器」，哭著向丈夫提出諫言，表示丈夫飲酒太過，並非養生之道，一定得戒了這壞習慣才好。劉伶聽完，便說了一段話，而這段話很值得注意，可以看出古人發誓一向離不開鬼神信仰。伶曰：「甚善。我不能自禁，唯當祝鬼神，自誓斷之耳！便可具酒肉。」劉伶說，太太妳提出的諫言實在很好，只是光靠我個人的力量是無法成功戒酒的，唯有在鬼神面前虔心祝禱，才有辦法靠著「自誓」的儀式來戒斷這個壞習慣，只是要進行這個莊嚴的儀式，必須酒肉齊備。劉伶的太太不疑有他，便「供酒肉於神前，請伶祝誓」，劉伶便在神前跪禱，說老天爺生下了劉伶我，註定要與酒齊名，一喝就要喝一斛，喝了五斗酒才有辦法解我的宿醉，女人說的話，千萬不要當真啊！於是拿起了祭壇上的酒肉，又喝了個酩酊大醉。顯然劉伶缺乏了戒酒的決心，這次的起誓行為，純粹是為了短暫取得太太的信任而備齊了酒肉，好讓他能再度痛飲大醉。且不論劉伶的戒酒是出自真心或假意，但至少他利用了世人對於發誓行為的看重心理，讓他能藉著這樣的投機方法再次滿足了自己的酒癮，只是為了一次的滿足，他賠上的可能是日後的信用破產。

　　以上是關於「誓師」、「愛情」、「戒掉酒癮」等等面向而產生的發誓行為，但要注意的是，要引發發誓行為的具體事件何止上述三種類型，只是不論是哪一種外在情境所產生的發誓行為，其心理狀態則不出以下面向：

1.「敬畏鬼神」的心理

　　不論是「發誓」或「詛咒」，在古老的原始社會中，都與宗教脫離不了關係。鬼神信仰可以說是「誓詛」的基本精神，「誓詛」之所以能發生一定效力，都是源自於人們相信這世界上有一股看不見、摸不著、猜不透的力量在主宰這個世界，這個力量就是鬼神的力量。而這樣的思維普遍存在於原始社會中，就連今天較為落後的地區，其鬼神及巫術信仰仍然相當活躍。郭春梅、張慶捷《世俗迷信與中國社會》一書中提到：

〔註26〕劉義慶撰，劉孝標注，朱鑄禹彙注《世說新語彙校集注》，（上海：上海古籍出版社，2002年12月），頁612。

中國的世俗迷信可以溯源至史前宗教觀念，在惡劣的生存環境下，
人的生存能力也是非常低級，缺乏獨立生產和生存的條件，必須依
賴集體的力量，依賴他人的幫助才能存在。人類這種與生俱來的依
賴感，擴而化之，擴大到對自然界的崇拜和神靈崇拜。世界上每一
個民族都一樣，都有自己的童年、少年和青年期，中國也不能例外。
中國遠古人類在原始社會艱苦的物質生活條件下，在各方面都受著
自然界的支配，完全得依靠自然界生活，被迫對於那些不可理解的
自然現象及其發生過程、條件、原因等，進行種種猜測、設想和幻
想，逐漸把自然力和自然物神化。這種以人自身為出發點，對自然
設想的結果，就是把自然現象人格化，於是創造出各種神或神的魔
力，轉而對這些神信仰崇拜，在此基礎上，逐漸演變為包括有祈禱、
獻祭、巫術等原始宗教觀念及行為。〔註27〕

也就是說，初民在面對惡劣的生存環境，很容易對所知有限的大自然產生畏
懼的心理，一切的風吹草動都成了「萬物有靈」的證據，鬼神的觀念便在這
樣的恐懼心理下形成了。而在原始社會發展之初，鬼神的信仰還停留在自然
神的崇拜，所謂自然神就是日月山川等等自然物的神靈，其中尤其是日月星
的崇拜，很值得我們注意：

日月星的崇拜——原始時代最引人類驚愕的恐怕無過於晝夜
的遞嬗。有些時候他們能夠看得見周圍的物，黑暗一到忽變成
一無所見，使他們不得不瞎摸或睡歇。每早太陽將出便有萬道
光芒為它前驅，不久便漸升高放出光明照耀大地，日暮它漸沉
落，而光亮也跟它漸減少以至於全滅。以此人類的感情自然而
傾向於這光明的王，發生崇拜的方法，如供獻以犧牲等。〔註28〕

這是林惠祥《文化人類學》一書中提到的一段文字。內容同樣都在說明初民
對於環境變化所產生的巨大恐懼，而這裡的環境變化專指光明與黑暗之間
的變化：日昇日落、白天與黑夜，這些再自然不過的時間景象，卻讓原始人
民恐慌不已，尤其是那伸手不見五指的闃黑，更增添許多不確定性，因此初

〔註27〕郭春梅、張慶捷《世俗迷信與中國社會》，（北京：宗教文化出版社，2001 年
　　　　5 月），頁 350。
〔註28〕林惠祥《文化人類學》，（上海：上海書店出版社，2011 年 12 月），頁 220。

民對於看得見「光明」的事物，自然投以更多的崇拜與感情，所以日月星的崇拜可以說是原始社會中相當重要的宗教儀節。

由上面的論述可以知道，原始初民的鬼神信仰，是出於對自然界的敬畏心情，而「發誓」又是在鬼神信仰的基礎上所產生的宗教行為，有了敬畏鬼神的心情，「發誓」才有其立足的空間，少了神靈的監督，「發誓」不過是沒有意義的喊話，沒有人會看重，也沒有人會採信。

2.「取信於人」的心理

人為什麼要發誓？其中一個很重要的因素在於發誓者希望取得他人的信任，因此《禮記・曲禮》說：「約信曰誓。」，表示「誓」乃是與人「約信」，從這個角度來看，「取得他人信任」無疑是「發誓」的心理狀態，而這樣的心理狀態其實是延續著「敬畏鬼神」的心理而來的。當人所說的話語不再被採信時，人們便會透過「發誓」的過程，來表達所說的話真實不虛，尤其在沒有任何科學儀器提供測謊的遠古時代，唯有透過神靈的作保與監督，才能獲得他人的信任。林惠祥在談論「立誓」的時候，特別把它界定為是一種「神斷」：

> 原始的審判常具有魔術及宗教的性質。有罪或無罪的證據常求之於超人的權力。讞定的權委於神靈，而以占卜及神斷（ordeal）的方法探神的意。……立誓（oath）實即神斷的一種，用以審察嫌疑犯者的有罪或無罪。其後用以為證實見證人的誠實，以為話若不實神必降罪。〔註29〕

從上面這段話我們看的出來，在律法還未形成之前，裁斷嫌疑、決明是非的任務都是交由神靈來做，因此「立誓」在原始社會裡，有時也被當作是「審判」嫌疑犯有罪或無罪的一種手段。如果立誓的言語有假，那麼人們相信神必然會降罪在這個人身上，同時也代表這個人是有罪的，這種不講求科學證據，只憑神斷的裁判方式，看來落後，卻也反映出原始人民對於鬼神的依賴極深，因此，當人們無法相信自己的清白時，在神前發誓，成了「取信」於眾人的最佳方式了。

3. 相信「語言具有魔力」的心理

語言文字對於原始的人民是具有一定神秘性質的，尤其在文字產生之初，文字的運用往往是掌握在巫覡手中，因此一般的人民對於能使用文字的巫覡產生了某種敬畏感。人們相信，從巫覡口中誦唸出來的語言能左右人類的禍福，這

〔註29〕林惠祥《文化人類學》，（上海：上海書店出版社，2011 年 12 月），頁 201。

樣的觀念也同樣在「誓詞」中展現出來，若無法遵守誓約，恐怕會讓自己招來不利的後果，因此基於「語言的魔力」，「不可違背誓約」成為普遍人類的認知。詹・喬・弗雷澤（1944～2011, Frazer James Grorge）在其巨著《金枝》中提到：

> 未開化的民族對於語言和事物不能明確區分，常以為名字和他們所代表的人或物之間不僅是人的思想概念上的聯繫，而且是實在的物質的聯繫，從而巫術容易通過名字，猶如通過頭髮指甲及人身其他任何部分一樣，來危害於人。〔註30〕

這裡所謂的「未開化的民族」，與路先・列維─布留爾（1857～1939, Lucien Levy-Bruhl）在《原始思維》裡所提到的「不發達民族」其實是名異而實同，這些所謂「未開化」或「不發達」的民族，在面對「語言」這種神祕的東西時，往往不能和實際的事物做出明確劃分，因此名與實在他們看來其實是同樣一回事，因此語言若涉及到某人某物將有禍福降臨，這些人民亦會將這種觀念視之為真實，從這樣的思路連貫下來，詛咒亦成為另一種更令人懼怕的害人手段。

4. 表達「自我決心」的心理

段玉裁在解釋「誓」這一個字的時候說：「凡自表不食言之辭皆曰誓。」其中「自表」二字更凸顯出「誓」這個字著重在「自身」，「不食言」更是一種表現「決心」的具體行為。而發誓還有一個特色，它有時是一種「公開」表明態度的言論，當這個言論在公開的場合下被聽者接收，那麼這樣的誓言便成為一種被眾人檢視、被輿論所監督的言論（不僅僅被神靈監督），那麼無形中更能督促發誓者的行為能符合誓辭的內容，因此當發誓者想要表達自我決心的時候，便會透過發誓的儀式來強化自身的立場。前面筆者談到《尚書》中的誓師文告，都具有這樣的心理狀態，在後世的文學中還有一個類似的例子可以拿來佐證，那就是關於項羽的「破釜沉舟」了：

> 項羽已殺卿子冠軍，威震楚國，名聞諸侯。乃遣當陽君、蒲將軍將卒二萬渡河，救鉅鹿。戰少利，陳餘復請兵。項羽乃悉引兵渡河，皆沈船，破釜甑，燒廬舍，持三日糧，以示士卒必死，無一還心。
> 〔註31〕

〔註30〕詹・喬・弗雷澤（Frazer James Grorge）著，徐育新、汪培基、張澤石譯，汪培基校，《金枝》，（北京，大眾文藝出版社，1998 年），頁 364。

〔註31〕瀧川龜太郎：《史記會注考證》，（臺北：萬卷樓圖書股份有限公司，1993 年 8 月），頁 145。

這篇文字裡面雖然沒有看到任何的發誓文字，但筆者敢斷定，從項羽「皆沈船，破釜甑，燒廬舍，持三日糧。」這一連串大動作來看，項羽必定在當時發下了重誓：「此戰不勝，唯死而已！」只不過文獻中我們看不到這樣的誓言罷了，可以想見，在項羽的發誓行為下，以及沈船、破釜、燒舍等激烈行動後，所有的士卒必然「無一還心」，進而能在戰場上奮勇殺敵，展現視死如歸的決心。

（二）發誓的儀式

與「盟」、「詛」比較起來，「誓」的儀式形象相對較為單純，有時甚至只需要「口頭」上的對天起誓，便已算數，不一定需要像「盟」、「詛」那樣需要有較制式化的儀軌，田兆元於其著作《盟誓史》一書中提到：

> 誓需要一定的儀式，但並不像盟那樣，沒有儀式就沒有盟的存在，
> 誓有時並不需要歃血殺牲，只要語言表達出來就行。〔註32〕

「誓」不需要一定的儀式，筆者在前面已經有過論述，然而從這段文字我們可以知道，「發誓」的儀式較之「盟」、「詛」而言，相對可以單純許多，拿《尚書》來說，它記載了中國最早的「誓」，但裡面的「誓」都是指誓師的文辭，而這些誓辭，必須在「神靈」面前說出才算數，因此後期的文獻，也時常會有指著太陽發誓的例子。然而有時發誓，除了透過「神監」以外，亦可透過對某些「物品」起誓（比如刀劍），抑或透過某些較為激烈的行為起誓（比如斷髮、截耳），接下來筆者便就幾個較為典型的發誓儀式進行論述，所舉事例除見於先秦外，為說明儀式的承襲，亦及於後代文獻中所見：

1. 指日為誓

中國的「誓」所留下的具體儀式，許多都與「指日為誓」有關，那麼人們為什麼特別要指著太陽發誓？原因可能是與原始初民的「萬物有靈」觀有密不可分的關係。筆者在談論發誓的心理狀態時便提到，初民認為自然山川皆有靈，然而其中又以能放射出光明的日月更受到初民的注意，能帶給大地光明與生機，同時也能帶給大地酷熱與乾旱的太陽神，更是初民又敬又怕的自然神祇，因此在這樣的氛圍下，太陽成為初民發誓時最直接能取得的「神監」。另外，王政在《詩經文化人類學》一書中，亦提到指日為誓的初民現象，他說：

〔註32〕田兆元《盟誓史》，（南寧：廣西民族出版社，2000 年 10 月），頁 13。

> 古人賭誓喜歡以太陽為證，這其中一定有它的原因所在。鄭玄在解
> 釋夏桀以日為誓時說：「引不亡之徵，以脅恐下民也。」他的看法是
> 太陽是千秋萬代不消亡的久長之物，所以夏桀引為己身之象徵，並
> 為誓語作見證。從民俗學的傳統看，這種物之久長，宜為誓語證的
> 理解是有道理的。〔註33〕

王政在書裡提出指日為誓的另一項理由——鄭玄所說的「不亡之徵」。「不亡」，
是太陽的特質（至少以人類短暫的歷史與生命，太陽確實是不亡的），因此指
著太陽發誓，便成為一種隱喻：「只要太陽不滅，我的誓言便永世不亡」。從
這個角度來看，以太陽為誓，更能說明所發出的誓言是不容改變的，也能由
此見證起誓者的決心。底下就幾條「指日為誓」的例子稍作說明：

> 衛殺馬於隘以塞道，晉州綽及之，射殖綽中肩，兩矢夾脰。曰：「止，
> 將為三軍獲；不止，將取其衷。」顧曰：「為私誓。」州綽曰：「有
> 如日。」〔註34〕

這個例子是出自《左傳》襄公十八年的文字，晉齊交戰，晉國的州綽在追殺
齊兵殖綽時，射箭射中了殖綽的肩膀，殖綽仍負箭逃亡，在追殺的過程裡，
州綽大喊：「停下來！你至多被我三軍俘虜，如果執意逃跑，我將以你的心臟
為箭靶，你終將難逃一死！」殖綽回頭說：「你發誓！」州綽便說：「以太陽為
證！」

再看一個同樣是《左傳》當中的例子：

> 斐豹謂宣子曰：「苟焚丹書，我殺督戎。」宣子喜曰：「而殺之，所
> 不請於君焚丹書者，有如日。」〔註35〕

斐豹以焚丹書（古時以碳筆記載犯人罪狀的文書）為條件，承諾為宣子殺掉
督戎，這時宣子高興地說：「你殺了他，如果不如你所請將丹書焚去的話，以
太陽為見證！」另外在《晉書》中有一段王羲之在父母墳前發誓不再當官的
誓言，結尾仍然出現「有如皦日」的套語：

> 義之深恥之，遂稱病去郡，於父母墓前自誓曰：「維永和十一年三月
> 癸卯朔，九日辛亥，小子義之敢告二尊之靈。義之不天，夙遭閔凶，

〔註33〕王政《詩經文化人類學》，（合肥：黃山書社，2010年3月），頁294。
〔註34〕左丘明傳，杜預注，孔穎達疏，阮元刻本《十三經注疏·春秋左傳正義》附
　　　　校刊記，（臺北：藝文印書館印行，1956年）頁578。
〔註35〕左丘明傳，杜預注，孔穎達疏，阮元刻本《十三經注疏·春秋左傳正義》附
　　　　校刊記，（臺北：藝文印書館印行，1956年），頁603。

不蒙過庭之訓。母兄鞠育，得漸庶幾，遂因人乏，蒙國寵榮。進無
忠孝之節，退違推賢之義，每仰詠老氏、周任之誡，常恐死亡無日，
憂及宗祀，豈在微身而已！是用寤寐永歎，若墜深谷。止足之分，
定之於今。謹以今月吉辰肆筵設席，稽顙歸誠，告誓先靈。自今之
後，敢渝此心，貪冒苟進，是有無尊之心而不子也。子而不子，天
地所不覆載，名教所不得容。信誓之誠，有如皦日！」〔註36〕

從以上三篇文獻可以看到，「有如……」其實是誓詞中經常出現的套語，後
面所要談到的「指河為誓」的儀式，其誓詞中一樣會使用「有如河」的套語，可
見自《左傳》以下，誓詞的呈現，幾乎已經存在一定的規範了。以上所談是關於
中國的「指日為誓」，然而在西方的一些較為落後的民族，也可以找到「指日為
誓」的相關例證，林惠祥《文化人類學》一書中，便有這樣的記載：

在北美平原印第安人中常用誓於競爭勇敢的名號之時。例如克勞族
人如有 2 人爭論誰先動手殺死敵人時，便於眾戰士面前舉行莊嚴的
立誓；最通行的方法有二，其一是由二人各執一把小刀先放進口內，
然後指向太陽，口念誓言，請太陽為見證，並加罰於說謊的人。還
有一法是將一支箭貫穿一塊肉，放在一個水牛頭殼上，於是兩人都
拿起箭，嘗一嘗肉，並念誦誓言。還有更奇的是薩莫耶德人
（Samoyed）或奧斯加克人（Ostyak）的風俗，被告須以熊鼻為誓，
用刀將熊鼻割起，並宣誓：「我如誣誓便被熊吞食！」〔註37〕

可見得指日為誓不僅僅出現在東方的文獻裡，在北美平原的印地安人，也是
透過指著太陽，念誦誓言的過程，請太陽神來擔任發誓儀式的見證神祇。特
舉西方之例，以茲交互印證。

2. 指河為誓

日有日神，河有河神，「指河為誓」與「指日為誓」一樣，皆是從初民的
萬物有靈觀所演化而來的儀式，河水源遠流長，指河為誓在某種意義上便是
告訴眾人，我所發的誓言，其信用如河水之長遠，不會變卦，底下兩個關於
指河為誓的例子，也都出自《左傳》：

乃使魏壽餘偽以魏叛者，以誘士會，執其帑於晉，使夜逸，請自歸
于秦，秦伯許之，履士會之足於朝，秦伯師于河西，魏人在東，壽

〔註36〕唐，房玄齡：《晉書》，（北京：中華書局，1975 年 6 月），頁 2101。
〔註37〕林惠祥《文化人類學》，（上海：上海書店出版社，2011 年 12 月），頁 202。

> 餘曰：「請東人之能與夫二三有司言者，吾與之，先使士會。」士會
> 辭曰：「晉人虎狼也，若背其言，臣死，妻子為戮，無益於君，不可
> 悔也。」秦伯曰：「若背其言，所不歸爾帑者，有如河。」〔註38〕

晉國的趙盾假意讓魏壽餘叛亂，目的在於欲引誘在秦國的士會。這時晉國藉
故扣押了魏壽餘的妻兒，令他夜裡潛逃至秦國。後來秦伯率師駐紮於河西，
魏壽餘表示需要與士會先一同前往東邊的晉國，秦伯答應了，這時士會辭謝
說：「晉人如虎似狼，如果他們背棄了約定，沒有放我回來，那麼我死了，我
的妻兒也將遭到屠戮，這對國君您也沒有任何益處，到時您後悔就來不及了。」
秦伯便說：「如果晉國違背約定不讓你回來，我若不送還你的妻兒，便受河神
的懲罰！」

　　指河為誓除了上述單純對河發出誓言的例子以外，有時為表誠信，古人
會向河神獻玉璧，以表誠信：

> 二十四年，春，王正月，秦伯納之，不書，不告入也，及河，子犯
> 以璧授公子曰：「臣負羈紲，從君巡於天下，臣之罪甚多矣，臣猶知
> 之，而況君乎，請由此亡。」公子曰：「所不與舅氏同心者，有如白
> 水。」投其璧于河。〔註39〕

僖公二十四年春天，秦穆公將公子重耳送回晉國，這件事沒有被記錄在《春
秋》裡，原因是晉國沒有向魯國報告這件事。到達黃河邊，子犯把玉璧還給
公子，同時表示自身罪狀甚多，不能與其同行，請准予子犯從此分道揚鑣。
這時公子重耳便發誓說：「如果不與舅父同心，有河神為監！」便把他的玉璧
投入河裡。因此「投璧於河」可說是「指河為誓」之餘，更能表現起誓者內心
誠信的一種方法。

3. 送刀、折箭為誓

　　除了「神監」是發誓中的重要元素以外，尚有以「物品」表示內心堅決
意志的信物。「送刀」、「折箭」為誓，在文獻中亦可找到不少例子，試舉二例
證之：

〔註38〕左丘明傳，杜預注，孔穎達疏，阮元刻本《十三經注疏‧春秋左傳正義》附
　　　　校刊記，（臺北：藝文印書館印行，1956 年），頁 332。
〔註39〕左丘明傳，杜預注，孔穎達疏，阮元刻本《十三經注疏‧春秋左傳正義》附
　　　　校刊記，（臺北：藝文印書館印行，1956 年），頁 253。

　　懿遂舉兵僭號，傳檄州郡，欲運匈奴堡穀以給鎮人。寧東姚成都距
　　之，懿乃卑辭招誘，深自結託，送佩刀為誓。〔註40〕

這是《晉書》當中出現的例子。姚懿舉兵僭越，廢掉姚泓自立，這時傳檄州
郡，想要運送匈奴堡穀給鎮人，卻遭到寧東姚成都距之，姚懿於是放下身段
招誘，言詞卑婉懇切，為表示心意至誠，於是送佩刀為誓。另一個例子是「折
箭」發誓，出自《金史》卷九十一裡的〈楊仲武傳〉：

　　木波復掠熙河，熙河主帥使人諭之，不肯去，曰：「楊總管來，我乃
　　解去。」熙河具奏，詔復遣仲武。當是時，木波謂仲武不能復來。
　　及仲武至，與其酋帥相見，責以負約，對曰：「邊將苦我，今之來，
　　求訴於上官耳。今幸見公，願終身不復犯塞。」乃舉酒酹天，折箭
　　為誓。〔註41〕

木波再度侵擾熙河，熙河的主帥派人前往曉諭，木波仍然不肯離去，只說：
「楊總管來，我便離開。」熙河主帥便上奏朝廷，於是朝廷便派遣仲武前來。
當時，木波認為仲武不會再來。等到楊仲武到了，與其酋帥會面，仲武責其
背約，酋帥回話說：「是邊將守吏為難於我，今天來這裡，正是為了向上官表
達訴求。今天有幸見到您，我願一輩子不再侵犯邊關。」於是舉起酒杯，灑酒
敬天，並且折箭發誓。此處的「折箭為誓」正如筆者論及「誓」字的字源探義
時，討論到「誓」與「折矢」之間的關係，表示若違背誓言，將有如此箭之
折，是一種對自我下場的詛咒。

4. 斷髮截耳為誓

　　關於發誓的儀式，尚有以截斷與自己身上有關的器官的發誓形式，是屬
於較為激烈的一種立誓行為，底下先來看看吳太伯的「斷髮文身」：

　　吳太伯，太伯弟仲雍，皆周太王之子，而王季歷之兄也。季歷賢，
　　而有聖子昌，太王欲立季歷以及昌，於是太伯、仲雍二人乃奔荊蠻，
　　文身斷髮，示不可用，以避季歷。季歷果立，是為王季，而昌為文
　　王。〔註42〕

〔註40〕唐，房玄齡：《晉書》，（北京：中華書局，1975 年 6 月），頁 3013。
〔註41〕元，脫脫：《金史》，（北京：中華書局，1975 年 6 月），頁 2020。
〔註42〕瀧川龜太郎：《史記會注考證》，（臺北：萬卷樓圖書股份有限公司，1993 年 8
　　　　月），頁 537。

吳太伯要算是文王的伯父，當初周太王想要讓季歷與聖子昌（即文王）來繼承周室大統，吳太伯為了不讓家族為難，便與其弟仲雍出奔至吳越，並且「文身斷髮」，意指他在身上刺青，還削斷頭髮，以此行為來表示自己決無與季歷奪嫡的野心。司馬遷在「文身斷髮」之後寫了「示不可用」四個字，似乎是指，一旦在身上刺了青、斷了髮，便真正成了蠻夷之人了，就算你想繼承大位，那也是「不可用」了，可見吳太伯的堅決意志，雖無發誓之詞，但已有發誓之行了。接下來還有劉勰「燔」去鬚髮，決心遁入空門的例子：

> 勰為文長於佛理，都下寺塔及名僧碑志，必請勰制文。敕與慧震沙門於定林寺撰經證。功畢，遂求出家，先燔鬚髮自誓，敕許之。乃變服改名慧地云。〔註43〕

這是劉勰表示決心出家的激烈行為，它不僅僅是截斷鬚髮，更是「燔」去鬚髮來立誓，足見其出家之意甚堅。另外一則是關於貞婦不願改嫁的斷髮行為：

> 張春兒、葉縣軍士李青之妻也，年二十，青疾革，顧謂春曰：「吾殆矣，汝其善事後人。」春截髮示信，誓弗再適。未幾，青死，春慟垂絕，且囑匠人曰：「造棺宜極大，將以盡納亡者衣服弓劍之屬。」匠如其言。既斂，乃自經。鄰里就用此棺同葬之。事奏上於朝，旌其墓，時至正戊子也。〔註44〕

張春兒是葉縣軍士李青之妻，李青病重，向其妻交代遺言，表示希望在他死後改嫁他人，這時張春兒「截髮示信，誓弗再適」，在李青去世後，更命匠人打造極大棺材，說是要「盡納亡者衣服弓劍之屬」，沒想到張春兒最後卻以自縊來了結生命，鄰里鄉人便用此棺將其與夫婿同葬之。

除了截髮示信，更有「截耳示信」者：

> 襄陽霸城王整之姊嫁為衛敬瑜妻。年十六而敬瑜亡，父母舅姑咸欲嫁之，誓而不許，乃截耳置盤中為誓〔註45〕

這同樣是一則關於貞婦為表節烈的立誓行為。王整的姐姐嫁給衛敬瑜為妻，年紀僅僅十六歲，敬瑜便去世了，其父母姑舅都希望她改嫁，於是他便「截

〔註43〕唐，李延壽：《南史》，（北京：中華書局，1975 年 6 月），頁 1782。

〔註44〕陶宗儀撰《南村輟耕錄》，（上海：上海商務印書館，《四部叢刊三編》本，1936 年），頁 11。

〔註45〕李昉等纂修《太平御覽》〈羽族部九〉，（臺南：平平出版社，1975 年），第七冊，頁 4631。

耳立誓」，採取非常激烈的手段表明心志，「截耳」恐怕是表示不願意再「聽從」任何有關改嫁的言語。

第二節　詛咒

「詛咒」一詞向來讓人心生懼怕。與「發誓」比較，兩者有其方向性的差異：「誓」是用來約束「自己」行為的語言，而「詛」則是用來恫嚇「他人」的巫術，意味著若不遵守信諾將會導致非常可怕的後果；然而「誓」與「詛」又有其根本上的關聯性，那就是兩者都與巫俗、鬼神信仰有必然的連結，只是「詛」的巫術色彩又更勝「誓」一籌。本節同樣欲透過人類學、心理學、民俗學的視角，來探求「詛咒」這一人類行為的心理狀態為何，而這樣的人類行為又必須透過怎樣的儀式才能滿足其心理安頓。本節循著上一節的鋪陳，將討論的內容一分為三：分別是「『詛』字探源」、「先秦文獻關於『詛』的重要記載」、「詛咒的心理狀態與儀式」等三個部分，期能為詛咒此一人類行為，整理出一條清晰的脈絡。

一、「詛」字探源

關於「詛」字，《說文》中的解釋是這樣的：「詛，詶也，從言且聲。」〔註46〕而「詶」字，許慎則又這樣解釋：「詶，詛也，從言州聲。」兩者互訓。「詛」、「詶」兩字許慎都釋為形聲字，聲旁「且」、「州」並不表義。然而聲旁「且」字的本義眾說紛紜，古文字學家陳劍在 2007 年根據最新考古材料，考證偏旁中涉及「且」、「俎」、「宜」的一系列字，提出結論說：「『且』就是俎的初文，即俎案之象形，『俎』就是『且』的繁體。」〔註47〕他的說法和早期郭沫若《甲骨文字研究‧釋祖妣》說：「且，實牡器之象形，故可省為⊥。」〔註48〕視「且」為象男性生殖器之形，以及李孝定《甲骨文字集釋》認為「且」象神主之形，並謂「甲骨金文均以且為祖妣字」〔註49〕大不相同。此外甚至還有「陶罐說」、

〔註46〕許慎撰，段玉裁注，《說文解字》，（臺北：洪葉文化事業公司，2001 年 10 月），頁 97。
〔註47〕見〈甲骨金文舊釋「𣦵」之字及相關諸字新釋〉第五節，《出土文獻與古文字研究》第二輯，頁 38。
〔註48〕郭沫若《甲骨文字研究》，（香港：中華書局，1976 年），頁 34。
〔註49〕見李孝定《甲骨文字集釋》，（臺北：中央研究院歷史語言研究所，2004 年）頁 4079。李氏於釋「祖」字亦有相關說明，見是書頁 71～73。

「墳塚說」〔註50〕，其中李孝定的說法和本文討論「詛」比較近似。除了甲骨金文常用「且」為「祖」外，《禮記・檀弓》中亦記載曾子說：「夫祖者，且也。且，胡為其不可以反宿也。」〔註51〕可見「且」字與中國早期的「祖先崇拜」有相當密切的關聯，曾子直接將「且」字當作是「祖」字來解釋。如果這個解釋是正確的，那麼「詛」的意義將更為鮮明，「詛」的本義或許可理解為：在「且」（祖先、神靈）前所立下的言詞，而這個言詞演變到後來更成為「請神降禍於他人」的咒語。

　　對此，金顏於其〈先秦盟誓的社會作用〉一文中曾提及：

　　　　在古文獻中，與盟、誓有緊密聯繫的還有「詛」。《左傳》宣公二年
　　　　記載：「初，麗姬之亂，詛無畜群公子」。詛，當代學者楊伯峻注云：
　　　　「祭神使之加禍某人之禮。」「古有盟詛之法，盟大而詛小，然皆殺
　　　　牲歃血，告誓神明，若有違背，神加其禍。」〔註52〕

其中言及楊伯峻對於「詛」字的解釋，楊伯峻認為，「詛」的概念除了與「誓」一樣，皆有形而上的神監以外，更重要的意義在於「詛」著重在「加禍某人」的嚴重後果，可見「誓」是用來取信他人，是自我約束的，或者說誓其實是一種「自詛」的行為；而「詛」所約束的範圍更擴及到參與盟會的各方，若有人違背彼此訂立的契約，將受到神靈的嚴重懲罰。

　　還有一點必須注意的是，楊伯峻所謂「盟詛之法」，儼然揭示了先秦時期的慣例，那便是「詛」幾乎是依附著「盟」而來。先秦時期的盟會不堪細數，據白川靜統計，在春秋兩百四十二年之中，魯侯在《左傳》裡所記載的參與盟會次數，高達一百二十多次〔註53〕。「盟」的簡單概念就是，國與國之間簽訂契約，但為了確保契約能被如實遵守，在宣告盟文的時候，往往會加上若干詛咒的文字，若有一方違反盟約，將請神加殃降禍，因此會有「殺牲歃血」的儀式穿插其中。以下論述「先秦文獻關於詛的記載」便多與盟會有關。簡單來說，「詛」其實就是一種害人的巫術，除了用語言的力量使受詛者遭受不

〔註50〕俞水生《漢字中的人文之美》，（香港：中華書局，2014 年），頁 82。
〔註51〕鄭玄注，孔穎達疏，阮元刻本《十三經注疏・禮記注疏》附校刊記，（臺北：
　　　　藝文印書館印行，1956 年），頁 134。
〔註52〕金顏〈先秦盟誓的社會作用〉，《青海師範大學學報》（哲學社會科學版）第 5
　　　　期，2006 年，頁 75。
〔註53〕白川靜著，加地伸行、范月嬌譯《中國古代文化》，（臺北：文津出版社，民
　　　　國 72 年），頁 87。

好的後果以外，害人的巫術中另有「巫蠱術」〔註54〕最為人所熟知。西漢便曾發生過「巫蠱之禍」〔註55〕，這場禍事，震動朝野，對皇室造成極大的傷害。

另外，與「詛」字經常連用的還有「祝」、「咒」二字，有「祝詛」與「詛咒」的用法，關於「祝」、「咒」二字的解釋，白川靜則有如下說法：

> 巫是以鬼神為對象的古代咒術，而「祝」是以什麼為對象呢？祝乃是以靈魂為對象。「祝」之形，《說文》作示（神）、人、口的會意字，謂于神前祈禱。段玉裁注云：「以人口交神也。」然而，此字系合「示」與「兄」的會意字。兄，後來用於兄弟之「兄」，但古代規定以兄為祭主而祭家廟。……兄，非「人」與「口」的會意字，上半部為「ㅂ」，祝詞也，是表示向祖靈奏祝詞之意。巫是以歌舞事鬼神，而兄則是司掌祈祝者，祝告的對象本是于祀家廟的諸祖靈，因此祝的本意是祭祀祈告祖靈。又二「ㅂ」並列則成為「咒」，是表示激烈的祈禱之語，後轉為咒詛之意。〔註56〕

從白川靜的解釋來看，「祝」與「咒」都與上古的巫術信仰有絕對的關聯。撰者以為，「祝」與「咒」都是上古巫師所行使的巫術範圍，原始初民相信，巫師具有與天地鬼神溝通的特殊能力，巫可以祈求天神降福去災，此乃「祝」，他也可以驅使鬼神加禍於人，這便是「咒」，因此白川靜以為「祝」字基本上帶有正面的祈禱、祝禱之意，「咒」字則較接近「詛」字的用法，兩者都具有害人的意味。

二、先秦文獻關於「詛」的記載

在本章第一節討論到關於「誓」的記載時，撰者曾提到田兆元認為《周禮》儼然把「誓」當作是一種文體，那麼「詛」在後世的文體論中，是不是也被認定為是一種文體呢？答案是肯定的。明代大儒黃佐（1490～1566）在其

〔註54〕孫宇《周禮所見巫術考》，東北師範大學碩士論文，2010年5月，頁44。該文提及：巫蠱術是利用鬼魅性質的毒蟲攻擊他人的巫術。

〔註55〕漢武帝征和二年時（西元前91年），太子劉據遭人誣陷以「巫蠱」詛咒父親，在訊息溝通不明確的情形下，漢武帝派兵鎮壓太子，太子自縊，雙方死傷過萬。

〔註56〕白川靜著，加地伸行、范月嬌譯《中國古代文化》，（臺灣：文津出版社，民國72年），頁139。

《六藝流別》一書中，便說「詛」是一種文體，而且是上繼《禮》而來，他於序言中說：

> 《禮》以節文斯志者也，其源敬也。敬則為儀為義。其流之別，則
> 為辭、為文、為箴、為銘、為祝、為詛、為禱、為祭、為哀、為弔、
> 為誄、為輓、為碣、為碑、為誌、為墓表。〔註57〕

從他的序文中可以看到，黃佐認為《禮》不能離開「敬」的本心，根據這一「敬」字，《禮》還能延伸出十六種文學體式，「詛」便是其中之一。因此「誓」與「詛」在後世的流變中，已漸漸形成一種專門的文學體式了。

接下來，要談關於「詛」的重要事件以前，「盟」的意義也須做個釐清。劉勰的《文心雕龍》對於「盟」字有如下的解釋：

> 盟者，明也。騂毛白馬，珠盤玉敦，陳辭乎方明之下，祝告於神明
> 者也。在昔三王，詛盟不及，時有要誓，結言而退。周衰屢盟，以
> 及要劫，始之以曹沫，終之以毛遂。及秦昭盟夷，設黃龍之詛；漢
> 祖建侯，定山河之誓。然義存則克終，道廢則渝始，崇替在人，祝
> 何預焉？若夫臧洪歃辭，氣截云蜺；劉琨鐵誓，精貫霏霜；而無補
> 于漢晉，反為仇讎。故知信不由衷，盟無益也。夫盟之大體，必序
> 危機，獎忠孝，共存亡，戮心力，祈幽靈以取鑒，指九天以為正，
> 感激以立誠，切至以敷辭，此其所同也。然非辭之難，處辭為難。
> 後之君子，宜存殷鑒。忠信可矣，無恃神焉。〔註58〕

劉勰對於「盟」的解釋，僅用一「明」字概括。「明」為上下四方的神明。「騂毛白馬，珠盤玉敦，陳辭乎方明之下」，在舉行盟會的時候，特別用了「珠盤玉敦」等珍貴的器飾，珠盤盛牲血，玉敦盛食物，在神明的監察之下，以示誠信。整段文字大抵在說明一件事：盟詛不及三代，因為在三代時期，人民尚講信用，因此「時有要誓」，僅僅「結言而退」則已，不需要大費周章地舉行盟會，然而跟隨時代的演進，歷史上背信棄義的事情變多了，因此各國便需要用「盟」來維繫彼此的信義關係，所以劉勰才說「周衰屢盟」。而「盟」又要如何來維持彼此之間的信賴關係，那我們就得看看下文幾個重要事件中的「盟文」了，這些盟文中皆有個共通點，那就是這些文字皆出現「詛咒」的成

〔註57〕黃佐，《六藝流別》，收錄於王雲五編《景印岫廬現藏罕傳善本叢刊》（臺北：
　　　　臺灣商務印書館，1973年），頁2。
〔註58〕劉勰，《文心雕龍》，（臺北：金楓出版社，1986年10月），頁109。

分。下文的材料主要來自《左傳》、〈詛楚文〉，由於《左傳》中所記錄的盟會甚多，僅舉以下四例論述之。

（一）《左傳》

1. 僖公二十八年

> 癸亥，王子虎盟諸侯于王庭，要言曰：「皆獎王室，無相害也，有渝此盟，明神殛之，俾隊其師，無克祚國，及其玄孫，無有老幼。……六月，晉人復衛侯，甯武子與衛人盟于宛濮，曰，天禍衛國，君臣不協，以及此憂也，今天誘其衷，使皆降心以相從也，不有居者，誰守社稷，不有行者，誰扞牧圉，不協之故，用昭乞盟于爾大神，以誘天衷，自今日以往，既盟之後，行者無保其力，居者無懼其罪，有渝此盟，以相及也，明神先君，是糾是殛。」國人聞此盟也，而後不貳。〔註59〕

以上這段記載出自《左傳》僖公二十八年，裡頭提及兩段盟約：第一段是癸亥之日，王子虎與諸侯在王庭締結盟約，其中「皆獎王室，無相害也，有渝此盟，明神殛之，俾隊其師，無克祚國，及其玄孫，無有老幼」便是這場盟約的「盟文」，主要的內容在於約束各諸侯國必須共同輔佐王室，不要彼此殘害，若有違此盟，則必遭受「明神」的嚴重處置，「殛」字便是這段盟文中最具「詛咒」成分的字眼了，「殛」可以是處罰，更可以是「殺死」的意思，而且這樣的災禍，還可能殃及子孫，可謂重矣！這裡我們可以看到的是，「明神殛之」這樣的套語，便包含了「誓」與「詛」的概念，在明神前「發誓」，若有人違背神前的誓約，便要遭受神「殛」，那便是「詛咒」了。以下《左傳》中出現的國與國之間的盟會，其盟辭中便多會有「誓」、「詛」並存的現象，在此先作說明。

第二段則是甯武子與衛人在宛濮結盟，主要內容是在說明天之所以降禍於衛國，都是因為君臣不和諧所致，今天為了挽救這個局面，我們必須在大神面前締結盟約，以祈求大神的庇佑，若違背盟約，「明神先君，是糾是殛」，在盟文的後段，一樣呈現出詛咒的字眼，其中可以注意的是，盟文中提到「明神先君」，表示參與神監的神祇，除了自然神以外，還有「先君」，此處的先君

〔註59〕左丘明傳，杜預注，孔穎達疏，阮元刻本《十三經注疏·春秋左傳正義》附校刊記，（臺北：藝文印書館印行，1956年），頁274。

應當可以泛指為祖先神，這便與前面筆者提到「詛」字的字源探義時的說法（「且」字即「祖」字），是可以互相參證的。

2. 成公十二年

> 宋華元克合晉楚之成，夏，五月，晉士燮會楚公子罷，許偃。癸亥，盟于宋西門之外，曰：「凡晉楚無相加戎，好惡同之，同恤菑危，備救凶患，若有害楚，則晉伐之；在晉，楚亦如之。交贄往來，道路無壅；謀其不協，而討不庭，有渝此盟，明神殛之，俾隊其師，無克胙國。」〔註60〕

這是一份晉楚兩國之間的結盟文書。參與結盟的人員有晉國士燮以及楚公子罷、許偃，會盟的地點在宋國西門之外，盟約內容提到：凡是晉楚兩國，千萬不要兵戎相見，且要好惡同之，遇到對方有難不能視若無睹，兩國使者往來，交通必須順暢無阻等等約定，接下來則又出現盟文結尾的慣例形式——「有渝此盟，明神殛之」這樣的詛咒文字。

3. 成公十三年

> 夏，四月，戊午，晉侯使呂相絕秦，曰：「昔逮我獻公，及穆公相好，戮力同心，申之以盟誓，重之以昏姻。天禍晉國，文公如齊，惠公如秦。無祿，獻公即世，穆公不忘舊德，俾我惠公，用能奉祀于晉，又不能成大勳，而為韓之師。亦悔于厥心，用集我文公，是穆之成也。文公躬擐甲冑，跋履山川，踰越險阻，征東之諸侯，虞夏商周之胤，而朝諸秦，則亦既報舊德矣。鄭人怒君之疆場，我文公帥諸侯及秦圍鄭。秦大夫不詢于我寡君，擅及鄭盟，諸侯疾之，將致命于秦。文公恐懼，綏靜諸侯，秦師克還無害，則是我有大造于西也。無祿，文公即世，穆為不弔。蔑死我君，寡我襄公，迭我殽地，奸絕我好，伐我保城，殄滅我費滑，散離我兄弟，撓亂我同盟，傾覆我國家。我襄公未忘君之舊勳，而懼社稷之隕，是以有殽之師。猶願赦罪于穆公，穆公弗聽，而即楚謀我。天誘其衷，成王隕命，穆公是以不克逞志于我。穆襄即世，康靈即位，康公我之自出，又欲闕翦我公室，傾覆我社稷，帥我蝥賊，以來蕩搖我邊疆，我是以有令狐之役。康猶不悛，入我河曲，伐

〔註60〕左丘明傳，杜預注，孔穎達疏，阮元刻本《十三經注疏・春秋左傳正義》附校刊記，（臺北：藝文印書館印行，1956年），頁458。

我涑川，俘我王官，翦我羈馬，我是以有河曲之戰。東道之不通，則是康公絕我好也。及君之嗣也，我君景公，引領西望曰：『庶撫我乎！』君亦不惠稱盟，利吾有狄難，入我河縣，焚我箕郜，芟夷我農功，虔劉我邊陲，我是以有輔氏之聚。君亦悔禍之延，而欲徼福于先君獻穆，使伯車來命我景公曰：『吾與女同好棄惡，復脩舊德，以追念前勳。』言誓未就，景公即世，我寡君是以有令狐之會。君又不祥，背棄盟誓。白狄及君同州，君之仇讎，而我之昏姻也。君來賜命曰：『吾與女伐狄。』寡君不敢顧昏姻，畏君之威而受命于吏。君有二心於狄，曰：『晉將伐女。』狄應且憎，是用告我。楚人惡君之二三其德也，亦來告我曰：『秦背令狐之盟，而來求盟于我，昭告昊天上帝，秦三公，楚三王，曰：余雖與晉出入，余唯利是視。不穀惡其無成德，是用宣之，以懲不壹。』諸侯備聞此言，斯是用痛心疾首，暱就寡人。寡人帥以聽命，唯好是求。君若惠顧諸侯，矜哀寡人，而賜之盟，則寡人之願也，其承寧諸侯以退，豈敢徼亂？君若不施大惠，寡人不佞，其不能諸侯退矣。敢盡布之執事，俾執事實圖利之。」〔註61〕

這是歷史上相當著名的「呂相絕秦」。從上面這段文字紀錄，我們可以看到一位巧舌如簧、能言善辯且思緒極為清楚的外交大臣——呂相。呂相接受了晉侯的命令，出使秦國，目的是要去秦國宣布秦國的罪狀，並且與之斷交。文章的一開始，先提到晉獻公與秦穆公當年是如何的交好，最後兩國陸續出現了爭端。呂相表明了晉國在「殽之師」、「令狐之役」、「河曲之戰」、「輔氏之聚」等等紛爭之中，秦國是如何的欺壓晉國，而晉國是如何的忍氣吞聲。最後才切入正題，數落此次的「令狐之會」，秦國竟是如此失約寡信，且還試圖離間狄、晉之間的關係，所幸狄、楚兩方都相當不滿秦國的作為，因此晉國不至於孤立無援，現在狄、楚、晉都有做好萬全的準備，要戰要和全由秦君定奪。呂相充分運用了言詞的力量，雄辯滔滔，幾乎讓聽者沒辦法在第一時間做出反應，是一篇非常完整且成功的外交辭令。而這樣一篇歷數他人罪狀的文字，似乎也影響了之後的〈詛楚文〉的行文邏輯。這篇文字雖然沒有明顯的詛咒言辭，但條列對方罄竹難書的罪狀，也隱然具備了「詛咒」的動機了。

〔註61〕左丘明傳，杜預注，孔穎達疏，阮元刻本《十三經注疏·春秋左傳正義》附校刊記，（臺北：藝文印書館印行，1956年），頁461。

4. 襄公十一年

秋，七月，同盟于亳。范宣子曰：「不慎，必失諸侯，諸侯道敝而無成，能無貳乎？」乃盟，載書曰：「凡我同盟，毋薀年，毋壅利，毋保姦，毋留慝，救災患，恤禍亂，同好惡，獎王室，或間茲命，司慎司盟，名山名川，群神群祀，先王先公，七姓十二國之祖，明神殛之，俾失其民，隊命亡氏，踣其國家。」〔註62〕

襄公十一年所記載的這段文字，是歷史上相當有名的「亳之盟」，其詛咒的文字堪稱最為嚴厲，其所召喚的神祇更是廣泛。在秋季七月之時，各諸侯與鄭國會盟於亳，而且這次的盟約，清楚地寫著有「載書」記錄彼此約定的詳細條文，大抵是在說各諸侯國之間，不要藏私，必須要有一體觀，並且共同輔佐王室，若有違犯這些約定的，則「司慎司盟，名山名川，群神群祀，先王先公，七姓十二國之祖，明神殛之」，這與先前單純寫著「明神殛之」的盟文有很大的差異，把能召喚的神祇都召喚來了，這樣的詛咒力量，在場與會的各諸侯國也難免膽寒。

（二）〈詛楚文〉

〈詛楚文〉為秦惠文王對楚懷王所發出的一篇詛咒文章，秦惠文王命人將此文鐫刻在石塊上。據郭沫若的〈詛楚文考釋〉中的說法，關於秦的〈詛楚文〉「世有三石」：「一為〈巫咸文〉，宋嘉佑年間得於鳳翔開元寺土下；二為〈大沉厥湫文〉，治平中，渭之耕者得之於朝那湫旁；三為〈亞駝文〉，在洛陽劉忱家。」〔註63〕前兩塊石刻在經過考證後，可以確認其真實性，唯第三塊石刻，郭沫若認為其為宋人仿刻〔註64〕。底下所呈現的〈詛楚文〉乃郭沫若根據〈大沉厥湫文〉作為基礎，依著刊本的行款所考釋出的文字：

又秦嗣王，敢用吉玉宣璧，使其宗祝邵鼜，布忠告于不顯大神厥湫，以底楚王熊相之多罪。昔我先君穆公及楚成王，是僇力同心，兩邦若壹。絆以婚姻，袗以齋盟。曰：世萬子孫，毋相為不利。親

〔註62〕左丘明傳，杜預注，孔穎達疏，阮元刻本《十三經注疏・春秋左傳正義》附校刊記，（臺北：藝文印書館印行，1956年），頁543。

〔註63〕郭沫若〈詛楚文考釋〉，收於《郭沫若全集：考古編第九卷》，（北京：科學出版社，2002年），頁282～283。

〔註64〕郭沫若〈詛楚文考釋〉，收於《郭沫若全集：考古編第九卷》，（北京：科學出版社，2002年），頁284。

卬丕顯大神大沉厥湫而質焉。今楚王熊相康回無道，淫謗甚亂，宣
侈競從，變輸盟約。內之則暴虐不姑，刑戮孕婦，幽刺親戚，拘圉
其叔父，真者冥室櫝棺之中。外之則冒改厥心，不畏皇天上帝，及
大沉厥湫之光列威神，而兼倍十八世之詛盟。率諸侯之兵以臨加
我，欲滅伐我社稷，伐滅我百姓，求蔑法皇天上帝及大神厥湫之恤
祠之、圭玉、犧牲，述取梧邊城新隍，及鄅、長、親，吾不敢曰可。
今又悉興其眾，張矜意怒，飾甲底兵，奮士盛師，以偪吾邊競，將
欲復其兇跡，唯是秦邦之嬴眾敝賦，鞞輸棧輿，禮使介老，將之以
自救也。亦應受皇天上帝及大沉厥湫之幾靈德賜，克劑楚師，且復
略我邊城。敢數楚王熊相之倍盟犯詛，箸諸石章，以盟大神之威
神。〔註65〕

從以上文字可以看到，在進行這場詛咒行動時，必須由「宗祝」使用「吉玉宣
璧」，向「大神厥湫」忠誠地宣告楚國的多項罪責，這裡呈現出「詛咒」具有
一定的儀式，且這類儀式是由特定的「宗祝」來執行。這篇文字的開始，先是
向神明表達秦國的先君──秦穆公，與楚成王當年是如何的和睦同心，以至
於能「兩幫若壹」，且兩國之間還曾有過盟約，其盟文為「世萬子孫，毋相為
不利」，但是現今的楚國，內政與外交都做出了「不畏皇天上帝，及大沉厥湫
之光列威神」的事情，並且違背了當年祖先們的約定（倍十八世之詛盟），甚
至大興兵戎，欲滅秦國的社稷百姓，於是秦惠文王便命人將此〈詛楚文〉鑄
刻於石碑上，以表心中的憤懣不滅，永世不忘。

且不論最後這場詛咒行動，是否達到了原先的預期效果，但至少這樣大
張旗鼓地宣告他國罪責，在手法上確實已經是相當成功的輿論宣傳了。

三、詛咒的心理狀態與儀式

在探討過「詛」字詞義以及先秦文獻關於「詛」的重要事件後，本節接
續論析詛咒的心理狀態與儀式。

（一）詛咒的心理狀態

「詛咒」與「發誓」都是人類的極端行為，在性質上有其相似處，亦有
其差異處，因此在兩者的心理狀態上，會有部分的重疊性。前節筆者述及「發

〔註65〕郭沫若〈詛楚文考釋〉，收於《郭沫若全集：考古編第九卷》，（北京：科學出
版社，2002年），頁295～298。

誓」有:「敬畏鬼神的心理」、「取信於人的心理」、「相信語言具有魔力的心理」、「表達自我決心的心理」等心理狀態。在筆者看來,「鬼神信仰」是「發誓」與「詛咒」之所以能被有效運用的根本基礎;而「誠信」問題則牽涉到使用「發誓」與「詛咒」的目的性,發誓是希望別人能相信自己,而詛咒則是為了約束彼此的誠信;而「語言的魔力」同樣是「發誓」與「詛咒」之所以被人相信的一種心理暗示。說到底,「發誓」與「詛咒」最大的不同之處在於,「詛咒」具有非常強烈的「報復性」以及「巫術性」,以下筆者將以「報復的心理」、「相信巫術的心理」作為「詛咒」的兩大心理狀態論述。

1. 報復的心理

當一個人的利益受損時,很容易產生報復的心理。而報復心理的存在,其實就是一種心理的平衡機制,當自身受到了不當的迫害與剝削,而這些傷害又是在寬恕與隱忍所無法負荷的狀態下,那麼「復仇」心理的萌生,便是勢所難免的了。尤其在初民的階段,還沒有健全的法律體系來維護公平正義,那麼人類便僅能由復仇的行動來撫平心裡的傷口,甚至藉此復仇的行動來獲得勝利的快感,因此筆者認為,「報復」的心理幾乎可以說是與人類的歷史相終始,而以「報復」為主題的文學,更是東西方都有,西方有《荷馬史詩》中的特洛伊戰爭,又如莎士比亞的《哈姆雷特》,而中國歷史上最令筆者震撼的,莫過於伍子胥了:

> 王使使謂伍奢曰:「能致汝二子則生,不能則死。」伍奢曰:「尚為人仁,呼必來。員為人剛戾忍詬,能成大事,彼見來之并禽,其勢必不來。」王不聽,使人召二子曰:「來,吾生汝父;不來,今殺奢也。」伍尚欲往,員曰:「楚之召我兄弟,非欲以生我父也,恐有脫者後生患,故以父為質,詐召二子。二子到,則父子俱死。何益父之死?往而令讎不得報耳。不如奔他國,借力以雪父之恥,俱滅,無為也。」伍尚曰:「我知往終不能全父命。然恨父召我以求生而不往,後不能雪恥,終為天下笑耳。」謂員:「可去矣!汝能報殺父之讎,我將歸死。」……及吳兵入郢,伍子胥求昭王。既不得,乃掘楚平王墓,出其尸,鞭之三百,然後已。〔註66〕

〔註66〕瀧川龜太郎:《史記會注考證》,(臺北:萬卷樓圖書股份有限公司,1993年8月),頁871。

這是中國歷史上非常著名的一次報復行動。楚平王因費無忌的讒言，使得平王做盡了荒唐事，先是佔有太子建原先該迎娶的秦女，再來則是囚禁與太子建交好的太傅伍奢。平王為了斬草除根，欲召伍奢的兩個兒子到京，然而伍員性格剛烈，為人不屈，並未應召赴京，因為他認為平王根本不會因為二子俱到而放過他們父子，反而會因為「二子到，則父子俱死。何益父之死？往而令讎不得報耳。」「報讎」二字直接浮出文本檯面，為了報讎，伍員必須亡命天涯，以待時機。然而伍員最終仍無法親手殺了平王，當伍子胥回到了楚國，平王早已去世，但這血海深仇無處發洩，只能掘了平王的墳墓，挖出平王的屍首，鞭屍三百而後已，可見得這仇恨之深，非常人所能理解，無怪乎司馬遷說「怨毒之於人甚矣哉！王者尚不能行之於臣下，況同列乎！向令伍子胥從奢俱死，何異螻蟻。棄小義，雪大恥，名垂於後世，悲夫！方子胥窘於江上，道乞食，志豈嘗須臾忘郢邪？故隱忍就功名，非烈丈夫孰能致此哉？」〔註67〕「怨毒」對於一個人影響實在太深遠了，也唯有像伍員這樣的「烈丈夫」，才能擔負起這樣的心理重擔，最終才能「棄小義，雪大恥」。

而「詛咒」的存在，仍然是以「報復」的心理來當作基礎的，伍員的報復行動是具體的軍事行動，而「詛咒」則是透過巫術的鬼神感應來達到復仇的目的，手段雖異，然心理基礎如一。

2. 相信巫術的心理

「詛咒」具有相當強烈的巫術色彩。而詛咒之所以能具有效力，也是因為人類相信詛咒所散發出來的心理暗示。由於詛咒屬於巫術的一環，因此了解巫術的特性，更能理解人類之所以相信詛咒具有真實效力的心理。

根據詹‧喬‧弗雷澤（Frazer James Grorge）在其著作《金枝》裡頭提到，他認為巫術有兩大特性與原理，那就是「相似律」與「接觸律」。所謂「相似律」，就是利用與所欲傷害之人的塑像或人偶，進行相關的儀式與詛咒，透過摧毀相似的人像，便認為想要傷害的那個對象在冥冥之中將受到橫禍甚至死亡，這樣的巫術特性便是所謂的「相似律」；而「接觸律」，則是利用所欲傷害之人接觸過的東西（比如毛髮、指甲、血液等）進行巫詛，相信「物體一經互

〔註67〕瀧川龜太郎：《史記會注考證》，（臺北：萬卷樓圖書股份有限公司，1993 年 8 月），頁 875。

相接觸，在中斷實體接觸後還會繼續遠距離的互相作用」〔註68〕，因此對當事人的毛髮、血液進行施咒，同樣也會讓受詛的對象受到一定程度的傷害。詹‧喬‧弗雷澤在《金枝》一書中便提到了一個例子：

> 馬來人有類似的法術：你如想使某人死掉，首先你就得收集他身上每個部位的代表物，如指甲屑、頭髮、眉毛、唾液等等。然後，從蜜蜂的空巢中取來蜂蠟，將它們黏在一起做成此人的蠟像，連續七個晚上將此蠟像放在燈焰上慢慢烤化。烤時還要反覆說：「我燒的不是蠟啊，燒的是某某人的脾臟、心、肝！」在第七晚上燒完蠟像之後，你要謀害的人就將死去。這種法術顯然結合了「順勢巫術」（相似律）和「接觸巫術」（接觸律）的原則。因為所做偶像是模仿了一個敵人，偶像身上的指甲、頭髮、唾液等等又是曾經接觸過他本人身上的東西。〔註69〕

從以上實例可知，人類之所以恐懼詛咒，乃肇因於人們相信巫術中的「相似律」與「接觸律」能驅使詛咒成真所致。只是這樣的原理在現在看來，確實有許多令人質疑的地方，就連《金枝》的作者詹‧喬‧弗雷澤，也認為這樣的原理其實是一種謬誤，他說：

> 「順勢巫術」所犯的錯誤是把彼此相似的東西看成是同一個東西；
> 「接觸巫術」所犯的錯誤是把互相接觸過的東西看成為總是保持接觸的。〔註70〕

但不論這樣的原理是不是一種謬誤，只要當事人「相信」這種心理暗示，他的恐懼便不可避免，而且其結果也可能順應著這種心理暗示而成真。以上「報復心理」與「相信巫術的心理」是為詛咒的兩大心理狀態，下文接著論析詛咒的儀式。

（二）詛咒的儀式

在談「發誓」的儀式時筆者就曾提到，「發誓」未必有非常制式化的儀軌，然而「詛咒」就會有一套相對較為嚴謹的儀式。會造成上述這種現象，筆者

〔註68〕詹‧喬‧弗雷澤（Frazer James Grorge）著，徐育新、汪培基、張澤石譯，汪培基校，《金枝》，（北京，大眾文藝出版社，1998年），頁19。

〔註69〕詹‧喬‧弗雷澤（Frazer James Grorge）著，徐育新、汪培基、張澤石譯，汪培基校，《金枝》，（北京，大眾文藝出版社，1998年），頁22。

〔註70〕詹‧喬‧弗雷澤（Frazer James Grorge）著，徐育新、汪培基、張澤石譯，汪培基校，《金枝》，（北京，大眾文藝出版社，1998年），頁20。

認為有一個最關鍵的原因，那就是「詛咒」往往會「設置後果」，而「發誓」則未必，詛咒正因為要確立「設置後果」的尊嚴性與必然性，自然會衍生出一套儀式，讓人們相信那令人心生恐懼的下場（後果），是會成真的。下文所談關於「詛咒」的儀式，有一部分的內容與先秦時期的盟會有關，盟與詛之間的關聯前文已經論及，此處無庸贅述，因此下文論及結盟的儀式，亦可提供了解詛咒儀式。

1. 血的交感巫術

血，在古代被視為是一種生命、靈魂的象徵，因此血更可以是一種生命的延續、生命的另一種形式。呂靜在《春秋時期盟誓研究——神靈崇拜下的社會秩序再構建》一書中說：

> 血液信仰是文明早期階段世界眾多民族、部落共同的原始信仰。人類從包括人在內的所有靈長類在流失了血液之後就會死亡的經驗中，意識到血液對於生命存在的不可思議的威力，由此而產生了對血液的敬畏和崇拜。所以，血祭習俗幾乎存在於世界各個早期文明階段的人群之中。結盟起誓時採用血祭方式，雖然沒有確實可靠的證據，但是我們可以推斷同樣源自文明早期階段。〔註71〕

可見不論東西方，對於血液的崇拜，幾乎是全體人類早期發展階段的集體共同經驗。筆者彙整了東西方的詛咒儀式，「血」幾乎是詛咒儀式中不可或缺的元素，中國有所謂「歃血為盟」，西方則有透過「血液」來進行詛咒的「交感巫術」〔註72〕。「歃血」〔註73〕是中國古代盟會上慣用的儀式，參與結盟的人，必須在神前喝下血酒（早期使用人血，後期多用牲血），並承諾彼此約定的盟約，若違反盟約者，喝過此血酒的人，將遭受到神靈的懲罰，因此在這樣的過程中，「血」成了詛咒的導體。雜有倉、梁彥民在其〈論商周時代盟誓習俗

〔註71〕呂靜，《春秋時期盟誓研究——神靈崇拜下的社會秩序再構建》，（上海：上海古籍出版社，2007年6月），頁178。

〔註72〕詹‧喬‧弗雷澤（Frazer James Grorge）著，徐育新、汪培基、張澤石譯，汪培基校，《金枝》，（北京，大眾文藝出版社，1998年），頁21。該頁內文提到：物體通過某種神祕的交感可以遠距離的相互作用，通過一種我們看不見的「以太」把一種物體的推動力傳輸給另一物體。

〔註73〕孫宇《周禮所見巫術考》，東北師範大學碩士論文，2010年5月，頁41。該頁內文提及：歃血即以牲血塗口而盟誓，以示誠信，也是血崇拜的一種表現。……盟誓最主要的儀式是「殺牲歃血誓於神也」，其神多為日月山川，歃血而背約，則要遭神禍。

的發展與演變〉一文中，便有這樣的說明：

> 盟誓所飲或所歃的牲血，具有溝通血緣的功能。日本學者滋賀秀三、
> 崛維孝有等人指出，盟誓時所歃之血還會成為詛咒的導體，具有制
> 裁背盟者的功能。〔註74〕

表示中國古代相信，人們可以透過同飲一杯血酒，便能達到聯絡血緣的功
效。這意味著你我身上流有相同的血液，自然就成了異姓兄弟了，既是兄弟
家人，便沒有反目的理由，一旦背叛或違反盟約那可是違背了天理，神靈的
詛咒必然因此降臨，所以「歃血」成了中國先秦時期結盟儀式中相當重要的
儀式。

其次則是西方關於血的交感巫術。西方有些民族，將血視為是一種神聖
的禁忌，他們認為不能隨便讓血液滴落在地面上，如果因此而被巫師控制血
液，可能會遭受到嚴重的詛咒。詹・喬・弗雷澤在《金枝》一書中便有幾段非
常特殊的紀錄：

> 在西非，如果誰身上一滴血滴在地上，就得小心地把它掩蓋起來，
> 極力擦淨，踩進土裡去。如果血滴在小木船或樹旁，則必須砍掉
> 血跡並將砍下的木屑毀掉。這些非洲人習俗的動機之一可能是為
> 了不讓所流的血落到巫師手中，以防他們藉以加害於人。……馬
> 達加斯加的伯特希里奧人中有一部分叫做「拉曼加」或「碧血」
> 的人們，專門做這樣奇特的事情，他們吃下貴人們剪下的指甲、
> 舔盡貴人們身上流出的血……任何高傲的貴人都得嚴格遵守這一
> 習俗，其意圖大概就是防止他們的身體、髮膚落到巫師們手裡被
> 他們利用巫術交感原理來加害於他們。正是由於這種恐懼心理，
> 所以才特地雇用拉曼加專門吃掉或舔盡他們剪下的指甲及身上流
> 出的血液。〔註75〕

從以上引文可看到，西方某些民族對於血液的禁忌，多是與巫師會利用血液
來進行交感巫術來危害於人有關，因此他們對於血的重視程度，恐怕不亞於

〔註74〕雒有倉、梁彥民〈論商周時代盟誓習俗的發展與演變〉，《陝西師範大學學報》
　　　　（哲學社會科學版），2007 年 7 月第 36 卷第 4 期，頁 41。

〔註75〕詹・喬・弗雷澤（Frazer James Grorge）著，徐育新、汪培基、張澤石譯，汪
　　　　培基校，《金枝》，（北京，大眾文藝出版社，1998 年），頁 342～343。

中國古代的歃血為盟。雖然中西方在詛咒中對於血液的運用不盡相同，但其中有一個共同之處，那就是中西方的人類都相信，血液在整個詛咒的儀式中具有導引的作用，是既神聖又具有禁忌性的。

2. 殺牲

古代進行盟詛，「殺牲」幾乎是不可缺少的儀式。而「殺牲」又與上文提及的「血的交感巫術」有著密不可分的關係，除了這層關係，「殺牲」這儀式還另具獨特的意涵，那就是古人會透過殺牲來「警告」盟會的成員，如若參與盟約的人膽敢背信棄義，其下場將如這些牲口一樣，流血死亡是其最終結局；另外，殺牲的目的更在於向神靈獻牲以示「誠意」。張永和於《信仰與權威——詛咒（賭咒）、發誓與法律之比較研究》一書中提到：

> 殺牲是詛咒中最為常見的一種儀式或者說是一個不可缺少的程序。
> 其原因應該歸於：一、殺牲祭祀，即以牲為天地山川日月星辰神祇
> 供品；二、給盟誓雙方以警告，要堅守自己的誓言，若「有負此盟，
> 使爾身體屠裂，同於此牲」。〔註76〕

因此殺牲除了有取血為盟的作用之外，「警告」與「誠意」同樣是殺牲所欲呈現出來的氛圍。而古代盟會的進行，使用的犧牲除了牛以外〔註77〕，多是豬、狗、雞等等溫馴的牲畜，就拿本論文所欲探討的《詩經》來說，〈小雅‧何人斯〉便有「出此三物，以詛爾斯」〔註78〕之句，其中的「三物」，毛《傳》的解釋是：「豕、犬、雞也。民不相信則盟詛之，君以豕，臣以犬，民以雞。」其中提到盟詛之所以會發生，乃是因為「民不相信」，而為了要建構誠信，便須以豕、犬、雞等牲畜作為中介，而對於牲口的選擇，則又必須看盟詛成員的身分為何，各有明確的標準可循。

以上論析「殺牲」、「歃血」，是進行詛咒時的兩大儀式，這兩大儀式其實隱含了流血與死亡的象徵，加上巫覡的催咒召喚，還有鬼神的不可預測，都為詛咒增添更多詭譎難知的神祕色彩。

〔註76〕張永和《信仰與權威——詛咒（賭咒）、發誓與法律之比較研究》，（北京，法律出版社，2006年5月），頁57～58。

〔註77〕田兆元《盟誓史》，（南寧：廣西民族出版社，2000年10月），頁50。「牛為重禮，是祭祀首選。以牛羊豬一同祭祀之禮為太牢，無牛則成少牢。」

〔註78〕毛亨傳，鄭玄箋，孔穎達疏，阮元刻本《十三經註疏‧毛詩正義》附校刊記，（臺北：藝文印書館印行，1956年），頁425。

第三節　宗教裡的誓詛

我們也許可以這樣說，誓詛行為其實就是一種宗教行為。發誓與詛咒可能都牽涉到某一種超越人類、超越現象界的對象。而此一對象具有監察人間的能力，且祂能視能聽，甚至能主宰人間的禍福，少了這樣超越的對象，人類所生發出來的誓詛內容與信念，彷彿便失去了依據。

前面兩節，撰者試著論析「發誓」與「詛咒」這兩種人類行為的形成與其儀式，而當人類行為出現某些「儀式」時，便不免與「宗教」的觀念產生連結。因此本節以「宗教裡的誓詛」為題，嘗試與現在比較具代表性的佛教、基督教、道教參照，來探討宗教信仰對於「誓詛」的態度，以及《詩經》誓詛詩和宗教中誓詛行為的異同，俾便對人類誓詛行為有更開闊的認知。

一、佛教

佛教的創始人是釋迦牟尼，他提出了六道輪迴的觀念，認為人類因為無明而造下諸多惡業，其神識則受到所造業力牽引，於天、人、阿修羅、地獄、餓鬼、畜生等六道輪轉不休，求出無期，因此便為眾生開演諸多解脫苦海的法門，欲根據眾生根器，隨緣引度。

佛教的觀念大抵是這樣，自求解脫者，可得羅漢果位；能利益眾生，帶領眾生解脫者，方可成就佛菩薩的位階，因此諸佛菩薩會出現「發願」的行為，比如地藏菩薩有所謂「地獄不空，誓不成佛」的悲願，又如普賢菩薩有所謂「十大行願」，阿彌陀佛有「四十八願」等等。

佛教比較不稱「發誓」，多稱「發願」，或將「誓願」連稱。因為發誓本身未必全然都是帶有正向的價值，其中可能夾雜著人類的負面情緒，但「願」字，則多是從慈悲心生發而來，故多以「願」代「誓」。其中佛教裡最著名的「通願」（諸佛菩薩共同的願力）為「四弘誓願」，很值得參考，其文字如下：

> 眾生無邊誓願度，煩惱無盡誓願斷，
>
> 法門無量誓願學，佛道無上誓願成。〔註79〕

這四大願力為諸佛菩薩的共同誓願。「眾生無邊誓願度」，是一種慈悲心的展現，因為不忍眾生於茫茫苦海載浮載沉，故立下誓願，希望能度盡無邊的眾

〔註79〕出自漢譯《中阿含獅子吼經》、《四分律》、《解脫道論》、《佛所行讚》、《大方便佛報恩經》、《郁迦羅越問菩薩行經》、《小品般若經》、《大品般若經》、《大樹緊那羅王所問經》、《法華經》、《大般涅槃經》、《心地觀經》等等。

生；「煩惱無盡誓願斷」，有言「煩惱即菩提」，對菩薩來說，煩惱其實是一種驅動力，能驅動眾生厭離苦難的現狀，轉往更光明的方向邁進；「法門無量誓願學」，法門其實就是拯救眾生的各種方法，就好像眾生有疾，而每個人的病症不盡相同，這時就需要具有不同療效的藥物來加以對治，而菩薩悲心，在救度眾生的願力驅使之下，面對無量無邊的法門，自然也會生發向學的強烈意志，正如懸壺濟世的醫生，在成為一位合格的醫師前，也必須學習各種醫治病人的方法，才能在面對各種病痛時對症下藥；「佛道無上誓願成」，撰者以為，這是四弘誓願的最終極目標，所謂佛道無上，指的是解脫涅槃之境，在佛教的觀點來看，沒有一個境界比這個狀態更好了，所以稱之為「無上」，然而在眾生尚未度盡以前，個人的解脫並非菩薩所願，除非所有人都脫離苦海了，菩薩自己的解脫彷彿才有了意義。

整體來看，佛教的觀念中，非常鼓勵人們「發願」，認為「發願」是成就菩薩的基本功課，反之，對於害人的「詛咒」行為則是完全的厭棄，認為這樣的行為會讓人陷入輪迴的報應中，導致萬劫不復、求出無期。

二、基督教

基督宗教是以耶穌為救世主，認為人們唯有信仰耶穌才能獲得上帝的認可與救贖。「救贖」的觀念與佛教的「解脫」，這兩者存在了根本上的差異，佛教認為眾生的解脫必須依靠本身的「自覺」，而基督教則以為，人並無法透過自覺而獲得永生，非得透過信仰主耶穌，人才能在神的世界裡安住，才能得到真正的「救贖」。從這個觀念的差異上，我們便可以看到這兩大宗教在「誓詛」觀念上的不同，佛教因為相信人能依靠「自覺」而得度，所以非常鼓勵眾生「發願」，透過「發願」能產生自力，而獲得解脫，但基督教卻認為人不可能透過自己的力量來獲得救贖，而是必須仰仗耶穌與全能的上帝，永生才成為可能，所以基督宗教並不鼓勵人們「發誓」。以下是《聖經》中的一段經文，可以說明基督教對於「發誓」這件事的態度：

> 你們又聽見有吩咐古人的話，說：「不可背誓，所起的誓總要向主謹守。」只是我告訴你們，什麼誓都不可起。不可指著天起誓，因為天是神的座位；不可指著地起誓，因為地是他的腳凳；也不可指著耶路撒冷起誓，因為耶路撒冷是大君的京城；又不可指著你的頭起誓，因為你不能使一根頭髮變黑變白了。你們的話，是，就說是；

不是，就說不是；若再多說，就是出於那惡者（或作就是從惡裡出來的）。〔註80〕

從經文中可知，「起誓」這件事在基督宗教看來，是一件非常重要的事，若不是出於真心誠意，萬不可以神之名來起誓，否則將因此褻瀆了神的聖名，所以才說「不可指著天起誓」，也「不可指著地起誓」，「是，就說是；不是，就說不是」，有什麼就說什麼，才是符合最實際的狀況，也才是最講究信用的人。換句話說，真正講求信用的人，不需要對天畫著大餅來取信於人，不需要依靠「發誓」來增加自己話裡的可信度。這是基督教對於「發誓」的態度。另外，關於「詛咒」，《聖經》中最著名的就是大衛王的詛咒詩：

耶和華啊，與我相爭的，求你與他們相爭！與我相戰的，求你與他們相戰！拿著大小的盾牌，起來幫助我。抽出槍來，擋住那追趕我的；求你對我的靈魂說：我是拯救你的。願那尋索我命的，蒙羞受辱！願那謀害我的，退後羞愧！願他們像風前的糠，有耶和華的使者趕逐他們。願他們的道路又暗又滑，有耶和華的使者追趕他們。因他們無故地為我暗設網羅，無故地挖坑，要害我的性命。願災禍忽然臨到他身上！願他暗設的網纏住自己！願他落在其中遭災禍！我的心必靠耶和華快樂，靠他的救恩高興。我的骨頭都要說：耶和華啊，誰能像你救護困苦人脫離那比他強壯的，救護困苦窮乏人脫離那搶奪他的？凶惡的見證人起來，盤問我所不知道的事。他們向我以惡報善，使我的靈魂孤苦。至於我，當他們有病的時候，我便穿麻衣，禁食，刻苦己心；我所求的都歸到自己的懷中。我這樣行，好像他是我的朋友，我的弟兄；我屈身悲哀，如同人為母親哀痛。我在患難中，他們卻歡喜，大家聚集。我所不認識的那些下流人聚集攻擊我；他們不住地把我撕裂。他們如同席上好嬉笑的狂妄人向我咬牙。主啊，你看著不理要到幾時呢？求你救我的靈魂脫離他們的殘害！救我的生命脫離少壯獅子！我在大會中要稱謝你，在眾民中要讚美你。求你不容那無理與我為仇的向我誇耀！不容那無故恨我的向我擠眼！因為他們不說和平話，倒想出詭詐的言語害地上的安靜人。他們大大張口攻擊我，說：阿哈，阿哈，我們的眼

〔註80〕《聖經》（新約附詩篇箴言）和合本，馬太福音 5：33～37。

已經看見了！耶和華啊，你已經看見了，求你不要閉口！主啊，求
你不要遠離我！我的神我的主啊，求你奮興醒起，判清我的事，伸
明我的冤！耶和華——我的神啊，求你按你的公義判斷我，不容他
們向我誇耀！不容他們心裏說：阿哈，遂我們的心願了！不容他們
說：我們已經把他吞了！願那喜歡我遭難的一同抱愧蒙羞！願那向
我妄自尊大的披慚愧，蒙羞辱！願那喜悅我冤屈得伸的歡呼快樂；
願他們常說：當尊耶和華為大！耶和華喜悅他的僕人平安。我的舌
頭要終日論說你的公義，時常讚美你。〔註81〕

大衛是以色列的國王，耶穌基督的父親約瑟以及母親瑪麗亞皆是大衛的後裔。
《聖經》中所看到的大衛王，大抵是一位有為的君主，且《聖經》中讚美上帝
的詩篇，絕大多數都來自大衛的手筆，然而除了讚美稱頌上帝之外，也出現了
非常引人注意的「詛咒」詩歌。從上述撰者所引詩歌內容來看，大衛遭受到了
他人的迫害，而且這些加害者曾經是大衛施以恩惠過的人：「當他們有病的時
候，我便穿麻衣，禁食，刻苦己心；我所求的都歸到自己的懷中。我這樣行，
好像他是我的朋友，我的弟兄。」但是這些加害者卻恩將仇報，讓大衛內心感
到極度的委屈與痛苦，他們對大衛「以惡報善」，在大衛患難時卻感到歡喜，甚
至做出許多嘲笑、攻擊，乃至於傷害大衛性命的行為，大衛在內心極度憂傷恐
懼之下，終於在神的面前發出詛咒之語：「耶和華啊，與我相爭的，求你與他們
相爭！與我相戰的，求你與他們相戰！拿著大小的盾牌，起來幫助我。抽出槍
來，擋住那追趕我的；求你對我的靈魂說：我是拯救你的。願那尋索我命的，
蒙羞受辱！願那謀害我的，退後羞愧！願他們像風前的糠，有耶和華的使者趕
逐他們。願他們的道路又暗又滑，有耶和華的使者追趕他們。因他們無故地為
我暗設網羅，無故地挖坑，要害我的性命。願災禍忽然臨到他身上！願他暗設
的網纏住自己！願他落在其中遭災禍！」這些詛咒的話，一句比一句還要慷慨
激昂、一句比一句還要急切，彷彿神若不應允他的詛咒之言，這世界將失去公
義似的，所以大衛說：「主啊，你看著不理要到幾時呢？求你救我的靈魂脫離他
們的殘害！」唯有神的報應臨到這些加害者身上，公理才得以彰顯。

　　上述大衛的詛咒詩，在基督宗教的世界裡，其實也頗具爭議。一般來說，
「詛咒」是個人「私怨」所產生的行為，但詩篇裡頭將此番詛咒的高度提升

〔註81〕《聖經》（新約附詩篇箴言）和合本，詩篇，第三十五篇。

到「公義」，有人認為慈愛的上帝並不樂見這樣的詛咒，這與耶穌教導人們「要愛你們的仇敵」的訓示有所衝突，故而部分教徒對此詩篇選擇避而不談。

三、道教

道教的創始人是東漢的張道陵，尊老子為道祖，並以符籙（畫符念咒）替世人消災除厄、降福治病，因此在道教的典籍中，可以看到大量的「符咒」傳世。道教中多用「咒」字，較少看見「誓」、「詛」等字眼，且「咒」字在道教的觀念裡，多是具有降福去災的正面功能，少有詛咒害人的負面意味，它甚至是一種工具，一種讓人類可以支配鬼神的工具。龔曉康在《道教咒術中的時間、空間及主客體觀念》中說到：

> 咒術的一個重要特點就是要運用特殊的語言來達到目的，這種語言被稱為咒語。……對於咒術，我們可作如下定義：運用被賦予靈力的語言，祈求或支配神靈、魔鬼，以實現特定的目的。〔註82〕

因此道教中的咒語，在口氣上多具有命令的情緒，這時，人的高度反在鬼神之上，人在此刻儼然掌握著天地秩序的主導權，鬼神則必須依照咒語的要求，完全聽從咒語的指揮。這種現象在先秦時期的《山海經》，便能看到這樣的紀錄：

> 蚩尤作兵伐黃帝，黃帝乃令應龍攻之冀州之野。應龍畜水，蚩尤請風伯雨師，縱大風雨。黃帝乃下天女曰魃，雨止，遂殺蚩尤。魃不得復上，所居不雨。叔均言之帝，後置之赤水之北。叔均乃為田祖。魃時亡之，所欲逐之者，令曰：神北行！先除水道！決通溝瀆！〔註83〕

《山海經》裏頭的這段記載，最後「神北行！先除水道！決通溝瀆！」三句，是黃帝要驅逐天女魃的咒語。當時黃帝與蚩尤交戰，黃帝命令應龍去冀州之野迎戰蚩尤，蚩尤便請來了風伯雨師，製造了一場狂風暴雨，黃帝為了阻止蚩尤的攻勢，便降下天女魃，以魃的力量來壓制風伯雨師，最後大雨止住了，黃帝遂殺了蚩尤。然而天女魃後來卻回不到天上，所到之處都出現了旱災。叔均便把這個情形稟報給黃帝知悉，黃帝於是將魃安置在赤水之北。

〔註82〕龔曉康《道教咒術中的時間、空間及主客體觀念》，四川大學宗教所碩士論文，2002年3月，頁1～2。

〔註83〕郭璞傳，郝懿行箋疏《山海經箋疏》，（成都：巴蜀書社，1985年），卷十七，頁6。

不過魃卻時常逃竄，黃帝為了不使旱災的情況更加嚴重，決定要驅逐天女魃，於是便出咒令之：「神北行！先除水道！決通溝瀆！」從咒語的口氣來看，是非常斬釘截鐵，不容置疑，黃帝命令神女北行，不可徘徊，以免為當地帶來旱災。這即是人用咒語，支配神靈去向的例證。

另外，道教的咒術，尚有其他令人驚奇的功效，比如葛洪《抱朴子內篇·至理》，便有這樣的記載：

> 吳越有禁咒之法，甚有明驗，多氣耳。知之者可以入大疫之中，與
> 病人同床而己不染；有以群從行數十人，皆便無所畏，此是氣可以
> 禳天災也。或有邪魅山精，侵犯人家，以瓦石擲人，以火燒人屋舍。
> 或形見往來，或但聞其聲音言語，而善禁者以氣禁之，皆即絕，此
> 是氣可以禁鬼神也。〔註84〕

「禁咒之法」的「禁」字，當有禁錮、封閉之意，指的是要將害人的妖邪疫病封錮起來，使之不再作亂。而此法又與「氣」有關，通此氣者，可以在瘟疫橫行的環境中，安然無恙，也可以藉此氣，將危害人間的邪魅山精收服，甚至不只是鬼，連「神」都可以透過此法將其禁錮，可謂奇矣。

總的來說，道教中的咒術、咒語，其作用主要展現在驅魔治病、祈福禳災等方面上，而且這類咒術往往具有無上的權威，各路鬼神聽聞相關的咒語，都須完全滿足咒語中的要求，鬼神在咒語面前僅僅只是被支配的地位。

第四節　小結

本章一、二節分別就發誓和詛咒的心理狀態與儀式加以論析，第一節談及「發誓」，首先為「誓」字的探源，目的是要釐清關於「誓」字的本義乃是用來「約束自身行為」的語言，而在正式論析「發誓的心理狀態與儀式」之前，筆者先列舉若干《尚書》與《左傳》中的重要發誓事件來做為論述脈絡的鋪陳，接下來才正式運用到文化人類學、民俗學、宗教學、心理學等觀念來展開「發誓的心理狀態」的討論，筆者提出「發誓」至少有四種心理狀態，分別為「敬畏鬼神的心理」、「取信於人的心理」、「相信語言具有魔力的心理」、「表達自我決心的心理」，而在關於發誓儀式的論析中，則將儀式分作「指日為誓」、「指河為誓」、「送刀折箭為誓」、「斷髮截耳為誓」等四種儀式類型。可

〔註84〕葛洪《抱朴子》，（上海：上海書店出版社，1992年），頁24。

知，當人在心理不平，被人誤會，往往會採取發誓來抒發情緒，通過「神監」、「信物」或「斷髮截耳」之類方式來表明心跡，以神擔保，或者殘害身體來強調自己得到鬼神明鑑，甚至以死明志，以強化誓言的可信與神聖。

　　本章第二節論述「詛咒」的觀念，筆者同樣先探討「詛」字的字源，筆者根據李孝定之說，以為「詛」字應為在「且」（祖先、神靈）前所立下的言詞，而這言詞演變到後來更成為「請神降禍於他人」的咒語。如果這樣的解釋是可以成立的，那麼我們就不難理解何以「詛」字具有如此濃厚的巫術色彩。再來則述及先秦以前關於「詛」的幾個重要事件，內容多是從《左傳》與〈詛楚文〉得來。接續下來，便開始正式論及「詛咒的心理狀態與儀式」。經過探討，筆者認為「詛咒的心理狀態」與「發誓的心理狀態」有若干的重疊性，除去雷同處之外，還有兩大心理狀態值得注意，那就是「報復的心理」與「相信巫術的心理」，這兩大心理狀態更自然衍生出詛咒的儀式。筆者在文章中提到，詛咒與發誓最大的不同乃在於，詛咒是「設置後果」的，而這種特色更可以從詛咒的儀式上看到：「殺牲」、「歃血」這兩個主要的詛咒儀式，隱然在警告人們，若不遵守承諾，其下場便是流血與死亡。

　　本章第三節為「宗教裡的誓詛」，撰者以為，誓詛行為充滿著原始信仰，故藉由現行佛教、基督教、道教，拿來和《詩經》參照，探討各宗教對於誓詛行為的想法與態度，以及《詩經》誓詛行為的源頭性，至今仍在其他宗教中可以看到類似的影像。整體來說，宗教仍舊是以勸人為善、淨化人心為宗旨，故在這三大宗教裡，少有發誓與詛咒的直接材料，但卻可以找到一些與發誓詛咒相關聯的儀式或觀念。以佛教來看，佛教中會用「發願」取代「發誓」，認為「發願」是慈悲的展現，可以利己利眾，「發誓」則帶有個人的情緒，不見得對人己有益；「詛咒」就更不用說了，詛咒的本身便會種下輪迴的惡因，佛教是絕對禁止的。基督教則是反對「發誓」，認為在神的面前，是就說是，不是就說不是，不必另鑄偉詞，欲藉此來蒙騙神。另外，關於「詛咒」的內容，《聖經》中仍可找到一些詛咒詩，然而這些詛咒詩除了有作者個人的情緒之外，它更被抬高到希望神能彰顯「公義」的層級。道教中較少發誓和詛咒的材料，和詛咒較為類似的有「咒術」，但道教的畫符念咒，主要是幫助信徒消災解厄、祈福禳災，與害人的「詛咒」行為，更是難以相提並論了。

　　最後，還須一提的是，本章所列先秦時期中的各類發誓與詛咒的紀錄，多出現在《尚書》與《左傳》，幾乎是國與國之間的行為，而這類行為經常與

「誓師」和「結盟」有關，可知道在先秦時期的「盟誓文化」已達到一定的成熟度。然而與之同時期的《詩經》所發展出來的發誓與詛咒詩篇，其類型又更趨於多元，其中除〈大雅・大明〉是唯一可與《尚書》中的〈牧誓〉有所連結的詩篇，其他多屬「個人」情志的呈現，不若《左傳》敘事性強，所記錄的面向又多屬國政，往往看不到「個人」的情感。本章之所以特別列出先秦時期國與國之間的誓詛事件，主要是為討論《詩經》的誓詛詩預作鋪陳，更是希望能藉此凸顯《詩經》中誓詛詩所呈現的「個人價值」。

第三章 《詩經》發誓詩探析

第二章我們論析「發誓」與「詛咒」的心理狀態和儀式，亦論及先秦典籍涉及發誓與詛咒的文獻記載，利用了人類學、民俗學、心理學幫助我們理解發誓與詛咒的行為與儀式。本章與第四章將展開《詩經》中的發誓與詛咒詩探究。

韓愈在《送孟東野序》一文曾說：「大凡物不得其平則鳴。」韓愈雖然說的是「物」，但其實是在講「人」。人一旦遭遇了不平的對待，心中有了委屈，如果不透過適當的管道來抒發，往往會抑鬱成疾。早在周朝的人們，便懂得透過文學的吶喊，來取得心理上的短暫平衡，然而在經學闡揚詩教詮釋傳統下，《詩經》的「溫柔敦厚」教化成為評價範式，即便是「怨刺」作品，也以主文譎諫來肯定詩人忠厚用心。那些疾言厲色，用語粗暴，表情不加修飾的詩篇，通常較不被學者重視。正因如此，本文加以檢視考察，剖析周人面對打擊受挫時情緒狀態，如何排遣自我表白。本章蒐集《詩經》中發誓詩，先錄文本；其次探析詩意，通讀全詩，以明詩人遣詞造句；再次詮釋詩旨，從歷代多元論詩中，玩味詩意；最後以全詩總說呈現個人對詩意的解讀。

《詩經》中述及發誓的篇章，根據筆者的統計共有十二篇，篇目如下：〈召南・行露〉、〈邶風・擊鼓〉、〈邶風・谷風〉、〈鄘風・柏舟〉、〈衛風・考槃〉、〈衛風・氓〉、〈王風・大車〉、〈魏風・碩鼠〉、〈唐風・葛生〉、〈秦風・無衣〉、〈大雅・大明〉、〈大雅・常武〉。為了討論方便，本章依內容屬性再細分為四節，分別為第一節：出征誓師——〈大雅・大明〉、〈大雅・常武〉、〈秦風・無衣〉；第二節：不屈暴力——〈召南・行露〉、〈魏風・碩鼠〉；第三節：生死相愛——〈邶風・擊鼓〉、〈邶風・谷風〉、〈鄘風・柏舟〉、〈衛風・氓〉、

〈王風・大車〉、〈唐風・葛生〉；第四節：隱者自適——〈衛風、考槃〉。以下依類型逐一討論。

第一節　出征誓師——〈大雅・大明〉、〈大雅・常武〉、　〈秦風・無衣〉

本節所列〈大雅・大明〉、〈大雅・常武〉、〈秦風・無衣〉三詩，均屬軍隊出征前的誓師文告或軍歌，此類的發誓有別於個人的發誓，乃由領導者率領群眾所發出的誓言，目的乃在於師出有名、壯大士氣、整肅軍容，並強調必勝的決心。

一、〈大雅・大明〉

這是一首言及周朝血脈傳承的史詩，同時敘述了王季與文王之德，更述及武王克商前，那一場天命滅商，不容二心的牧野誓師。這首詩可與《尚書》中的〈牧誓〉互相對照，竹添光鴻更說這首詩是「詩人取武王誓詞以為詩」〔註1〕，此說很值得參考。

> 明明在下，赫赫在上。天難忱斯，不易維王。天位殷適，使不挾四方。
> 摯仲氏任，自彼殷商；來嫁于周，曰嬪于京。乃及王季，維德之行。
> 大任有身，生此文王。
> 維此文王，小心翼翼。昭事上帝，聿懷多福。厥德不回，以受方國。
> 天監在下，有命既集。文王初載，天作之合。在洽之陽，在渭之涘。
> 文王嘉止，大邦有子。
> 大邦有子，俔天之妹。文定厥祥，親迎于渭。造舟為梁，不顯其光。
> 有命自天，命此文王。于周于京，纘女維莘。長子維行，篤生武王。
> 保右命爾，燮伐大商。
> 殷商之旅，其會如林。矢于牧野：「維予侯興。上帝臨女，無貳爾心！」
> 牧野洋洋，檀車煌煌，駟騵彭彭。維師尚父，時維鷹揚；涼彼武王，肆伐大商，會朝清明。〔註2〕

〔註1〕 竹添光鴻，《毛詩會箋》，（臺北：大通書局，1970年9月初版），頁1646。
〔註2〕 毛亨傳，鄭玄箋，孔穎達疏，阮元刻本《十三經註疏・毛詩正義》附校刊記，（臺北：藝文印書館印行，1956年），頁540。

（一）詩意探析

本詩分作八章，單章章六句，雙章章八句。

首章「明明在下，赫赫在上。天難忱斯，不易維王。天位殷適，使不挾四方。」「明明」乃光明昭顯貌，「赫赫」乃顯赫威嚴貌，呂珍玉以為「明明在下，赫赫在上」兩句「言文王及武王之神昭顯」〔註3〕；接著「忱」乃信賴之意，「不易維王」是指「王業不容易」〔註4〕；再來「天位殷適，使不挾四方」二句在釋義上各家略有出入，今筆者取于省吾之說：「位、立古同字。金文位字皆作立。」〔註5〕又說「適、敵聲同古通。古無舌上，故讀適如敵。……言天立殷敵，使不能挾有四方也。」〔註6〕首章大抵在說，天命無常，有德者得之，商紂暴虐無道，故上天立下殷敵，使商王不能再擁有四方天下。

第二章「摯仲氏任，自彼殷商；來嫁于周，曰嬪于京。乃及王季，維德之行。大任有身，生此文王」，「摯仲氏任，自彼殷商」二句，屈萬里以為「摯，殷畿內國名。……仲氏，中女也。任，姓也。摯國任姓之仲女，即大任也。」〔註7〕這兩句詩，主要在介紹文王母親的身世，文王之母乃摯國任姓之次女，其國乃來自殷畿境內。「來嫁于周，曰嬪于京」乃言大任自殷畿嫁至周京。「乃及王季，維德之行。大任有身，生此文王」四句，「王季」乃「太王之子，文王之父」〔註8〕，有身即有孕，言大任嫁與王季之後，夫妻只做有德之事，隨後大任懷了身孕，生下了文王。第二章主要是在彰顯王季與大任之德，此德延續到了文王身上。

第三章「維此文王，小心翼翼。昭事上帝，聿懷多福。厥德不回，以受方國。」「翼翼」即敬慎貌〔註9〕；「昭事」二字，呂珍玉說「昭，光明，誠心誠意之意。事，服事、侍奉」〔註10〕；「聿」則為發語詞；「懷」，屈萬里認為是「來也，猶今語保持也」〔註11〕；「回」乃「邪也」〔註12〕；「受」乃「承受，

〔註3〕呂珍玉，《詩經詳析》，（臺北：五南圖書公司，2015年8月二版一刷），頁486。
〔註4〕屈萬里，《詩經詮釋》，（臺北：聯經出版事業公司，1993年），頁456。
〔註5〕于省吾，《詩經新證》，（臺北：藝文印書館印行，1958年，卷三），頁2。
〔註6〕于省吾，《詩經新證》，（臺北：藝文印書館印行，1958年，卷三），頁2。
〔註7〕屈萬里，《詩經詮釋》，（臺北：聯經出版事業公司，1993年），頁456。
〔註8〕屈萬里，《詩經詮釋》，（臺北：聯經出版事業公司，1993年），頁456。
〔註9〕屈萬里，《詩經詮釋》，（臺北：聯經出版事業公司，1993年），頁456。
〔註10〕呂珍玉，《詩經詳析》，（臺北：五南圖書公司，2015年8月二版一刷），頁486。
〔註11〕屈萬里，《詩經詮釋》，（臺北：聯經出版事業公司，1993年），頁456。
〔註12〕屈萬里，《詩經詮釋》，（臺北：聯經出版事業公司，1993年），頁456。

謂保有也。方，亦國也」〔註13〕，全章詩意乃言，文王為人小心翼翼，侍奉上帝也能用至誠的心意，因此保有許多的福分，他的德行不差，所以能讓四方諸國前來依附。意在昭顯文王之德。

第四章「天監在下，有命既集。文王初載，天作之合。在洽之陽，在渭之涘。文王嘉止，大邦有子。」「集」乃至也，屈萬里說：「尚書君奭：其集大命于厥躬。」集，謂落到……上也，此言天命已落到文王身上」〔註14〕；「載」，始也；「合」，乃匹配、婚配之意；「洽」與「渭」皆是水名，屈萬里說：「洽，水名，即郃水……渭，渭水也。涘，音俟，涯也。漢有郃陽城，蓋因此詩立名，故地在今陝西大荔縣；古莘國在焉」〔註15〕，呂珍玉則說「連上句意謂：在郃水之陽之有莘之女，與在渭水之濱之周文王結成佳偶」〔註16〕；最後「文王嘉止，大邦有子」二句，屈萬里說「大邦，謂莘國也。子，女子也，指太姒言。以上二語，為倒裝文法，言大邦有女，文王嘉美之也。」〔註17〕第四章主要在表達，於「天監」之下，天命移轉至文王身上，並且述說了文王與太姒之間的婚配，乃天作之合。

第五章「大邦有子，俔天之妹。文定厥祥，親迎于渭。造舟為梁，不顯其光。」「俔」，《說文》言乃譬喻也，「俔天之妹」呂珍玉言「就像天仙」〔註18〕；「文定」，即今所謂訂婚也〔註19〕；「造舟為梁，不顯其光」，屈說如下：「造、為，皆作也。梁，橋也。舊謂聯舟絕水若浮橋者曰造舟，疑非詩意」〔註20〕，「不顯」，即丕顯也〔註21〕。第五章旨在光顯太姒的美好，並提到文王重視這場婚約，與太姒訂婚於渭水之濱，並透過「造舟為梁」的排場，來大顯這場婚配的光彩。

第六章「有命自天，命此文王。于周于京，纘女維莘。長子維行，篤生武王。保右命爾，燮伐大商」，「纘」字，「當為孅字之假借，孅，好也」〔註22〕；「長子維行」，屈萬里說「長子，謂文王也。行，與上文維德之行之行同義，

〔註13〕屈萬里，《詩經詮釋》，（臺北：聯經出版事業公司，1993 年），頁 456。
〔註14〕屈萬里，《詩經詮釋》，（臺北：聯經出版事業公司，1993 年），頁 456。
〔註15〕屈萬里，《詩經詮釋》，（臺北：聯經出版事業公司，1993 年），頁 456。
〔註16〕呂珍玉，《詩經詳析》，（臺北：五南圖書公司，2015 年 8 月二版一刷），頁 487。
〔註17〕屈萬里，《詩經詮釋》，（臺北：聯經出版事業公司，1993 年），頁 456。
〔註18〕呂珍玉，《詩經詳析》，（臺北：五南圖書公司，2015 年 8 月二版一刷），頁 487。
〔註19〕屈萬里，《詩經詮釋》，（臺北：聯經出版事業公司，1993 年），頁 457。
〔註20〕屈萬里，《詩經詮釋》，（臺北：聯經出版事業公司，1993 年），頁 457。
〔註21〕屈萬里，《詩經詮釋》，（臺北：聯經出版事業公司，1993 年），頁 457。
〔註22〕屈萬里，《詩經詮釋》，（臺北：聯經出版事業公司，1993 年），頁 457。

齊等也。言太姒之德與文王齊等也」〔註23〕;「篤」為發語詞;「保右命爾,爕伐大商」,屈說是「右,助也。爾,語詞。言天保護之,右助之,命令之也」〔註24〕、「爕,舊謂和也。蓋發語詞也。」〔註25〕第六章乃言,文王繼承天命於周京,莘國的好女太姒與文王之德齊等,兩人生下了武王,上天保護之,右助之,命令之,為的是要讓其討伐大商。

第七章「殷商之旅,其會如林。矢於牧野:維予侯興。上帝臨女,無貳爾心!」屈萬里釋本章重要字詞如下:「旅,眾也。會,聚也。如林,言其多也。矢,誓也;謂誓師也。牧野,在今河南淇縣境。侯,乃也。貳心,猶言變心也。」〔註26〕本章出現了重要的誓辭。開頭先是說明殷商軍旅繁盛,但縱然如此,武王卻擁有更重要的人心與士氣,因此在出征前,武王集合軍隊,於牧野誓師。其誓辭在本詩的呈現下雖只有短短三句,但辭中所透露出的決心與力道,實有萬馬奔騰之勢:「維予侯興。上帝臨女,無貳爾心!」我周武王就要在這個時刻奮然興起,而上帝也無時不刻監察著你們,你們可不許有二心!這段誓辭自然是表達武王克商的不悔決心,同時也是一種激勵將士的方式,更是透過「神鑒」來約束、控制軍心動向。

第八章「牧野洋洋,檀車煌煌,駟騵彭彭。維師尚父,時維鷹揚;涼彼武王,肆伐大商,會朝清明。」屈萬里解釋字詞如下:「洋洋,廣貌。煌煌,鮮明貌。師,太師也。尚父,呂望號也。鷹揚,如鷹之飛揚也。毛傳:涼,佐也。會,合也,言會戰也。清明,謂天氣清朗也。」〔註27〕第八章接續著第七章的氣勢而來,先寫誓師地點牧野的廣大無邊,再寫武王的兵強馬壯,用檀木製成的兵車是如此色彩鮮明,馬匹是如此強壯。況且武王有太師呂望的輔佐,更是如虎添翼,如鷹揚在天,這樣的氣勢必能一舉滅商,就在甲日天氣晴朗的那一天。

(二)詩旨詮釋

《詩序》:「〈大明〉,文王有明德,故天復命武王也。」朱熹《詩集傳》:「此亦周公戒成王之詩。」〔註28〕方玉潤《詩經原始》:「追述周德之盛,由

〔註23〕屈萬里,《詩經詮釋》,(臺北:聯經出版事業公司,1993年),頁457。
〔註24〕屈萬里,《詩經詮釋》,(臺北:聯經出版事業公司,1993年),頁457。
〔註25〕屈萬里,《詩經詮釋》,(臺北:聯經出版事業公司,1993年),頁457。
〔註26〕屈萬里,《詩經詮釋》,(臺北:聯經出版事業公司,1993年),頁457。
〔註27〕屈萬里,《詩經詮釋》,(臺北:聯經出版事業公司,1993年),頁457~458。
  但「會朝」以《毛傳》訓為甲日的早晨為是。
〔註28〕朱熹《詩集傳》,(臺北:臺灣中華書局,1991年),頁177。

於配偶天成也。」〔註 29〕龍起濤《毛詩補正》:「周得天下,周公之功高於尚父,文王篇為周公作見於呂覽,此詩歷陳文武受命,上及王季,下及尚父,而無一語及周公,則其為周公自作無疑。」〔註 30〕王靜芝《詩經通釋》:「按詩序云:大明,文王有明德,故天復命武王也。此說直似未讀詩之前半者。此詩歷述周德之盛及配偶之宜,以見天命之降於周。故以明武王之生,武王之得天下,誠非偶然。朱傳以為此亦周公戒成王之詩,去詩義更遠矣。」〔註 31〕陳子展《詩經直解》:「〈大明〉與上篇〈文王〉,同是周人自述開國史詩之一。詩自文王父母王季大任及文王出生敘起,至武王伐紂勝利為止,重點實在武王,不在王季大任與文王太姒。」〔註 32〕屈萬里《詩經詮釋》:「此美文王及武王之詩,蓋亦周初作品。題曰大明,以別於小雅之小明也。」〔註 33〕

　　以上是諸家學者對於〈大明〉一詩的詩旨所作的詮釋。在討論此篇詩旨時,各家主要對於以下兩個問題有所辯駁:一是作者問題,另一是此詩所歌頌的主角到底是文王還是武王。先說第一個問題,朱熹直言這首詩是周公的作品,持相同意見的有龍起濤,但筆者以為,此說未免過於武斷,王靜芝更覺此說「去詩義更遠」,毋寧認為陳子展所謂「周人自述開國史詩」的說法,較為客觀保守一些。第二個問題是詩中的主角到底是誰,按《詩序》的說法,似乎將重點擺在因為文王有明德,所以武王因此獲得天命,把整首詩所歌頌的主角,隱然集中在文王身上,但王靜芝則認為,此詩歷述周德之盛,目的實在「明武王之生」並非偶然,陳子展亦認為這首詩「重點實在武王」。王陳二人的觀點,較近於筆者。筆者以為此詩的重點應在武王伐紂前的誓師行動,「誓師」除了宣示戰勝的決心以外,出征的「正當性」亦須顧及,所以武王在誓師以前,必須在軍隊面前,歷述周德之盛,表明周室何以能得天之命,而殷商何以不能挾四方,藉此來鞏固軍心,更是一種「師出有名」的表現,因此筆者認為,〈大明〉一詩的重心理應擺在武王的誓師,文王之德乃是誓師時,用來確立軍隊出征的名義旗幟。

〔註 29〕方玉潤,《詩經原始》,(臺北:藝文印書館,1981 年 2 月三版),頁 1028。

〔註 30〕龍起濤,《毛詩補正》,(臺北:大通書局,1970 年 6 月初版),頁 1232。

〔註 31〕王靜芝,《詩經通釋》,(臺北:輔仁大學文學院發行,2001 年 10 月十六版),頁 507。

〔註 32〕陳子展撰述,范祥雍、杜月村校閱,《詩經直解》,(上海:復旦大學出版社,1994 年 9 月第 4 次印刷),頁 868。

〔註 33〕屈萬里,《詩經詮釋》,(臺北:聯經出版事業公司,1993 年),頁 455。

（三）全詩總說

這是一首敘述周室如何滅商的歷史頌詩。詩的前半段描述王季娶太任而生文王，文王娶大邦之子而生武王，大抵在言具有聖德的父母，天命則讓他們誕下同樣擁有聖德的子女。詩的後半段則言及，時機已至，武王承受天命，大舉伐商，而在軍旅集結於牧野時，武王於軍前誓師，其誓辭為「維予侯興。上帝臨女，無貳爾心！」此誓辭中言及在上帝的監視下，大家不可有二心，這裡雖然沒有明言有二心會有什麼下場，但在語言巫術的暗示下，這樣的誓辭想必具有一定的控制力。竹添光鴻對於〈大明〉一詩中的誓師內容，有以下的見解：

> 上帝臨女，無貳爾心，此與閟宮詩無貳無虞，上帝臨女，皆詩人取
> 武王誓詞以為詩。女指所誓之眾，非指武王也。此詩女對上維予侯
> 興言，予為武王自指，則知女指所誓之眾矣。臨當讀如上帝不臨之
> 臨，又襄九年左傳曰，且要盟無質，神弗臨也。臨謂神明鑒之，如
> 有貳心，則必為神明所察，故以上帝臨女懼戒之。箋以為眾勸武王
> 之詞，失之。武王灼知天意，至此豈有疑惑，但以殷旅甚眾，恐師
> 徒或生狐疑，故言此以一眾心，鼓其銳也。〔註34〕

這段文字說明了發誓與神監的密切關係，同時也道出誓師這樣的儀式，除了表明領導者必戰與必勝的決心以外，利用天神的力量來控制軍隊，使他們能如敢死隊一樣的衝鋒陷陣，恐怕也是誓師過程中的另一個重要目的，因此竹添光鴻才會說，武王是「以上帝臨女懼戒之」。尤其殷商的遺俗特重鬼神，而周原乃商之臣，因此不難想見武王會利用這樣的遺俗來懼戒軍隊、鼓舞士氣，以立萬眾一心的軍威。

另外，龍起濤對於此詩的誓師目的亦有類似見解：

> 說苑武王伐紂，大風折旆，風霽大雨水平地，卜龜熸。散宜生疑為
> 妖。荀子云，周伐商兵行犯大歲，三日而五災至，霍叔懼武王，冒
> 五災犯三妖，卒克商。其無貳心處，全從敬來。敬則明，明則斷，
> 而猶恐眾疑未解，故誓眾以一其志。〔註35〕

「誓眾以一其志」這個看法與竹添光鴻所謂「一眾心」是一樣的，無須贅述。比較有意思的是，龍起濤還提到《說苑》在記載武王伐紂一事時，言及武王

〔註34〕竹添光鴻，《毛詩會箋》，（臺北：大通書局，1970年9月初版），頁1646。
〔註35〕龍起濤，《毛詩補正》，（臺北：大通書局，1970年6月初版），頁1239。

出師當日，天現大風大雨，而且占卜時的龜背遭到灼毀，導致無法判斷出龜兆。散宜生懷疑這一切的異象均是妖孽作祟，就連荀子論及此事都免不了摻雜了一些災異妖孽之說。足見商周時期，鬼神災異的思想，確實在人類的誓詛行為中扮演了舉足輕重的角色，這也是為何〈大明〉一詩中的誓辭，必須出現「上帝臨女」的神監機制。

此外，關於本詩中的「上帝臨女，無貳爾心！」一句誓辭，也時常被拿來與〈魯頌・閟宮〉中的「無貳無虞，上帝臨女」相互對比。特別是學者之間對於「上帝臨女」的「女」字在認定上有了一些爭議。如《鄭箋》以為這兩處的「女」字，皆指「武王」而言，認為武王伐紂時，內心仍存有疑慮，所以這兩首詩裡的誓辭，其實是臣民對武王的勸進之辭，然而這與撰者的看法不同。蔣文曾在《先秦秦漢出土文獻與詩經文本的校勘和解讀》一書中，也討論到這個問題〔註36〕。蔣文認為處理這個問題的關鍵在於〈魯頌・閟宮〉中的「無貳無虞」的「虞」的理解，傳統注家大抵以為，「無貳無虞」應該解釋為無貳心無疑慮，而蔣文則以為「無貳無虞」的「虞」字當為喧嘩的「譁」，從這樣的角度來看，這句誓詞應當是武王誓師時訓誡三軍之辭，語氣鏗鏘有力，這必然不會是臣民勸進武王的口吻。同理，本詩中的「上帝臨女，無貳爾心！」，其中的「女」也不應當是武王，而是跟隨武王出征的三軍將士才是。

二、〈大雅・常武〉

這是一首讚美周宣王親征徐國的詩，詩裡大顯誓師時王命的威嚴與征戰時王師雷霆萬鈞的氣勢。

〔註36〕蔣文《先秦秦漢出土文獻與詩經文本的校勘和解讀》，（上海：中西書局，2019年8月），頁107～109。該文提到：我們懷疑「無貳無虞」之「虞」當讀為喧嘩之「譁」。下面說明理由。首先，「無貳無虞，上帝臨女」顯然為訓誡之辭，要弄清楚這句話裏個別字詞的含意，我們有必要先明確這句話的說話人和說話對象。〈閟宮〉「致天之屆、于牧之野。無貳無虞、上帝臨女。」與〈大雅・大明〉「矢於牧野：維予侯興。上帝臨女，無貳爾心」，無疑描繪的都是牧野之戰前的場景，它們在語言和敘事上的相似性不言而喻。《鄭箋》認為這兩處「女」皆指武王，武王伐紂時猶有疑慮，故「無有二心」、「無復計度」為人民勸進武王之辭。《孔疏》申之。何楷、張次仲、錢澄之、孔廣森、胡承珙、馬瑞辰等則主張「上帝臨女，無貳爾心」、「無貳無虞，上帝臨女」係牧野之戰前武王誓師訓眾、誡告三軍之辭，舉《史記》所載武王作《太誓》之言（今予發惟共行天罰。勉哉夫子！不可再、不可三！）為證，顯然當以後說為是。

赫赫明明，王命卿士，南仲大祖，大師皇父。整我六師，以脩我戎。
既敬既戒，惠此南國。

王謂尹氏，命程伯休父，左右陳行，戒我師旅：「率彼淮浦，省此徐
土，不留不處。」三事就緒。

赫赫業業，有嚴天子，王舒保作。匪紹匪遊，徐方繹騷。震驚徐方，
如雷如霆，徐方震驚。

王奮厥武，如震如怒。進厥虎臣，闞如虓虎。鋪敦淮濆，仍執醜虜。
截彼淮浦，王師之所。

王旅嘽嘽，如飛如翰，如江如漢。如山之苞，如川之流。綿綿翼翼，
不測不克，濯征徐國。

王猶允塞，徐方既來。徐方既同，天子之功。四方既平，徐方來庭，
徐方不回，王曰：「還歸。」〔註37〕

（一）詩意探析

本詩分作六章，每章八句。

首章「赫赫明明，王命卿士，南仲大祖，大師皇父。整我六師，以脩我
戎。既敬既戒，惠此南國。」「赫赫明明」，屈萬里說是「形容王命之嚴明」〔註
38〕，這裡的王命自然指的是宣王之命；「王命卿士，南仲大祖，大師皇父」，
屈萬里釋為「言王命南仲為卿士，命皇父為太師，皆於太祖廟也」〔註39〕；
「整我六師，以脩我戎。既敬既戒，惠此南國」，「六師」乃是六軍，這四句詩
主要是在說，整頓我六軍，令他們有所警戒，如此才能嘉惠南國，不使他們
無端暴虐而加害於百姓。本章言及宣王於出征前，已作好人事調度，命將委
事，並告誡全軍應守好軍紀，以維王師氣象。

第二章「王謂尹氏，命程伯休父，左右陳行，戒我師旅：率彼淮浦，省此
徐土，不留不處。三事就緒。」「尹氏」，掌命卿士之官。〔註40〕「命程伯休父」，
謂命其為大司馬也。〔註41〕「左右陳行，戒我師旅」，屈說為「陳行，陳列也。

〔註37〕毛亨傳，鄭玄箋，孔穎達疏，阮元刻本《十三經註疏・毛詩正義》附校刊記，
　　　　（臺北：藝文印書館印行，1956年），頁691。
〔註38〕屈萬里，《詩經詮釋》，（臺北：聯經出版事業公司，1993年），頁543。
〔註39〕屈萬里，《詩經詮釋》，（臺北：聯經出版事業公司，1993年），頁543。
〔註40〕屈萬里，《詩經詮釋》，（臺北：聯經出版事業公司，1993年），頁543。
〔註41〕屈萬里，《詩經詮釋》，（臺北：聯經出版事業公司，1993年），頁543。

戒，救也。言使其士眾左右陳列而救戒之，猶後世所謂誓師也。」〔註42〕可見宣王即將對其兵眾誓師，其誓辭為以下三句詩：「率彼淮浦，省此徐土，不留不處」，屈萬里的解釋為「率，循也。淮浦，淮水之涯也。省，巡視也。徐土，徐方之地。不留不處，意謂不久佔據其地也。」〔註43〕從誓辭中我們可以看到宣王的仁厚，王師出征，意在平叛，不在驚擾百姓，因此即便王師取得勝利，也必須謹守「不留不處」的原則；「三事就緒」，屈說「三事，三卿也。言備戰之事，三卿皆籌備就緒也。王親征，故三卿從王」，屈萬里認為，宣王此役乃是御駕親征，雖詩中並無明言宣王親征，但從詩的語境中看來，有誓師的過程，又有「三事就緒」，宣王親征的可信度極高。本章主要在寫宣王出征前於將士前嚴令誓師，對於軍紀的要求預作吩咐。

第三章「赫赫業業，有嚴天子，王舒保作。匪紹匪遊，徐方繹騷。震驚徐方，如雷如霆，徐方震驚。」「赫赫業業，有嚴天子」，屈萬里釋義如下：「赫赫業業，形容軍容之嚴盛。有嚴，嚴然也。」〔註44〕「王舒保作」，屈萬里說是「王徐緩安行也。」〔註45〕；「匪紹匪遊」，呂珍玉釋為：「周軍不遲緩也不遊逛。」〔註46〕「徐方繹騷。震驚徐方，如雷如霆，徐方震驚。」「繹騷」，擾動也〔註47〕；「震驚」，驚動也〔註48〕，這四句詩寫的是徐方聽聞宣王親征的軍隊逐步逼近，因而驚恐萬分。本章寫宣王的安舒，更寫王師的紀律嚴明，將宣王所率之軍的王師氣象寫得入木三分，如此安舒卻又雷霆萬鈞，怪不得徐方上下為此震動不已。

第四章「王奮厥武，如震如怒。進厥虎臣，闞如虓虎。鋪敦淮濆，仍執醜虜。截彼淮浦，王師之所。」此章重要字詞，屈萬里釋之如下：「闞，音瞰，虎怒貌。虓，音哮，虎鳴也：義見說文。鋪，伐也，懲也。敦，當讀為凡民罔不譈之譈，意即周書懲國之譈，殺伐也。仍，數也。醜虜，醜惡之虜也。截，治也；謂平治也。所，處也。謂王師所至之處也。」〔註49〕本章在說，宣王奮揚其威武，其勢如雷如怒，同時又有勇猛的虎臣雄視敵方。宣王的軍隊在

〔註42〕屈萬里，《詩經詮釋》，（臺北：聯經出版事業公司，1993年），頁544。
〔註43〕屈萬里，《詩經詮釋》，（臺北：聯經出版事業公司，1993年），頁544。
〔註44〕屈萬里，《詩經詮釋》，（臺北：聯經出版事業公司，1993年），頁544。
〔註45〕屈萬里，《詩經詮釋》，（臺北：聯經出版事業公司，1993年），頁544。
〔註46〕呂珍玉，《詩經詳析》，（臺北：五南圖書公司，2015年8月二版一刷），頁567。
〔註47〕屈萬里，《詩經詮釋》，（臺北：聯經出版事業公司，1993年），頁544。
〔註48〕屈萬里，《詩經詮釋》，（臺北：聯經出版事業公司，1993年），頁544。
〔註49〕屈萬里，《詩經詮釋》，（臺北：聯經出版事業公司，1993年），頁544。

淮水一帶進行殺伐掃蕩，抓到了不少俘虜。在平治淮浦之後，該地便成為王師駐守之處。

第五章「王旅嘽嘽，如飛如翰，如江如漢。如山之苞，如川之流。綿綿翼翼，不測不克，濯征徐國。」「嘽嘽」，朱熹釋為「眾盛貌」〔註50〕，其餘字詞屈萬里解釋如下：「如飛如翰，言其疾；如江如漢，言其盛大。如山之苞，言其固；如川之流，言其暢行無阻。綿綿，連綿不絕貌。翼翼，盛也。此形容軍士之盛多。測，讀為側，隱伏也。克，與剋通，急也。濯，大也。」〔註51〕本章主要在寫王師的壯盛強大，尤其詩人連用了六個「如」字來形容王師的猛迅強固，最是精彩，用如此深不可測的軍力來大征徐國，徐國將何以戰勝之。

第六章「王猶允塞，徐方既來。徐方既同，天子之功。四方既平，徐方來庭，徐方不回，王曰：還歸。」屈萬里釋義如下：「猶，謀也。允，信也。塞，實也。言王所謀誠切中實情也。來，謂歸順也。同，會同也；謂來朝也。來庭，來朝也。回，違也。」〔註52〕此章在寫宣王的謀略信實，能料敵先機，一舉戰勝徐國，最後徐國前來臣服，王師凱旋而歸。

（二）詩旨詮釋

《詩序》：「〈常武〉，召穆公美宣王也。有常德以立武事，因以為戒然。」朱熹《詩集傳》：「宣王自將以伐淮北之夷，而命卿士之謂南仲為大祖兼大師而字皇父者，整治其從行之六軍，修其戎事，以除淮夷之亂，而惠此南方之國。詩人作此以美之。必言南仲大祖者，稱其世功以美大之也。」〔註53〕方玉潤《詩經原始》：「是一篇古戰場文字，迨至徐方既來，徐方來同，乃歸功天子；而徐方來庭，徐方不回，天子亦不自有其功，曰是豈可以為常哉？蓋不得已也，可以下令還歸矣。」〔註54〕龍起濤《毛詩補正》：「常武六章，美宣王親平淮徐也。」〔註55〕王靜芝《詩經通釋》：「此美宣王自將伐徐成功之詩。按詩序云：常武，召穆公美宣王也。有常德以立武事，因以為戒然。不知召穆公作詩之說有何可據。因以為戒之義則尤模糊，今

〔註50〕朱熹《詩集傳》，（臺北：臺灣中華書局，1991年），頁219。

〔註51〕屈萬里，《詩經詮釋》，（臺北：聯經出版事業公司，1993年），頁544～545。

〔註52〕屈萬里，《詩經詮釋》，（臺北：聯經出版事業公司，1993年），頁545。

〔註53〕朱熹《詩集傳》，（臺北：臺灣中華書局，1991年），頁218。

〔註54〕方玉潤，《詩經原始》，（臺北：藝文印書館，1981年2月三版），頁1205。

〔註55〕龍起濤，《毛詩補正》，（臺北：大通書局，1970年6月初版），頁1486。

人不解。常武二字,用以名篇,後儒以詩中並無此兩字,因之紛紛疑義,莫有定解。關雎葛覃,全無用意。……蓋三百篇標題概屬識別之用,無關詩中要旨,則常武即為常武,不必求其義也。」〔註56〕陳子展《詩經直解》:「常武,周宣王親征淮夷、徐方凱旋之歌。」〔註57〕屈萬里《詩經詮釋》:「宣王親征徐方,詩人作此詩以美之。」〔註58〕

　　大抵各家註解多是認同此詩為讚美周宣王平定徐國凱旋而歸之詩。然而《詩序》中所謂「召穆公美宣王」,已把此詩作者定位為召穆公,王靜芝不知「穆公作詩之說」有何可據,而此詩以「常武」二字為篇名,方玉潤與王靜芝皆認為「常武」二字僅是識別之用,並無他義(方王二人皆不支持《詩序》所謂「有常德以立武事」的說法)。倒是各家對於周宣王「親征」一事,看法大致是肯定的。

(三)全詩總說

　　本詩乃在讚美周宣王御駕親征,平定徐國叛亂的過程,寫王師的軍紀嚴明,威武如虎,並在出征前夕,告誡師旅,其誓辭曰:「戒我師旅,率彼淮浦,省此徐土,不留不處。」表示王師雖威猛如虎,但對於徐國百姓仍善待之,不准軍隊在此多作停留,擾民滋事,與多數軍隊所到之處必行屠城之殘虐暴行對比,這樣的王師氣象必然受到百姓愛戴,這也就是為何宣王在出征前必須透過誓師的儀式,來誡命全軍上下。竹添光鴻在註解「既敬既戒,惠此南國」兩句詩時,也提出了「敬、戒」二字,是治軍的寶典、行師的第一義:

> 敬者不敢急,戒者不敢忽,是行師第一義也。亦見天子親征,比尋常嚴翼更別。惠者去殘而弔民也,則其興師之本心也。敬戒二者,敬尤為重,敬則戒矣。荀卿氏之論兵也曰,凡百事之成也,必在敬之,其敗也,必在慢之,故敬勝怠則吉,怠勝敬則滅。又曰,敬謀無曠,敬事無曠,敬吏無曠,敬眾無曠,敬敵無曠,行軍之貴敬如此。〔註59〕

〔註56〕王靜芝,《詩經通釋》,(臺北:輔仁大學文學院發行,2001年10月十六版),頁599~600。

〔註57〕陳子展撰述,范祥雍、杜月村校閱,《詩經直解》,(上海:復旦大學出版社,1994年9月第4次印刷),頁1043。

〔註58〕屈萬里,《詩經詮釋》,(臺北:聯經出版事業公司,1993年),頁543。

〔註59〕竹添光鴻,《毛詩會箋》,(臺北:大通書局,1970年9月初版),頁2025~2026。

這段話雖不在解釋誓師的內容，卻與誓師所欲達到的目的是一樣的。一支軍隊若無敬慎的態度，那麼便容易軍紀渙散，無視王命，在戰場上自然就容易輕敵，所謂「驕兵必敗」正是在談這樣的觀念，所以竹添光鴻才會說「凡百事之成也，必在敬之，其敗也，必在慢之」。

這首詩到了後來，也有圓滿的結局。由於宣王能夠謀定後動，且治軍嚴謹，於出征前又能誓師揚威，他的軍隊自然也以勢如破竹之勢平定徐國動亂，故言「王猶允塞，徐方既來。徐方既同，天子之功。四方既平，徐方來庭，徐方不回，王曰還歸。」由此更可看出軍紀嚴明的師旅，在征戰的過程中是何其重要，宣王的勝利並非無端獲致。

三、〈秦風‧無衣〉

這是一首秦軍出征前所唱頌的軍歌。

> 豈曰無衣？與子同袍。王于興師，脩我戈矛，與子同仇。
> 豈曰無衣？與子同澤。王于興師，脩我矛戟，與子偕作。
> 豈曰無衣？與子同裳。王于興師，脩我甲兵，與子偕行。〔註60〕

（一）詩意探析

此詩分作三章，每章五句。

首章「豈曰無衣？與子同袍。王于興師，脩我戈矛，與子同仇。」屈萬里釋之如下：「同，猶共也。王于興師，王在興兵也。」〔註61〕此章主要是在描寫從軍戰士於出征前相互激勵，在戰場上彼此就是生命共同體，因此怎麼能說是無衣呢？我與你都共著戰袍，值此周天子興兵之時，我必會準備好我的戈矛，與你同仇敵愾。

次章「豈曰無衣？與子同澤。王于興師，脩我矛戟，與子偕作。」義與首章同，換韻重唱而已。同澤即同袍，偕作乃指共同起而殺敵之意。

第三章「豈曰無衣？與子同裳。王于興師，脩我甲兵，與子偕行。」此章猶為同義疊唱，蓋三章內容實為一章之義，由此處可見此詩確為軍歌無疑，同義疊唱，旨在振奮軍心。

〔註60〕毛亨傳，鄭玄箋，孔穎達疏，阮元刻本《十三經註疏‧毛詩正義》附校刊記，
　　　　（臺北：藝文印書館印行，1956 年），頁 244。
〔註61〕屈萬里，《詩經詮釋》，（臺北：聯經出版事業公司，1993 年），頁 227。

（二）詩旨詮釋

《詩序》：「〈無衣〉，刺用兵也。秦人刺其君好攻戰，亟用兵，而不與民同欲焉。」朱熹《詩集傳》：「秦人之俗，大抵尚氣概，先勇力，忘生輕死，故見其於詩如此。」〔註62〕方玉潤《詩經原始》：「秦人樂為王復讎也。」〔註63〕又說：「周之民苦戎久矣，逮秦始以禦戎有功，其父老子弟欲修敵愾同仇怨於戎，以報周天子者。」〔註64〕王靜芝《詩經通釋》：「愚意以為，此秦人勤王從軍之詩也。不必固指為何時何事，庶幾無疑焉。」〔註65〕龍起濤《毛詩補正》：「無衣三章，敵王愾也。周患戎久矣，秦仲，周大夫也，而敢於殺之，其目無王甚矣，秦之力不足以敵戎，王不興師秦人含泣飲恨而已，宣王乃奮起發兵七千，使秦莊領之，於秦為報仇，於周為討賊，義憤所激，毅然同仇。」〔註66〕陳子展《詩經直解》：「三章一意，總謂國中勇士，慷慨從軍，同心協力，殺敵致果耳。此蓋秦人善戰之軍歌。」〔註67〕又說「〈無衣〉，秦哀公應楚臣申包胥之請，出兵救楚拒吳而作，託為秦民應王徵召，相約從軍之歌。」〔註68〕

《詩序》所謂「刺」其君好攻戰之說，後世學者多不跟隨，既要刺其君，何來「同仇」、「偕作」、「偕行」等字眼，此皆激勵將士之語。又此詩所描寫的對象各家亦無定論，有說是秦兵助周王征伐西戎的，也有說是秦哀公出師救楚的作品，但大抵有一個共同的認識──此詩當為秦國的軍歌無疑。

（三）全詩總說

讀此詩，耳裡似聽響起隆隆戰鼓聲。詩的三章開頭皆以「豈曰無衣」為始，以反問的語法展開詩歌的內容，感覺是相當霸氣的。怎麼會說沒有衣服呢？看哪！我們可是有共同的戰袍，如此壯盛的軍容、整肅的裝備，象徵著我們全軍一心，值此周天子大舉發兵之際，我們並無所懼，任敵軍如何強大，

〔註62〕朱熹《詩集傳》，（臺北：臺灣中華書局，1991 年），頁 79。

〔註63〕方玉潤，《詩經原始》，（臺北：藝文印書館，1981 年 2 月三版），頁 586。

〔註64〕方玉潤，《詩經原始》，（臺北：藝文印書館，1981 年 2 月三版），頁 610。

〔註65〕王靜芝，《詩經通釋》，（臺北：輔仁大學文學院發行，2001 年 10 月十六版），頁 274。

〔註66〕龍起濤，《毛詩補正》，（臺北：大通書局，1970 年 6 月初版），頁 618。

〔註67〕陳子展撰述，范祥雍、杜月村校閱，《詩經直解》，（上海：復旦大學出版社，1994 年 9 月第 4 次印刷），頁 399。

〔註68〕陳子展撰述，范祥雍、杜月村校閱，《詩經直解》，（上海：復旦大學出版社，1994 年 9 月第 4 次印刷），頁 400。

看見我們修整齊備的戈矛兵器與同仇敵愾的士氣，恐怕都要因此而膽寒了！

呂珍玉說：

> 全詩三章，章五句，皆用賦體，採 AAA 複沓曲式，一、二句為一
> 層，以「豈曰無衣」提出反問，回答與子同袍、澤、裳，由外而內，
> 由上而下，層層深入寫戰士間親密關係。三、四句為一層，賦寫此
> 次戰役為周天子所發動，以王命為旗號。末句同仇、偕作、偕行，
> 逐層加深戰士共同赴敵，同仇敵愾的高昂士氣，是首充滿戰鬥氣息
> 的軍歌。〔註69〕

呂說詩意與作法甚詳。然而此詩從頭至尾並無出現與「誓詛」相關的字眼，
筆者何以將此詩列入《詩經》中的「發誓」作品，這與近來學界討論熱烈的
《安徽大學藏戰國竹簡》（以下稱「安大簡」）有關。

2015 年初，安徽大學入藏了一批竹簡，經過北京大學的科學測定，該批
竹簡的年代距今約有兩千兩百八十年左右的歷史，換句話說，這批竹簡應當
是戰國早中期的文物。

這批竹簡包含了許多珍貴文獻，《詩經》是其中之一，但考察其簡文上的
內容，則多有殘缺、脫落甚至於與《毛詩》存在著某些異文的現象。本節所列
〈秦風‧無衣〉則同時存在著「殘缺」與「異文」的雙重情況。下圖為「安大
簡」〈無衣〉的簡文內容〔註70〕：

〔註69〕呂珍玉，《詩經詳析》，（臺北：五南圖書公司，2015 年 8 月二版一刷），頁 257。
〔註70〕簡文見《安徽大學藏戰國竹簡（一）》（上海：中西書局，2019 年 8 月 1 日），
　　　　頁 36。

左圖為「安大簡」〈無衣〉的簡文內容，經過學者隸定後，其文字如下：「戟與子偕作曾子以組明月將逝」，第二簡第一個字為「逝」，此字之後的文字為〈權輿〉一詩的內容，不在本文討論之列。

　　查看「安大簡」〈無衣〉，其首章及第三章皆散逸，第二章僅存「戟，與子偕作。」（《毛詩》〈無衣〉次章的最後五個字）同時又多出「曾子以組，明月將逝。」兩句。

無衣

【韻讀】

第一章：╱。

第二章：找、俴，鐸部。

第三章：╱。

【對讀】

簡本：□□□□，□□□□。□□□□，□□□□，□□□□。

毛詩：豈曰無衣，與子同袍。王于興師，脩我戈矛，與子同仇。

簡本：□□□□，□□□□。□□□□，□□找，與子偕俴。曾子已組，昷月牲邀。

毛詩：豈曰無衣，與子同澤。王于興師，脩我矛戟，與子偕作。

簡本：□□□□，□□□□。□□□□，□□□□，□□□□。

毛詩：豈曰無衣，與子同裳。王于興師，脩我甲兵，與子偕行。

上列為簡本〈無衣〉與毛詩〈無衣〉的文本對照。

整理者以為不像錯簡，應是原詩文字。西南大學孟蓬生、王化平等人發起學界安大簡讀書班，引發熱烈討論。根據 2019 年 10 月 24 日討論紀要，游帥根據道教典籍，（宋）張君房《雲笈七籤》「委繒告盟」推測「曾子以組，明

月將逝。」似可讀為「贈子以組，盟月將誓。」即贈君綬帶，盟告於月而作誓，以為整體上這句或屬於一種祝禱性的程式化表述。他的說法只有學者薛培武提出質疑說：「感覺句法有點小疑問，再一個，一般楚簡好用『盟』來表示『明』，『盟』一般加『示』，不過不是絕對的。」看來也不是絕對否定游帥的意見。筆者以為游帥試圖解釋安大簡〈無衣〉次章多出來的兩句，頗為符合軍隊出師前的盟誓，以表團結壯大氣勢的情境。也許游帥的意見，尚須提出堅實佐證。不過他新穎的釋讀，讓我們對〈無衣〉這首軍隊出征時所唱軍歌，有了更為不一樣的詮釋：士兵們接受綬帶，對月盟誓，不分你我，大家同一袍澤，齊心抵禦敵人，唱著這樣鼓舞士氣的軍歌，秦國的軍隊果真勇武善戰。這首詩或許留下軍隊出師前頒贈綬帶給士兵，然後在統帥的帶領下對月誓師儀式的勇武壯大場面。

第二節　不屈暴力──〈召南・行露〉、〈魏風・碩鼠〉

　　面對暴力，有些人選擇隱忍，但隱忍不見得會讓那惡勢力因此收手，反之，可能更壯大惡勢力的氣焰。有時直球對決，正面發出怒吼，也許會有另一番意想不到的局面。以下的〈召南・行露〉、〈魏風・碩鼠〉兩首詩，都是在暴力下所產生的詩篇，詩人不肯妥協，因此發誓與惡勢力周旋到底，甚或誓言離開那不公不義的處境，不管是哪一種情況的發誓，都是一種對美好生活的堅持，不肯放棄任何可能改變的契機，從這兩首詩便可以看到那可貴的人性尊嚴。

一、〈召南・行露〉

　　這是一首女子面對暴力逼婚，卻毫不妥協，誓言與惡勢力對抗到底的詩歌。

> 厭浥行露，豈不夙夜，謂行多露？
> 誰謂雀無角？何以穿我屋？誰謂女無家？何以速我獄？雖速我獄，
> 室家不足。
> 誰謂鼠無牙？何以穿我墉？誰謂女無家？何以速我訟？雖速我訟，
> 亦不女從。〔註71〕

〔註71〕毛亨傳，鄭玄箋，孔穎達疏，阮元刻本《十三經註疏・毛詩正義》附校刊記，
　　　　（臺北：藝文印書館印行，1956年），頁55。

（一）詩意探析

本詩分作三章，第一章三句，二、三章為六句。以下分章探析。

首章「厭浥行露，豈不夙夜，謂行多露？」屈萬里釋義說：「厭浥，濕貌。行，道也。夜間迄凌晨時始有露，豈不夙夜，謂行多露者，謂豈有並不早夜，而尚謂道路之多露乎？」〔註72〕而呂珍玉則以為「首章毛傳標興，以道路露水潮濕，行於其上困難，興打官司必然沾惹麻煩。」〔註73〕詩的開始，以露水為喻，指涉男子的強暴無理如露水一般，夜行其中必然濕濕身軀，但女子為了守護自身的清白，無懼為此興訟而惹來麻煩，為了對抗不公不義，麻煩是無可避免的。

第二章「誰謂雀無角？何以穿我屋？誰謂女無家？何以速我獄？雖速我獄，室家不足。」屈萬里說釋如下：「角，喙也。家，謂以媒聘求為室家之禮也。速，猶促使也。獄，訟也。」〔註74〕呂珍玉則說：「室家，古代男子有妻謂之有室，女子有夫謂之有家。混言室家，男女可通用，指結婚。足，成功。……連上句意謂：即使逼我吃官司，也絕不讓你要結婚的企圖得到成功。」〔註75〕因此第二章可以說是詩人對於男子暴力逼婚的強力控訴，「雀角穿屋」極言男子的暴力強權，「誰謂女無家」各家說法不一，筆者以為是男方已有家室，卻還要強娶女方。女方於是拒婚，導致雙方對簿公堂，但即便如此，面對強權的排堅而入，女主角卻毫無懼色，打算與其興訟到底，也不讓男子得逞。

第三章「誰謂鼠無牙？何以穿我墉？誰謂女無家？何以速我訟？雖速我訟，亦不女從。」此章重複前章之義，以「鼠牙穿墉」再喻男子的暴行，即便被逼上官司，依然不低頭認命。

（二）詩旨詮釋

《詩序》：「〈行露〉，召伯聽訟也。衰亂之俗微，貞信之教興，彊暴之男不能侵陵貞女也。」朱熹《詩集傳》：「南國之人遵召伯之教，服文王之化，有以革其前日淫亂之俗。故女子有能以禮自守，而不為強暴所污者，自述己志，作此詩以絕其人。」〔註76〕方玉潤《詩經原始》：「夫昏嫁稱家有無，此

〔註72〕屈萬里，《詩經詮釋》，（臺北：聯經出版事業公司，1993年），頁30。
〔註73〕呂珍玉，《詩經詳析》，（臺北：五南圖書公司，2015年8月二版一刷），頁53。
〔註74〕屈萬里，《詩經詮釋》，（臺北：聯經出版事業公司，1993年），頁30。
〔註75〕呂珍玉，《詩經詳析》，（臺北：五南圖書公司，2015年8月二版一刷），頁53。
〔註76〕朱熹《詩集傳》，（臺北：臺灣中華書局，1991年），頁10。

女果賢，雖寄廡賃舂之士，亦御裝飾，著布裙，操作而前以相從。茲乃以室家不足故，反生悔心，致興獄訟，而猶謂之為賢，吾不知其賢果安在也？」〔註77〕竹添光鴻《毛詩會箋》：「蓋行露全是男訟女而女訴之之詞。並不言若何聽斷訴，惟直陳女子之平日守禮之意，與所以折正強暴之辭。而召伯之聽訟，女志之得伸自見。」〔註78〕龍起濤《毛詩補正》：「行露三章，召公雪南國貞女之獄也。……此獄在南國得召公一問而雪也，不然召伯之獄而有是女，何以為召伯哉？而此女之志，後人不悟，徒曰一物不具，一禮不備，必死不往彼貧者，何以為禮哉？」〔註79〕王靜芝《詩經通釋》：「詩序以召伯聽訟為主。朱傳不言聽訟，但言女子拒強暴，頗能得其旨。此詩當是強暴男子，無禮求為婚姻，賢女守禮而拒之，乃為此詩以見志耳。此詩說者紛紜不一，或謂貧士卻昏以遠嫌；或謂女既許嫁而見男家太貧，一物不具，一禮不備，而不肯往，以致爭訟。雖各有獨見，然皆但憑臆測，毫無根據，不過虛造故事而已，不可信也。」〔註80〕陳子展《詩經直解》：「行露，為一女子拒絕與一已有室家之男子重婚而作。」〔註81〕屈萬里《詩經詮釋》中認為，此詩是一首「女子拒婚之詩」〔註82〕。

自《詩序》以下，各個注家大多同意〈行露〉是一首關於女子拒婚甚至因此興訟的詩。只是關於女子為何拒婚，說法卻略有出入。《詩序》與朱熹的看法，認為是因為女子為了抗拒「強暴」，不肯低頭，因而與男子有了官司的糾紛，竹添光鴻、龍起濤、王靜芝皆從此說，惟方玉潤認為，女子拒婚乃是因為「既許嫁，而見其一物不具，一禮不備，因不肯往」〔註83〕，倒把這名女子塑造成一個近乎勢利的形象，彷彿女子是因為嫌棄男方貧困、聘禮不夠周全而悔婚，此說龍起濤與王靜芝皆駁斥之。筆者以為，女子拒婚當是因為男子已有家室，卻又想以強暴的手段向女子逼婚，女子不願屈服於這名男子的

〔註77〕方玉潤，《詩經原始》，（臺北：藝文印書館，1981年2月三版），頁233。
〔註78〕竹添光鴻，《毛詩會箋》，（臺北：大通書局，1970年9月初版），頁132。
〔註79〕龍起濤，《毛詩補正》，（臺北：大通書局，1970年6月初版），頁102～103。
〔註80〕王靜芝，《詩經通釋》，（臺北：輔仁大學文學院發行，2001年10月十六版），頁64。
〔註81〕陳子展撰述，范祥雍、杜月村校閱，《詩經直解》，（上海：復旦大學出版社，1994年9月第4次印刷），頁48。
〔註82〕屈萬里，《詩經詮釋》，（臺北：聯經出版事業公司，1993年），頁30。
〔註83〕方玉潤，《詩經原始》，（臺北：藝文印書館，1981年2月），頁232。

淫威之下，故而誓言與男子訴訟到底，陳子展之說似較為合理。

（三）全詩總說

男女婚嫁自古皆不自由，其不自由的情況又以女子為盛。但詩人在面對強權逼婚的形勢下，非但沒有默不吭聲，反倒起而興訟，並在詩的結尾出現「雖速我獄，室家不足」、「雖速我訟，亦不女從」的發誓之語，以此抵抗暴強，兼明己志，表明獄訟皆不足以令詩人低頭退卻，反倒更因此堅定了與強權對抗到底的念頭。呂珍玉解說此詩寫法有可參之處：

> 首章總論，二三章聯吟。如何將前後詩意貫串？毛傳以為首章係興
> 體，朱熹以為賦體，加以「謂」字多義，形成詩義紛紜。二三章以
> 雀、鼠比喻侵犯者，並用反問、質問、排比句法，跌宕起伏，層層
> 遞進，表現不畏強暴、堅持立場之決心。〔註84〕

此詩雖然沒有出現關於「矢」、「誓」等較為直接的發誓字眼，但透過詩人的巧筆運用反問、質問、排比句法、層層遞進，雖無發誓之名，卻早有發誓的激動情緒。女子拒婚，這在女權逐漸受到重視的現在，看來並不是什麼稀奇事，但周代女子恐怕還無法婚姻自主，更遑論勇敢「拒婚」，這就不得不引起我們的注意了。古代的婚姻，少不了父母之命、媒妁之言，在這樣的氛圍下，女性對於自己的婚姻往往無法自主，很多時候女性的聲音是會被忽視的，但〈行露〉卻給後世的我們一個相當驚艷的模範，原來在那麼封建的社會下，曾經出現一個願意為自己的婚姻挺身抗暴的女子，「室家不足」、「亦不女從」正是詩人嚴厲的控訴、不肯屈服的誓言。

二、〈魏風·碩鼠〉

這是一首諷刺詩。諷刺統治階層對其百姓進行無情的剝削，百姓因此誓言離開故土，轉而追尋美好的理想社會。

> 碩鼠碩鼠，無食我黍！三歲貫女，莫我肯顧。逝將去女，適彼樂土。
> 樂土樂土，爰得我所。
> 碩鼠碩鼠，無食我麥！三歲貫女，莫我肯德。逝將去女，適彼樂國。
> 樂國樂國，爰得我直。
> 碩鼠碩鼠，無食我苗！三歲貫女，莫我肯勞。逝將去女，適彼樂郊。

〔註84〕呂珍玉，《詩經詳析》，（臺北：五南圖書公司，2015年8月二版一刷），頁54。

樂郊樂郊，誰之永號？〔註85〕

（一）詩意探析

本詩分作三章，每章八句。

首章「碩鼠碩鼠，無食我黍！三歲貫女，莫我肯顧。逝將去女，適彼樂土。樂土樂土，爰得我所。」屈萬里釋義說：「碩，大也。貫，與慣通，習也。今齊魯方言，謂愛養之俾習於不良之事而不忍拂其意曰慣，與此詩義合。」〔註86〕其中「逝」字有解作發語詞的，但呂珍玉說「《公羊傳》徐彥《疏》引作誓，有發誓、決心之意，於詩義尤長。」〔註87〕筆者從此說。首章將剝削者比喻成貪得無厭的大老鼠，這些大老鼠不斷地吃食老百姓辛苦耕種的作物，而這樣大肆搜括的醜態也是行之有年，統治者一點也不留給這些老百姓喘息的餘地，逼得老百姓誓言要離開這個生活多年的故土，轉而追尋一個沒有「碩鼠」的理想樂土。

第二章「碩鼠碩鼠，無食我麥！三歲貫女，莫我肯德。逝將去女，適彼樂國。樂國樂國，爰得我直。」此章重複前章之義，換韻重唱。「莫我肯德」，屈萬里釋之為「莫肯施德惠於我也」〔註88〕，餘義皆似。

第三章「碩鼠碩鼠，無食我苗！三歲貫女，莫我肯勞。逝將去女，適彼樂郊。樂郊樂郊，誰之永號？」此章同前二章之義，又換韻疊唱之。

「誰之永號」，屈萬里釋之為「之，猶其也。永，長也。號，呼也。疾痛則號呼。」〔註89〕因此「樂郊樂郊，誰之永號」可理解為，到了理想的樂郊，誰還會悲泣哭號呢？

（二）詩旨詮釋

《詩序》：「〈碩鼠〉，刺重斂也。國人刺其君重斂，蠶食於民，不脩其政，貪而畏人若大鼠也。」朱熹《詩集傳》：「民困於貪殘之政，故託言大鼠害己而去之也。」〔註90〕方玉潤《詩經原始》：「此詩見魏君貪殘之效，其始皆由錯

〔註85〕毛亨傳，鄭玄箋，孔穎達疏，阮元刻本《十三經註疏・毛詩正義》附校刊記，
　　　　（臺北：藝文印書館印行，1956 年），頁 211。
〔註86〕屈萬里，《詩經詮釋》，（臺北：聯經出版事業公司，1993 年），頁 191。
〔註87〕呂珍玉，《詩經詳析》，（臺北：五南圖書公司，2015 年 8 月二版一刷），頁 218。
〔註88〕屈萬里，《詩經詮釋》，（臺北：聯經出版事業公司，1993 年），頁 192。
〔註89〕屈萬里，《詩經詮釋》，（臺北：聯經出版事業公司，1993 年），頁 192。
〔註90〕朱熹《詩集傳》，（臺北：臺灣中華書局，1991 年），頁 66。

誤以嗇為儉之故，其弊遂至刻削小民而不知足，以致境內紛紛逃散。」〔註91〕龍起濤《毛詩補正》：「莫我顧、莫我德，且勞也，且重斂而及於三歲，此其漸豈有既哉，故疾之甚而欲去之也。然曰將去則猶未忍遽去也，此則詩人之厚也，而魏自是亡矣，故以碩鼠終。」〔註92〕陳子展《詩經直解》：「碩鼠，刺重斂，即刺剝削無厭之詩。」〔註93〕

這首詩的詩旨，各家看法幾乎一致。都認為是上位者強徵暴斂，有如一隻吃遍農民作物的大老鼠，使人民苦不堪言，紛紛欲離開這民不聊生的地方，另尋理想的樂土。比較特別的地方是，方玉潤在談到這首刺重斂的詩時，注意到的是魏地的「儉嗇」的風氣，而這樣的風俗在先前筆者討論〈葛屨〉一詩時，便曾提及。方玉潤認為，會產生〈碩鼠〉這樣的民生景象，乃肇因於魏君的「貪殘」以及「以嗇為儉」的謬誤，導致人民在魏君的統治之下，必須應付上位者因為吝嗇所產生的稅收黑洞，故而人民紛紛走避，欲「去」之而後快。

龍起濤則以為，詩人到底還是仁厚的，嘴巴上說想要離開故土，但在詩文上，終究沒有看到詩人付諸行動的跡象。但筆者的看法不同，雖然在詩文上並不能證明詩人是否遠走他國，但以常理推斷，此詩所寫的內容幾乎已到了情緒崩潰的臨界點，常言「官逼民反」，此詩雖未言「反」，但以「逝將去女」，如此強烈又堅定的口吻，都是為了要活下去，詩人必去無疑。

（三）全詩總說

此詩是被剝削的底層百姓對於貪婪無厭的上位者的嚴厲控訴，腐敗的統治階層有如可怕的大老鼠，對於百姓辛勤耕種的作物強取豪奪，令百姓苦不堪言。面對這樣的環境，百姓們發出誓言，誓將離開這個人間煉獄，別覓樂土，因此詩句中提到「逝將去女，適彼樂土」、「逝將去女，適彼樂國」、「逝將去女，適彼樂郊」，可見「苛政」之下，百姓永無出頭之日，無怪乎孔子會有「苛政猛於虎」之嘆。呂珍玉解說此詩寫法：

> 此詩採 AAA 曲式，層層深入。將剝削者比作不勞而食、貪得無厭的大老鼠；直呼碩鼠之名，正面予以詰責；詩分兩層，第一層揭露

〔註91〕方玉潤，《詩經原始》，（臺北：藝文印書館，1981 年 2 月三版），頁 552。
〔註92〕龍起濤，《毛詩補正》，（臺北：大通書局，1970 年 6 月初版），頁 524。
〔註93〕陳子展撰述，范祥雍、杜月村校閱，《詩經直解》，（上海：復旦大學出版社，1994 年 9 月第 4 次印刷），頁 336。

統治者貪婪殘酷本性對比百姓之善良，第二層抒寫百姓對理想社會
的嚮往與追求。〔註94〕

從上述引文，我們可以看到〈碩鼠〉一詩，寫出在橫徵暴斂下的人民想要追
求理想生活的渴望，在心理學當中，這便是一種求生的本能，當然，我們也
可以透過這樣的詩篇，了解周人在面對極端處境下，為了排遣心中的憂悶，
的確會因此產生「發誓」的行為，而這樣的發誓行為，都是源自於求生的本
能欲望對不公不義的社會所作出的反抗。

詩中的「三歲貫女」一句，表示詩人也曾經隱忍多時，但隱忍到最後，
反倒是讓政府蠶食鯨吞的現象更加劇烈，放任碩鼠繼續地食黍、食麥、食苗，
最後詩人選擇發出怒吼，誓言離開這個不肯照顧人民的政府，如此人民才有
活下去的可能。

第三節　生死相愛──〈邶風‧擊鼓〉、〈邶風‧谷風〉、
　　　　　〈鄘風‧柏舟〉、〈衛風‧氓〉、〈王風‧大車〉、
　　　　　〈唐風‧葛生〉

「生死相愛」這個主題，是《詩經》中關於「發誓」的內容裡，作品數量
相對較多的類型。只是雖言「生死相愛」，然而真正能在愛情中堅守誓言，相
愛到老的又有幾人。《詩經》中這六首詩，各有不同的故事情節，在中國社會
羞談男女之愛保守風氣下，這幾首詩顯得特別珍貴，情教在我們的學習歷程
中是被忽略的，然在古早的《詩經》中保存著幾個美好的故事，讓我們流淚
同情，涵潤心靈，豐富情感世界。

一、〈邶風‧擊鼓〉

這是一首征夫出征，思歸不得之詩，同時也是一首思念愛人，哀嘆不能
信守誓言之詩。

> 擊鼓其鏜，踴躍用兵。土國城漕，我獨南行。
> 從孫子仲，平陳與宋。不我以歸，憂心有忡。
> 爰居爰處，爰喪其馬。于以求之，于林之下。
> 死生契闊，與子成說；執子之手，與子偕老。

〔註94〕呂珍玉，《詩經詳析》，（臺北：五南圖書公司，2015 年 8 月二版一刷），頁 219。

于嗟闊兮！不我活兮！于嗟洵兮！不我信兮！〔註95〕

（一）詩意探析

本詩分作五章，每章四句。

首章「擊鼓其鏜，踊躍用兵。土國城漕，我獨南行。」屈萬里釋義說：「鏜，音湯，擊鼓聲。踊，音勇。踊躍，猶跳躍也。兵，兵器也。土國，役土功於國也。古謂都城曰國，土國與城漕當係一事。漕，衛邑，在今河南滑縣。城漕，修治漕城也。」〔註96〕詩以隆隆戰鼓聲為開端，頗具肅殺的氛圍，詩裡的主人翁便是在這樣動盪的時局裡，準備獨自南行，踏上遠征之途。而「土國城漕，我獨南行」，據王靜芝的說法是：「他人或役土功於國之都城，或修治漕邑之城。而我獨南行遠征。是故怨也。」〔註97〕可見得詩中的主角無法如其他人一樣幸運，只做些防禦的工事即可，而是必須被徵調至戰場與敵軍浴血奮戰，因此心中必然有怨。

第二章「從孫子仲，平陳與宋。不我以歸，憂心有忡。」孫子仲，屈萬里說是公孫文仲，呂珍玉補充解釋「公孫文仲，字子仲，是衛國的世卿，當時任南征的將領。」〔註98〕此章在說，主角跟隨孫子仲南征，平定了陳與宋的亂事，但無奈的是，雖然成功平定了陳宋的戰亂，主角卻被要求留在當地戍守，不得返鄉，使得主角憂心忡忡。

第三章「爰居爰處，爰喪其馬。于以求之，于林之下。」屈萬里說：「爰，於，於是。喪，失也。」〔註99〕此章接續第二章的情緒而來，寫南征之後卻不得返的鬱悶，使得主人翁全無鬥志，失魂落魄，於是就居在此、於是就處在此，更在這樣低落的情緒中，竟丟失他的戰馬，最後到處找丟失的戰馬，好不容易在林下尋得。王靜芝在此章特別說道：「言林下得之者，見失其伍，全無統次矣。」〔註100〕「全無統次」四字，可見其無心在此，故而喪其馬也。

〔註95〕毛亨傳，鄭玄箋，孔穎達疏，阮元刻本《十三經註疏・毛詩正義》附校刊記，（臺北：藝文印書館印行，1956年），頁80。

〔註96〕屈萬里，《詩經詮釋》，（臺北：聯經出版事業公司，1993年），頁54。

〔註97〕王靜芝，《詩經通釋》，（臺北：輔仁大學文學院發行，2001年10月十六版），頁89。

〔註98〕呂珍玉，《詩經詳析》，（臺北：五南圖書公司，2015年8月二版一刷），頁77。

〔註99〕屈萬里，《詩經詮釋》，（臺北：聯經出版事業公司，1993年），頁54。

〔註100〕王靜芝，《詩經通釋》，（臺北：輔仁大學文學院發行，2001年10月十六版），頁90。

第四章「死生契闊，與子成說；執子之手，與子偕老」屈萬里釋義說：「孫奕示兒編云：契，合也；闊，離也：謂死生離合。成說，與離騷之成言同意，猶今語云有言在先，謂約誓也。偕，俱也；偕老，相伴到老也：此即約誓之辭。」〔註101〕其中「死生契闊」四字，呂珍玉說：「契闊，或視為偏義複合詞較佳，死生契闊意為：不論死生都要在一起。」〔註102〕如此更為貼近誓言的堅決，那句「執子之手，與子偕老。」雖是平淡誓言，卻是扣人心弦，真情浪漫，永恆被歌頌，猶如「在天願作比翼鳥，在地願為連理枝。」「願同塵與灰」，宣示著永生不離不棄愛著對方。第三章提到，主人翁遠行南征卻不得返，使得他鬱鬱寡歡，並丟失戰馬，就在這樣令人難堪的情況下，主角忽然想起與愛人曾經立下的誓言：不論生死，都要在一起，這是我和你訂下的誓約，如果可以，我更希望能牽著你的手，與你廝守到老。只是這樣平實的心願，在主角看來，卻是如此遙不可及。

第五章「于嗟闊兮！不我活兮！于嗟洵兮！不我信兮！」屈說如下：「不我活兮，謂不予我共生活也。洵，遠也。不我信，言不能實踐舊約也。」〔註103〕最末章是最沉痛的慨歎，四句詩皆以「兮」字作結，表達內心無處宣洩的哀嘆！啊！我倆相距甚遠，你已不能與我共同生活在一起了；唉！我們天涯一方，我已經無法實踐我曾經立下的誓言，「與子偕老」，終究是我心中最遙不可及的夢想。

（二）詩旨詮釋

《詩序》：「擊鼓，怨州吁也。衛州吁用兵暴亂，使公孫文仲將，而平陳與宋。國人怨其勇而無禮也。」朱熹《詩集傳》：「衛人從軍者自言其所為，因言衛國之民或役土功於國，或築城於漕，而我獨南行，有鋒鏑死亡之憂，危苦尤甚也。」〔註104〕方玉潤《詩經原始》：「夫國家大役，無過土工城漕，然尚為境內事，即征伐敵國，亦尚有凱還時。唯此邊防戍遠，永斷歸期，言念室家，能不愴懷？未免咨嗟涕洟而不能自已。此戍卒思歸不得詩也。」〔註105〕王靜芝《詩經通釋》：「大率詩序之作，力牽於某時某事某人。往往不顧實情，

〔註101〕屈萬里，《詩經詮釋》，（臺北：聯經出版事業公司，1993年），頁55。
〔註102〕呂珍玉，《詩經詳析》，（臺北：五南圖書公司，2015年8月二版一刷），頁77。
〔註103〕屈萬里，《詩經詮釋》，（臺北：聯經出版事業公司，1993年），頁55。
〔註104〕朱熹《詩集傳》，（臺北：臺灣中華書局，1991年），頁18。
〔註105〕方玉潤，《詩經原始》，（臺北：藝文印書館，1981年2月三版），頁295。

逕為附會，乃成曲解，而詩意蕩然。此詩極明顯為戍卒思歸之詩，固不必為州吁而作；更不必在州吁其時也。」〔註106〕陳子展《詩經直解》：「擊鼓，為怨州吁用兵之作也。詩主個人訴苦，實反映當時兵民對于非正義戰爭之厭惡心理。詩人若具速寫之技，概括而復突出其個人入伍、出征、思歸、逃散之整個過程。」〔註107〕

這是一首怨詩無疑。但《詩序》明指這是一首怨州吁的詩，陳子展支持此說，惟王靜芝反對《詩序》常把某詩與某時某事某人牽扯一處，認為此詩不過就是一首「戍卒思歸不得詩」，方玉潤之說亦類此。

（三）全詩總說

〈擊鼓〉最為人所熟知的句子莫過於「死生契闊，與子成說；執子之手，與子偕老。」如此耳熟能詳的詩句，很容易將其定位為男女之間戀愛的海誓山盟，但若將詩句放入整首詩篇當中來看的話，這樣的誓言其實更多了幾分沉重。戀愛中的誓言本應該是甜蜜又充滿希望與未來的，但這偏偏是因為必須征戰的士兵對曾經許下的誓言所感到的無限遺憾，軍旅生涯所增添的不確定性，讓士兵成了一個無法信守誓言的人。這首詩在控訴國家數興軍旅，破壞安定家庭生活，夫妻被迫分離兩地，甚至擔心戰死沙場，丈夫念念不忘彼此的約誓，征戍詩中加入男女堅貞愛情誓言，寧死相守的決心更加強烈了。

二、〈邶風·谷風〉

這是一首棄婦詩。

> 習習谷風，以陰以雨。黽勉同心，不宜有怒。
> 采葑采菲，無以下體？德音莫違，及爾同死。
> 行道遲遲，中心有違。不遠伊邇，薄送我畿。
> 誰謂荼苦？其甘如薺。宴爾新昏，如兄如弟。
> 涇以渭濁，湜湜其沚。宴爾新昏，不我屑以。
> 毋逝我梁，毋發我笱。我躬不閱，遑恤我後！
> 就其深矣，方之舟之；就其淺矣，泳之游之。

〔註106〕王靜芝，《詩經通釋》，（臺北：輔仁大學文學院發行，2001年10月十六版），頁88～89。
〔註107〕陳子展撰述，范祥雍、杜月村校閱，《詩經直解》，（上海：復旦大學出版社，1994年9月第4次印刷），頁95。

何有何亡？黽勉求之。凡民有喪，匍匐救之。

不我能慉，反以我為讎。既阻我德，賈用不售。

昔育恐育鞠，及爾顛覆。既生既育，比予于毒。

我有旨蓄，亦以御冬。宴爾新昏，以我御窮。

有洸有潰，既詒我肄，不念昔者，伊余來墍。〔註108〕

（一）詩意探析

本詩分作六章，每章八句。

首章「習習谷風，以陰以雨。黽勉同心，不宜有怒。采葑采菲，無以下體？德音莫違，及爾同死。」屈萬里釋義說：「習習，和舒貌。黽勉，勉力也。葑，音封，蕪菁也，根可食。菲，蘆菔也。下體，根也。以，猶及也。德音，語言也。及爾同死，言與爾同生共死也。」〔註109〕首章主要在說，夫婦相處之道當如和舒的谷風，又當如風雨陰陽的調和，齊心勉力，不宜亂生怒氣。「采葑采菲，無以下體」二句，屈萬里說：「此當是反詰語氣。言採葑採菲，能不及其根乎？以喻夫婦當有始有終，不當愛華年而棄衰老也。」〔註110〕「德音莫違，及爾同死」，其中「德音」二字，呂珍玉說：「《詩經》中稱他人之語言為德音，非關道德。」〔註111〕換句話說，這兩句的意思是，夫妻之間的語言不要前後不一，必須從一而終，何況這對夫妻曾經立下生死相愛的誓言——「及爾同死」，我願與你同生共死，這樣的誓言可不能違背呀！

第二章「行道遲遲，中心有違。不遠伊邇，薄送我畿。誰謂荼苦？其甘如薺。宴爾新昏，如兄如弟。」屈萬里說：「遲遲，緩行貌。違，猶怨恨也。伊，猶維也。畿，音祈，門內也。荼，苦菜也。其甘如薺，言荼本苦菜，而己則以為甘美如薺菜，以喻己心之更苦也。宴，樂也。昏，同婚。」〔註112〕第二章乃是婦人自述被棄離家的過程。「行道遲遲，中心有違」，寫的是婦人被棄之時，於途緩緩而行，表示內心實不願離開，然而又不得不走，故而心中有怨。「不遠伊邇，薄送我畿」，照理，就算婦人被掃地出門，念在舊日情義，

〔註108〕毛亨傳，鄭玄箋，孔穎達疏，阮元刻本《十三經註疏·毛詩正義》附校刊記，（臺北：藝文印書館印行，1956 年），頁 89。

〔註109〕屈萬里，《詩經詮釋》，（臺北：聯經出版事業公司，1993 年），頁 62～63。

〔註110〕屈萬里，《詩經詮釋》，（臺北：聯經出版事業公司，1993 年），頁 62。

〔註111〕呂珍玉，《詩經詳析》，（臺北：五南圖書公司，2015 年 8 月二版一刷），頁 84。

〔註112〕屈萬里，《詩經詮釋》，（臺北：聯經出版事業公司，1993 年），頁 63。

丈夫也該遠送，但丈夫非但不願遠送，竟只送至門內便止，夫婦之情明顯蕩然無存，因此婦人便又哀嘆起來：「誰謂荼苦？其甘如薺」，誰說荼菜味苦，在我看來卻是有如薺菜之甘，因為我心中的苦楚，遠勝荼菜之苦。「宴爾新昏，如兄如弟」二句，寫出丈夫拋棄婦人的最主要原因——另結新歡。婦人前腳才剛被趕出家門，新人後腳便進入夫家，成為夫家新的女主人，且這位新人與前夫的感情，猶如親兄弟那般親密，這對於棄婦來說，當真是情何以堪。

第三章「涇以渭濁，湜湜其沚。宴爾新昏，不我屑以。毋逝我梁，毋發我笱。我躬不閱，遑恤我後！」屈萬里說：「涇渭，二水名，在今陝西省；涇濁渭清。以，猶使也。涇流入渭，故言涇使渭濁。湜音殖；湜湜，水清貌。沚，說文引作止。以，猶與也；共也。逝，往也。梁，魚梁。堰石障水而空其中以通魚之往來者也。發，舉也。笱，音苟，以竹為器而承梁之空，以取魚者也。閱，容也。恤，憂也。」〔註113〕此章在寫婦人埋怨丈夫之棄己，同時又擔憂起自己離開這個家之後的事情。「涇以渭濁，湜湜其沚」屈萬里對此二句有以下解釋：「以上二語，喻其夫理智，為新婚所惑而不悟；不如涇使渭濁之後，尚有澄清時也。」〔註114〕「宴爾新昏，不我屑以」此二句在寫丈夫與新歡剛結連理，根本不屑於我。「毋逝我梁，毋發我笱」二句，婦人訴說自己離開家後，不甘心自己的努力成果平白拱手讓人，不願新人坐享其成前往魚梁取魚，但是仔細想想，既已被棄，那些過去的勞動成果，也無法帶走。「我躬不閱，遑恤我後」二句，寫的是婦人幡然醒悟，自身已不見容於這個家庭，豈有閒工夫去擔憂離去後的事情。

第四章「就其深矣，方之舟之；就其淺矣，泳之游之。何有何亡？黽勉求之。凡民有喪，匍匐救之。」屈萬里說：「方，筏也。以上四語，言勤於家事不避險難。有，謂富有；亡，同無，謂貧也。匍匐，音蒲服，手足並行也；極言盡力之意。」〔註115〕此章主要在回顧婦人之前勤於操持家務的情形。「就其深矣，方之舟之；就其淺矣，泳之游之」此四句寫婦人曾為這個家庭度過許多難關，「深淺」二字，猶所遇問題的難易程度，表示婦人能視情況的嚴重程度給予適當處置。「何有何亡？黽勉求之。凡民有喪，匍匐救之」四句，是

〔註113〕屈萬里，《詩經詮釋》，（臺北：聯經出版事業公司，1993年），頁63～64。
〔註114〕屈萬里，《詩經詮釋》，（臺北：聯經出版事業公司，1993年），頁63。
〔註115〕屈萬里，《詩經詮釋》，（臺北：聯經出版事業公司，1993年），頁64。

在寫婦人不論家庭經濟情況是富有還是貧窮，她都努力操持著家務，未曾懈怠，甚至對於鄰里間所發生的危難，她都極力相助。此章乃婦人的自我檢視，捫心自問之下，自覺並無虧欠夫家，所行所為亦都合於婦道，如今卻遭丈夫背棄，令婦人心酸不已。

第五章「不我能慉，反以我為讎。既阻我德，賈用不售。昔育恐育鞠，及爾顛覆。既生既育，比予于毒。」屈萬里說：「慉，音畜，養也。慉，應解作喜好之好，與下讎字對文。阻，卻也。德，猶今語云好處。賈，音古，賣物也。鞠，窮也。顛覆，傾跌也。生，謂財業。」〔註116〕此章旨在怨前夫不顧恩義，以婦人為仇敵、為毒物。「不我能慉，反以我為讎。既阻我德，賈用不售」此四句詩在寫，前夫不但不能照顧婦人，反倒以婦人為仇敵，並拒絕婦人一切的好處。「昔育恐育鞠，及爾顛覆。既生既育，比予于毒」此四句則在寫，婦人回想過去那段與前夫共同經歷過的苦日子，如今家境有了改善之後，前夫竟翻臉不認人，把婦人當作毒品一般來對待。

第六章「我有旨蓄，亦以御冬。宴爾新昏，以我御窮。有洸有潰，既詒我肄，不念昔者，伊余來墍。」屈萬里說：「旨，甘美也。蓄，即蓄菜，乾菜也。御，禦也。冬月罕鮮菜，故以乾菜禦之。御窮，擋禦貧窮也。洸，音光，武貌。潰，怒貌。有洸有潰，即洸然潰然。詒，遺也。肄，勞也。伊，維也。來，猶是也。墍，讀為愾，怒也。言維余是怒也。」〔註117〕此章寫婦人之怨又更深一層。「我有旨蓄，亦以御冬。宴爾新昏，以我御窮」四句在說，婦人本已備好甘美的乾菜，準備以此禦冬，但前夫卻耽於新婚之樂而拋棄婦人，讓婦人感到先前與前夫共同生活的那段日子，不過是前夫利用她來禦窮而已。「有洸有潰，既詒我肄，不念昔者，伊余來墍」最後這四句，寫的是前夫對待婦人的態度總是怒目相向，與對待新人的態度反差極大，且把勞苦之事盡由婦人來承擔，一點也不念及舊情，維婦人是怒。

（二）詩旨詮釋

《詩序》：「〈谷風〉，刺夫婦失道也。衛人化其上，淫於新昏而棄其舊室，夫婦離絕，國俗傷敗焉。」朱熹《詩集傳》：「婦人為夫所棄，故作是詩，以敘其悲怨之情。」〔註118〕方玉潤《詩經原始》：「此詩通篇皆棄婦辭，自無異議。

〔註116〕屈萬里，《詩經詮釋》，（臺北：聯經出版事業公司，1993年），頁64。
〔註117〕屈萬里，《詩經詮釋》，（臺北：聯經出版事業公司，1993年），頁64～65。
〔註118〕朱熹《詩集傳》，（臺北：臺灣中華書局，1991年），頁21。

然凡民有喪，匍匐救之，非急功嚮義、胞與為懷之士，未可與言，而豈一婦人能言哉！又昔育恐育鞠，及爾顛覆，亦非有扶危濟傾、患難相恤之人，未能自任，而豈一棄婦所能任哉！是語雖巾幗，而志則丈夫，故知其為託詞耳。」〔註119〕王靜芝《詩經通釋》：「（詩序）夫婦失道一語，本合此詩之旨，然又曰刺，又曰衛人化其上，乃又失之。」〔註120〕陳子展《詩經直解》：「谷風，為夫婦失道，棄舊憐新，棄婦訴苦，有血有淚之傑作。」〔註121〕

各家註解基本上都認同〈谷風〉是一首棄婦詩。唯王靜芝認為《詩序》所言仍有瑕疵，他認為《詩序》雖提到〈谷風〉中有所謂「夫婦失道」之語，本來已經點到詩旨所在，可惜偏又要說此詩是在「刺」某事、「化」某人，如此則又將單純的詩講得太具有政治色彩了。另外方玉潤提到此詩當中言及「凡民有喪，匍匐救之」、「昔育恐育鞠，及爾顛覆」等句，便藉此判斷「豈一婦人能言哉！」「豈一棄婦所能任哉！」則未免太過小看女性了，對比詩中那位喜新厭舊、對家庭沒有多大貢獻的男性，這位婦人的種種付出與作為，是可以想見的，在筆者看來完全合乎常理，女性的堅忍，往往非男性所能及，因此〈谷風〉必為棄婦詩無疑，不必為某者之託詞明矣。

（三）全詩總說

讀到〈谷風〉，總會讓人想到杜甫的「但見新人笑，那聞舊人哭」。棄婦的主題，永遠是沁人心脾的悲愴。歷史上凡是關於愛情的作品，若牽涉到山盟海誓的約定，能相守到老的固然是一件美事，但若這個誓言一旦發生了變化而無法實現，除去不可抗力的因素外，那就是有一方不願意再遵守當初的承諾了。變卦者，往往以男性居多，反倒女性較能從一而終，把誓言當作是一輩子必須堅守的信條。〈谷風〉中的棄婦，便是牢牢記得「德音莫違，及爾同死」，彼此相愛到死的誓約，可惜昔日愛人早就另結新歡，把當初的海誓山盟拋卻腦後，翻臉不認帳了。

三、〈鄘風・柏舟〉

這是一首寡婦守節，誓死不願改嫁之詩。

〔註119〕方玉潤，《詩經原始》，（臺北：藝文印書館，1981年2月三版），頁309。
〔註120〕王靜芝，《詩經通釋》，（臺北：輔仁大學文學院發行，2001年10月十六版），頁97。
〔註121〕陳子展撰述，范祥雍、杜月村校閱，《詩經直解》，（上海：復旦大學出版社，1994年9月第4次印刷），頁108。

汎彼柏舟，在彼中河。髧彼兩髦，實維我儀。之死矢靡它。
母也天只！不諒人只！
汎彼柏舟，在彼河側。髧彼兩髦，實為我特。之死矢靡慝。
母也天只！不諒人只！〔註122〕

（一）詩意探析

此詩分作兩章，每章七句。

首章「汎彼柏舟，在彼中河。髧彼兩髦，實維我儀。之死矢靡它。母也天只！不諒人只！」屈萬里釋義說：「汎，浮也。中河，河中也。髧，音坦，垂髮貌。髦，音毛，髮垂至眉也。兩髦夾囟，本幼小之飾；若父母在，則雖長不去；親沒，然後去也。此指共伯言。儀，匹配也。之，至也。矢，誓也。靡它，無他心意也。母也天只，猶言母啊、天啊，所謂呼父母也。諒，猶今言諒解。」〔註123〕王靜芝對此章的詩意有著非常到位的解釋：「由柏舟之漂浮，興起人生之漂浮。然柏舟質堅，雖浮而能定。乃以柏舟之堅，興節婦之堅。節婦乃云：兩髦下垂者，實乃我之配偶。彼既已逝，我至死誓無他適之心。然其母欲迫嫁之，故呼母呼天，怨其不能諒解我之心意也。」〔註124〕

第二章「汎彼柏舟，在彼河側。髧彼兩髦，實為我特。之死矢靡慝。母也天只！不諒人只！」屈萬里說：「特，畜之牡者曰特。慝，音忒，邪也。」〔註125〕呂珍玉進一步解釋：「特，匹配。慝，邪，改變。靡慝，無所改變。」〔註126〕本章蓋重言上章之義，加重語氣並重申節婦堅定的意志。

（二）詩旨詮釋

《詩序》：「柏舟，共姜自誓也。衛世子共伯蚤死，其妻守義；父母欲奪而嫁之，誓而弗許，故作是詩以絕之。」朱熹《詩集傳》說：「舊說以為衛世子共伯蚤死，其妻共姜守義，父母欲奪而嫁之，故共姜作此以自誓。言柏舟則在彼中河，兩髦則實我之匹，雖至於死，誓無他心。母之於我，覆育之恩，

〔註122〕毛亨傳，鄭玄箋，孔穎達疏，阮元刻本《十三經註疏‧毛詩正義》附校刊記，（臺北：藝文印書館印行，1956年），頁109。
〔註123〕屈萬里，《詩經詮釋》，（臺北：聯經出版事業公司，1993年），頁82～83。
〔註124〕王靜芝，《詩經通釋》，（臺北：輔仁大學文學院發行，2001年10月十六版），頁118。
〔註125〕屈萬里，《詩經詮釋》，（臺北：聯經出版事業公司，1993年），頁83。
〔註126〕呂珍玉，《詩經詳析》，（臺北：五南圖書公司，2015年8月二版一刷），頁102。

如天罔極，而何其不諒我之心乎。不及父者，疑時獨母在，或非父意耳。」
〔註127〕方玉潤《詩經原始》：「夫婦人貞吉，從一而終，無論貴賤均可風世，
序必以共姜事實之，則未免失之。」〔註128〕龍起濤《毛詩補正》：「柏舟二章
表節也，衛之淫風流行，而有共姜之節可以砥柱中流矣。」〔註129〕王靜芝《詩
經通釋》：「詩序不足全信，自宋以後，已成定論。自朱傳廢序，說詩者不從序
者多矣。序既不足以解其本身之詩，安足據以改史？若史之說可信，則詩序
共伯蚤卒之言自屬不可信之說。且詩中始終並未言及共伯，亦未言及共姜。
詩序無所據而逕指為共姜自誓，雖史記明載與詩序不同，而後世竟據詩序駁
史，致是非難明耳。客觀論之，序史既不能一致，而詩中之言又未明言某人，
則此詩何必專指某一史實？」〔註130〕陳子展《詩經直解》：「柏舟，貞女寡婦
矢志不嫁之詞。」〔註131〕

　　諸家對於此詩的看法，大多認為這是一首表彰節婦的詩歌。但詩中所指的
貞女，到底是不是《詩序》所說的「共姜」，則引發眾多議論。筆者以為，王靜
芝的說法較為客觀公允，他提到「自朱傳廢序，說詩者不從序者多矣」，而且在
詩句本身，確實看不到任何與共伯、共姜相關的字眼或資料，顯然此詩所指涉
的對象不應該狹隘地圈限在共姜一人身上。因此筆者認為，此詩當是貞婦之夫
早逝，其母欲奪其志，貞女誓死不從，作此詩以明其對丈夫的堅貞愛情。

（三）全詩總說

　　此詩與〈行露〉同樣論及女子婚嫁的議題。不同的地方是，〈行露〉是一
首「拒婚」之詩，而〈柏舟〉則是女子在丈夫死去後，被迫改嫁，心中有所憂
思，藉詩句表明心跡，其中「之死矢靡它」、「之死矢靡慝」代表婦人所堅持的
愛情至死不變，是用來反對改嫁他人的誓辭。〈行露〉與〈柏舟〉這兩首詩，
同樣都表達了女性對於婚姻的強烈自主形象，這在文學作品中確屬罕見，呂
珍玉說：

　　　詩中女子毫不掩飾地表白自己之心願，當愛情遇到壓力，既不悲觀

〔註127〕朱熹《詩集傳》，（臺北：臺灣中華書局，1991 年），頁 28。
〔註128〕方玉潤，《詩經原始》，（臺北：藝文印書館，1981 年 2 月三版），頁 349。
〔註129〕龍起濤，《毛詩補正》，（臺北：大通書局，1970 年 6 月初版），頁 225。
〔註130〕王靜芝，《詩經通釋》，（臺北：輔仁大學文學院發行，2001 年 10 月十六版），
　　　　頁 117～118。
〔註131〕陳子展撰述，范祥雍、杜月村校閱，《詩經直解》，（上海：復旦大學出版社，
　　　　1994 年 9 月第 4 次印刷），頁 139。

失望，也不忍氣吞聲，而是堅決反抗，爭取婚姻自主。如此心直口
快，性格強烈，勇敢突破傳統，反抗父母之命，在文學作品中罕見。
也定形為成語，「柏舟之痛」為婦人喪夫，「柏舟之節」為夫死婦不
嫁……。〔註132〕

　　在強權威逼的狀況下，這名寡婦有別於傳統女性的形象，沒有自怨自艾，
也沒有低頭認命，反而堅持由自己來選擇丈夫去世之後的生活該怎麼過，但
要突破這個傳統，衝撞便在所難免，因此誓死的言辭，變成了衝撞現況的利
器，「母也天只！不諒人只！」的呼喊，也成了貞女對天起誓以表明心跡的具
體行動。這又再次印證了誓言與天之間的強烈聯結，在人們不願相信誓言的
同時，發誓之人只能讓最至公無私的「天」來做見證，以顯其內心誓辭之貞
純。

四、〈衛風・氓〉

　　這是一首棄婦自傷的詩歌。

　　　氓之蚩蚩，抱布貿絲。匪來貿絲，來即我謀。
　　　送子涉淇，至於頓丘。匪我愆期，子無良媒。
　　　將子無怒，秋以為期。
　　　乘彼垝垣，以望復關。不見復關，泣涕漣漣。
　　　既見復關，載笑載言。爾卜爾筮，體無咎言。
　　　以爾車來，以我賄遷。
　　　桑之未落，其葉沃若。于嗟鳩兮，無食桑葚。
　　　于嗟女兮，無與士耽。士之耽兮，猶可說也；
　　　女之耽兮，不可說也。
　　　桑之落矣，其黃而隕。自我徂爾，三歲食貧。
　　　淇水湯湯，漸車帷裳。女也不爽，士貳其行。
　　　士也罔極，二三其德。
　　　三歲為婦，靡室勞矣。夙興夜寐，靡有朝矣。
　　　言既遂矣，至于暴矣。兄弟不知，咥其笑矣。
　　　靜言思之，躬自悼矣。

〔註132〕呂珍玉，《詩經詳析》，（臺北：五南圖書公司，2015 年 8 月二版一刷），頁
　　　　 102。

及爾偕老，老使我怨。淇則有岸，隰則有泮。

總角之宴，言笑晏晏。信誓旦旦，不思其反。

反是不思，亦已焉哉！〔註133〕

（一）詩意探析

此詩分作六章，每章十句。

首章「氓之蚩蚩，抱布貿絲。匪來貿絲，來即我謀。送子涉淇，至於頓丘。匪我愆期，子無良媒。將子無怒，秋以為期。」屈萬里釋義說：「氓，音盲，野民也。蚩，音鴟；蚩蚩，敦厚貌。布，即布帛之布。貿，買也。此謂以布易絲也。即，就也。謀，即今語之商量：謂商量婚事也。愆，過也；愆期，誤期也。將，讀如羌，發語詞。」〔註134〕此章是在說，有個看似憨厚的小伙子，抱著布帛要來買絲綢，但這小伙子表面上是來買絲綢，實際上卻是要與我商量婚事。而後我送你涉過淇水，到了頓丘，並相約後會之期。但是你始終沒有派媒人來與我提親，並非我要誤了約定見面的日子，希望你不要生氣，我們相約秋天再見面。

第二章「乘彼垝垣，以望復關。不見復關，泣涕漣漣。既見復關，載笑載言。爾卜爾筮，體無咎言。以爾車來，以我賄遷。」屈萬里釋義說：「垝，音詭，毀也。垣，牆也。復關，氓所居之處也。此則指氓言。漣，音連；漣漣，淚下流貌。載，則也。卜用龜，筮用蓍。古者遇重要事必卜筮以決可否。體，龜卜之兆也；此兼卦體（筮）言。咎，音臼，凶也；過也。咎言，即不吉之言；體無咎言，謂卜筮皆吉也。賄，財也。以其財物遷於夫家也。此言既嫁。」〔註135〕此章是在說，在約訂婚期之後，女主角日夜盼望愛人能依約前來迎娶，只是遲遲未見對方出現，女主角情急登上城牆，遠眺愛人所住復關方向，不見對方車來，便哭成了淚人兒，及至看見對方車來，才破涕為笑，一展歡顏。加上卜筮的結果都是吉兆，如今愛人既然駕車前來迎娶，女子便帶上私房財物嫁入夫家。本章主要在敘述訂了婚期之後至男子前來迎娶期間，女子內心焦慮的等待過程。

第三章「桑之未落，其葉沃若。于嗟鳩兮，無食桑葚。于嗟女兮，無與士

〔註133〕毛亨傳，鄭玄箋，孔穎達疏，阮元刻本《十三經註疏・毛詩正義》附校刊記，（臺北：藝文印書館印行，1956年），頁134。

〔註134〕屈萬里，《詩經詮釋》，（臺北：聯經出版事業公司，1993年），頁107～108。

〔註135〕屈萬里，《詩經詮釋》，（臺北：聯經出版事業公司，1993年），頁108。

耽。士之耽兮，猶可說也；女之耽兮，不可說也。」屈萬里說：「沃，柔也，此謂柔嫩。若，猶然也。于，讀為吁。葚，音甚，桑實也。耽，多安切，樂也。」〔註136〕此章女子以桑自比，「桑之未落，其葉沃若」猶女子之青春美好，自然受到男士的愛惜，這裡大抵是在說新婚初期，猶有歡愉之情；「于嗟鳩兮，無食桑葚」，呂珍玉說：「毛傳：鳩，鶻鳩也。食桑葚過則醉而傷其性。此用以比喻女子與男子熱戀時容易失去理智。」〔註137〕「于嗟女兮，無與士耽」，這兩句當是女子的經驗之談，她奉勸天下的女子們，不能因為熱戀而與男子耽於享樂，原因在後面四句。「士之耽兮，猶可說也；女之耽兮，不可說也。」此四句大概是女主角最深切的哀怨之詞了，古來男女不平等，更可從這看見端倪，男子耽於逸樂，社會並不因此苛責於他，但女性若耽於逸樂，那可就脫不了不守婦道的罵名了。

第四章「桑之落矣，其黃而隕。自我徂爾，三歲食貧。淇水湯湯，漸車帷裳。女也不爽，士貳其行。士也罔極，二三其德。」屈萬里釋重要字詞如下：「隕，落也。徂，往也。徂爾，謂來嫁也。食貧，猶今語過窮日子。湯，音傷；湯湯，當是流水聲。漸，漬濕也。帷裳，車衣也；婦人之車有之。爽，差錯也。貳，猶言兩樣；貳其行，謂其行為改變不同於初時也。罔極，猶言無良。二三其德，猶今言三心二意也。」〔註138〕此章在寫女子因色衰而見棄於男子。「桑之落矣，其黃而隕」二句，與前章之「桑之未落，其葉沃若」形成了對比，女子的美貌一旦逝去，便猶如枯黃的落葉一般風華不再了。「自我徂爾，三歲食貧」，寫的是女子自從嫁到夫家以後，並沒有過上一日的富裕生活。「淇水湯湯，漸車帷裳」，當是在寫女子被棄離去時的慘況。「女也不爽，士貳其行。士也罔極，二三其德。」此四句則在寫女子所作所為並無差錯，但男子卻一改初時的態度，變得讓人捉摸不定，面對感情竟是如此三心二意。

第五章「三歲為婦，靡室勞矣。夙興夜寐，靡有朝矣。言既遂矣，至于暴矣。兄弟不知，咥其笑矣。靜言思之，躬自悼矣。」屈萬里釋義說：「靡室，意謂無入室休息之時，極言其勞也。夙興夜寐，謂侵晨而起，深夜始眠。靡有朝，猶今言沒早晨沒晚上，極言其事忙也。遂，成也。離騷有成言語，亦即邶

〔註136〕屈萬里，《詩經詮釋》，（臺北：聯經出版事業公司，1993年），頁108～109。
〔註137〕呂珍玉，《詩經詳析》，（臺北：五南圖書公司，2015年8月二版一刷），頁128。
〔註138〕屈萬里，《詩經詮釋》，（臺北：聯經出版事業公司，1993年），頁109。

風擊鼓之成說，猶今語說妥，謂商談已定也。咥，音熙，笑貌。躬，自身也。悼，悲傷也。」〔註139〕此章為女子細數婚後的生活，日夜勞苦，為夫家操持家務甚勤，卻遭男子暴力相向，至於被棄；更苦的是，回到娘家的女主角，還被不知情的兄弟訕笑，女子想到這裡，不免要自傷自悼一番了。

第六章「及爾偕老，老使我怨。淇則有岸，隰則有泮。總角之宴，言笑晏晏。信誓旦旦，不思其反。反是不思，亦已焉哉！」屈萬里釋義說：「老使我怨，言說到偕老，則使我怨恨也。舊謂此婦以年老而被棄，非是。因詩中既言三歲食貧，又言三歲為婦，知其僅結婚三年即被棄也。隰，低窪之處。泮，讀為畔，涯也。淇有岸，隰有泮，以反喻人心之無極也。總角，即結髮，謂直結其髮聚之以為兩角（兩個辮子）也；男未冠女未笄時，其髮如此。宴，樂也。晏晏，和柔貌。誓所以昭其信，故曰信誓。旦旦，誠懇貌。不思其反，猶今言不回頭想一想。反是不思，意謂回頭想一想都不肯。已，止也，完了也。本句意謂也只好算了吧！」〔註140〕最末章總結女子之怨。本欲與男子相伴到老，但偕老之說使女子更添怨恨。淇有岸，隰有泮，惟男子的無良沒有極限。如今女子回想起總角之時，言笑之樂無窮，男子誠懇的誓言依然飄盪在女子的腦海裡，只是男子卻不肯回頭想一想當初的濃情蜜意，既然如此，女子也是莫可奈何，就讓一切都算了吧！

（二）詩旨詮釋

《詩序》：「〈氓〉，刺時也。宣公之時，禮義消亡，淫風大行。男女無別，遂相奔誘，華落色衰，復相棄背。或乃困而自悔，喪其妃耦，故序其事以風焉。美反正，刺淫佚也。」朱熹《詩集傳》：「此淫婦為人所棄，而自敘其事以道其悔恨之意也。」〔註141〕方玉潤《詩經原始》：「此女始終總為情誤，固非私奔失節者比。」〔註142〕王靜芝《詩經通釋》：「此婦人為男子所棄，而自作之怨詞也。……細審詩中所言，男女之結合既經媒妁，又經卜筮，何淫亂之可言？此詩純為棄婦自作之怨詞，絕無序所謂禮義消亡，淫風大行。或朱傳所謂淫亂為人所棄之狀。」〔註143〕陳子展《詩經直解》：「氓與谷風皆為棄婦

〔註139〕屈萬里，《詩經詮釋》，（臺北：聯經出版事業公司，1993年），頁109。
〔註140〕屈萬里，《詩經詮釋》，（臺北：聯經出版事業公司，1993年），頁110。
〔註141〕朱熹《詩集傳》，（臺北：臺灣中華書局，1991年），頁37。
〔註142〕方玉潤，《詩經原始》，（臺北：藝文印書館，1981年2月三版），頁401。
〔註143〕王靜芝，《詩經通釋》，（臺北：輔仁大學文學院發行，2001年10月十六版），頁145。

之詞，一傷其夫得新忘舊，一怨其夫始愛終棄。此皆關于民間男女婚變之故事詩，同可作為短篇小說讀。」〔註144〕屈萬里《詩經詮釋》：「此棄婦自傷之詩。」〔註145〕

綜上諸說，此詩蓋棄婦自傷之詩無疑。唯《詩序》所謂「宣公之時，禮義消亡，淫風大行」及朱熹所謂「此淫婦為人所棄」之「淫婦」的說法，頗受後世學者質疑。對於《詩序》的質疑筆者不消贅說，蓋《詩序》習慣將《詩經》中所說的內容與禮義教化結合，使得後世的讀者難窺詩中本義；而朱熹的「淫婦」之說，更無道理，王靜芝對此說已有辯駁，何況詩中也有「女也不爽，士貳其行」的說法，表示此女在行為上並無道德上的瑕疵，反而是男子的行為有著更多的爭議，指責這樣可憐的女子為「淫婦」，還真不知該從何說起了。

（三）全詩總說

呂珍玉於《詩經詳析》中提到：「……全詩六章，以棄婦口吻講述自己哀婉動人之婚姻悲劇故事。抒情詩但有較強敘事性，詩用回憶與對比手法，就近取譬寫物之工，對男子稱謂由疏而親而疏的四次變化，以及淇水的三次出現，展現女子情感的變化，不論棄婦或放在被譴責位置的氓，透過這些寫作技巧，都得以呈現其性格。」〔註146〕這首詩和〈谷風〉同樣是描寫古代女子被棄的悲劇故事，雖遇心儀的對象，也為了這個心儀的對象不顧一切委身下嫁，無奈婚後遭遇丈夫的移情別戀，讓女子心傷不已。此詩中的「信誓旦旦」，就詩中的語境看來，應該不是女子所發下的誓言，而是女子回憶當初男子正在追求自己時，曾經有過甜蜜的海誓山盟，只是過去誠摯的愛情保證，對比如今喜新厭舊的無情，顯得格外醜陋諷刺。詩人思憶甜蜜往事，已隨風而逝，也只能「亦已焉哉」，無可奈何了。

五、〈王風・大車〉

這是一首誓言生不能同在一處，死願同穴而葬的愛情詩。

大車檻檻，毳衣如菼。豈不爾思？畏子不敢。

大車啍啍，毳衣如璊。豈不爾思？畏子不奔。

〔註144〕陳子展撰述，范祥雍、杜月村校閱，《詩經直解》，（上海：復旦大學出版社，1994 年 9 月第 4 次印刷），頁 184。

〔註145〕屈萬里，《詩經詮釋》，（臺北：聯經出版事業公司，1993 年），頁 107。

〔註146〕呂珍玉，《詩經詳析》，（臺北：五南圖書公司，2015 年 8 月二版一刷），頁 130。

　　穀則異室，死則同穴。謂予不信？有如皦日。〔註147〕

（一）詩意探析

　　本詩分作三章，每章四句。

　　首章「大車檻檻，毳衣如菼。豈不爾思？畏子不敢。」屈萬里釋義說：「檻檻，車行聲。毳，音脆。毳衣，績毛為衣，取其可以禦雨，大夫巡行邦國之服也。菼，荻也。如菼，言其色青。豈不爾思之爾，謂所思之人；畏子不敢之子，謂大夫也。」〔註148〕此章寫征夫思家之情。「大車檻檻，毳衣如菼」寫的是主帥所坐之車，車行檻檻有聲，而主帥所著之青色毳衣莊嚴整齊。「豈不爾思？畏子不敢」這裡的「爾」，當是征人家中之妻，「子」則為穿毳衣的主帥，兩句合言之，意即我出征在外多年，難道我不思念家中的你，只因為我畏懼帶兵的主帥，不敢奔逃。

　　第二章「大車啍啍，毳衣如璊。豈不爾思？畏子不奔。」屈萬里說：「啍啍，亦車行聲也。璊，音門，赤色玉也。奔，私奔也。」〔註149〕第二章的章法與首章同。結尾所說的「畏子不奔」，比首章「畏子不敢」的意思更進一層，首章雖說不敢，但到底不敢什麼，沒有明說，直到第二章的出現，方可得知首章所言之不敢，乃不敢奔逃之意。

　　第三章「穀則異室，死則同穴。謂予不信？有如皦日。」屈萬里說：「穀，生也。穴，墓穴也。此句乃願望之辭。皦，音皎，白也，明也。」〔註150〕此章出現發誓之語。征人過著的是有今天，但未必有明天的日子，能不能活著回去見妻室，顯然是個大問號，大概就是這樣的不確定性，讓這名征夫起了重要的誓言，「穀則異室，死則同穴」，生雖不能與妻室長相廝守，死則願合葬在同一個墓穴，征夫為強調自己誓言的真誠，還對著天「指日為誓」。「有如……」是起誓時的套語，就是以天、太陽、日月為明鑑的誓言。《左傳》與《晉書》皆有類似的例子，此類套語，筆者於第二章已有舉例，此處不再贅言。

（二）詩旨詮釋

　　《詩序》：「〈大車〉，刺周大夫也。禮義陵遲，男女淫奔。故陳古以刺今

〔註147〕毛亨傳，鄭玄箋，孔穎達疏，阮元刻本《十三經註疏・毛詩正義》附校刊記，（臺北：藝文印書館印行，1956年），頁153。
〔註148〕屈萬里，《詩經詮釋》，（臺北：聯經出版事業公司，1993年），頁131。
〔註149〕屈萬里，《詩經詮釋》，（臺北：聯經出版事業公司，1993年），頁131。
〔註150〕屈萬里，《詩經詮釋》，（臺北：聯經出版事業公司，1993年），頁131。

大夫不能聽男女之訟焉。」朱熹《詩集傳》:「周衰,大夫猶有能以刑政治其私邑者,故淫奔者畏而歌之如此。然其去二南之化則遠矣,此可以觀世變也。」〔註151〕方玉潤《詩經原始》:「姚氏際恆云,偽傳說皆以為周人從軍,訊其室家之詩,似可通。此雖出於偽說而詩意真切,詎得以其偽而少之歟?周衰世亂,征伐不一,周人從軍迄無甯歲,恐此生永無團聚之期,故念其室家而與之訣絕如此,然其情亦可慘矣。」〔註152〕王靜芝《詩經通釋》:「此征夫思妻室之詩也。」〔註153〕屈萬里《詩經詮釋》:「此蓋女子有所愛慕而不得遂其志之詩。」〔註154〕

此詩詩旨,各家說法不一,《詩序》與《詩集傳》皆提到這是一首跟男女淫奔有關的詩,但後世學者多不採信。關於〈大車〉一詩的詩旨,筆者以為,方玉潤、王靜芝等人的說法於詩意較可通讀無礙。

(三)全詩總說

呂珍玉於《詩經詳析》提到:「各家說詩旨紛紜,其因在於「爾」、「子」指涉何人?同一人?或不同人?另「奔」字如何釋義,私奔或逃亡?各有所持。此詩採 AAB 曲式,一、二章聯吟,末章變調,指日為誓,生雖異室,死必同穴,前二章爾、子身分為何?和詩人之關係為何?遭遇現實何種阻隔?從字詞上不易指實。」〔註155〕雖說詩人究竟遭遇何種困境,從字面上不易得知,但可以確定的是,詩人與詩中所欲敘寫的對象,其用情至深,極有可能是夫妻關係。從其誓辭中可看見:「穀則異室,死則同穴。謂予不信?有如皦日。」大概只有夫妻之間的情感,才能發下這樣生不能相依,死願同穴的誓言,甚至為表其誓言之真,乃指日為誓。誓言與天與日月存在著密切的關聯,此詩又是一證。

六、〈唐風·葛生〉

這是一首寡婦悼念丈夫的詩歌,詩裡滿是妻子對死去丈夫的依戀。

〔註151〕朱熹《詩集傳》,(臺北:臺灣中華書局,1991 年),頁 46。
〔註152〕方玉潤,《詩經原始》,(臺北:藝文印書館,1981 年 2 月三版),頁 444～445。
〔註153〕王靜芝,《詩經通釋》,(臺北:輔仁大學文學院發行,2001 年 10 月十六版),頁 172。
〔註154〕屈萬里,《詩經詮釋》,(臺北:聯經出版事業公司,1993 年),頁 131。
〔註155〕呂珍玉,《詩經詳析》,(臺北:五南圖書公司,2015 年 8 月二版一刷),頁 153。

　　葛生蒙楚，薇蔓于野。予美亡此，誰與？獨處！

　　葛生蒙棘，薇蔓于域。予美亡此，誰與？獨息！

　　角枕粲兮，錦衾爛兮。予美亡此，誰與？獨旦！

　　夏之日，冬之夜。百歲之後，歸于其居。

　　冬之夜，夏之日。百歲之後，歸于其室。〔註156〕

（一）詩意探析

　　本詩分作五章，每章四句。

　　首章「葛生蒙楚，薇蔓于野。予美亡此，誰與？獨處！」屈萬里解釋如下：「蒙，掩蓋也。楚，木名。薇，音斂，亦蔓生草。以上二句所言，春深時之景象也。亡，去也。不忍顯言其死，故曰去此耳。與，共也。言與誰共乎？惟有獨處耳。」〔註157〕這是一首女子悼念丈夫之詩。此章開頭以「葛生」引發女子的愁思，從葛藤蒙於楚木、薇草蔓於荒野的場景，想起已逝的夫君，「予美」即指女子丈夫，由美字當可推斷，女子至今依然深愛丈夫，故美之。人生最痛苦的事，莫過於最深愛的人撒手人寰，而自己獨留於世，頓失依靠。

　　第二章「葛生蒙棘，薇蔓于域。予美亡此，誰與？獨息！」屈萬里釋義說：「域，塋域，墓地也。息，謂寢息也。」〔註158〕此章章法與前章同，主要在重申女子對丈夫的思念，與獨活於人世的寂寥孤單。此章更直接言及荒草蔓於丈夫的墳塋，可見女子面對丈夫的死，始終走不出心中的傷痛，來到丈夫的墳塋旁徘迴流連，滿被藤蔓的墳塋如此荒涼，丈夫長眠地下無人相伴，經年孤獨一人。

　　第三章「角枕粲兮，錦衾爛兮。予美亡此，誰與？獨旦！」屈萬里釋義說：「角枕，以角飾枕也。……周禮天官玉府：大喪，共含玉，復衣裳，角枕角柶。粲，鮮明貌。衾，音欽，被也。爛，鮮明貌。獨旦，獨處至旦也。」〔註159〕此章場景一換，換至棺內為死者裝殮的物品華麗燦然，與墳外荊棘藤蔓荒涼的畫面形成了強烈的對比，棺內華美的物品，代表著寡婦對死去丈夫的不

〔註156〕毛亨傳，鄭玄箋，孔穎達疏，阮元刻本《十三經註疏‧毛詩正義》附校刊記，（臺北：藝文印書館印行，1956年），頁227。

〔註157〕屈萬里，《詩經詮釋》，（臺北：聯經出版事業公司，1993年），頁208。

〔註158〕屈萬里，《詩經詮釋》，（臺北：聯經出版事業公司，1993年），頁208。

〔註159〕屈萬里，《詩經詮釋》，（臺北：聯經出版事業公司，1993年），頁208～209。

捨與依戀？逝者已矣，獨留生者徹夜不眠，憂思達旦。

第四章「夏之日，冬之夜。百歲之後，歸于其居。」屈萬里釋義說：「夏日長，冬夜長；二句乃度日如年之意。居，指墳墓言。」〔註160〕此章係延續前三章寡婦的孤獨而來。夏日與冬夜，皆泛指時間的漫長。丈夫的離去，時間突然變得毫無意義，餘生越長，孤獨的日子也越長，此刻寡婦恨不得「百歲之後」的那一天能快一點到，好讓她能「歸于其居」，回到心愛的丈夫那裏。同穴而葬，儼然成了寡婦心中最幸福的盼望。「百歲之後，歸于其居」，正是寡婦對丈夫發出的堅貞誓言，死雖不能同日，但願百年之後，能與你同葬一處，那麼死亡對我來說，是滿心期待的團圓。

第五章「冬之夜，夏之日。百歲之後，歸于其室。」室，猶墓也。此章顛倒冬夜夏日之序，重詞疊唱，與前章之義同，蓋寡婦之憂傷綿長故也，惟重唱其願，方能消心中憂傷於萬一，也才能顯出其誓言的堅定，與對這場愛戀的執著。

（二）詩旨詮釋

《詩序》：「〈葛生〉，刺晉獻公也。好攻戰，則國人多喪矣。」朱熹《詩集傳》：「婦人以其夫久從征役而不歸，故言葛生而蒙於楚，蘞生而蔓于野，各有所依託，而予之所美者獨不在是，則誰與而獨處於此乎？」〔註161〕方玉潤《詩經原始》：「詩云可憐無定河邊骨，猶是春閨夢裡人，可以想見此詩景況。」〔註162〕龍起濤《毛詩補正》：「葛生五章，野哭也，孔子過泰山側，有婦人哭於墓者而哀，即此類也。」〔註163〕王靜芝《詩經通釋》：「按詩序云：葛生，刺晉獻公也。好攻戰，則國人多喪矣。……明明為感情豐富之悼念亡人之詩，而轉變其旨，指為刺晉獻公，則詩之情感全失，索然無味。詩序之病，在此種處者不少。朱傳以為婦人以其夫久從征役而不歸而作。然此詩中並無一語表示行役。朱傳所以思及此者，顯受詩序獻公好攻戰之語之影響，而造出久役不歸之說。」〔註164〕陳子展《詩經直解》：「葛生，夫從軍

〔註160〕屈萬里，《詩經詮釋》，（臺北：聯經出版事業公司，1993年），頁209。
〔註161〕朱熹《詩集傳》，（臺北：臺灣中華書局，1991年），頁73。
〔註162〕方玉潤，《詩經原始》，（臺北：藝文印書館，1981年2月三版），頁578～579。
〔註163〕龍起濤，《毛詩補正》，（臺北：大通書局，1970年6月初版），頁572。
〔註164〕王靜芝，《詩經通釋》，（臺北：輔仁大學文學院發行，2001年10月十六版），頁253。

未還，未知死生，其妻居家而怨思之作。」〔註165〕屈萬里《詩經詮釋》：「此蓋悼亡之詩。」〔註166〕

此詩的詩旨，《詩序》將其定位為刺晉獻公之好攻戰，朱熹亦言及「久從征役不歸」之說，方玉潤所引「可憐無定河邊骨，猶是春閨夢裡人」、龍起濤所謂婦人哭於墓者而哀，皆與征戰之事有關，陳子展更直言這是一首征夫之妻怨思之作。可見此詩詩旨，有一部分的學者認同《詩序》；也有一些注家如王靜芝則以為此詩中未見行役征伐，何來久從征役不歸之說。不論是否與征戌行役有關，「百歲之後，歸於其居」總是未亡之人同穴之願的自訴。

（三）全詩總說

悼亡詩，總是令人感傷，甚至不忍碰觸。〈葛生〉一詩既以「葛生」二字名篇，恰顯其畫面蒼涼之感。「未亡人」獨活於世，百無聊賴，悲懷難遣，只能失魂落魄地前往那「葛生蒙楚、蘞蔓于野」的墳地，去看看那已然離世的丈夫，向丈夫傾訴他離去之後的日子，女子是如何的「獨處」、「獨息」與「獨旦」，此生何時才是盡頭，究竟要孤單到什麼程度才能獲得上天的垂憐，讓女子能如願與君同穴而眠。此詩滿紙孤獨與思念，讀來讓人惆悵不已。呂珍玉對此詩寫作有較為完整的解析：

> 一、二章開頭用興體，借眼前墓地上蘞、蔓兩種植物尚有依附，反襯自己夫死無依。三章轉換場景，由野外而墓內，死者裝殮之物富麗光豔，和墳地荒寂形成反差，尤顯寡婦對亡夫深刻之思。四、五章為一、二章「誰與獨處」、「誰與獨息」、「誰與獨旦」之延伸和拓展，「冬之夜，夏之日」六字，舉日與夜，表晝夜流轉，長日哀思，舉夏與冬，表寒暑更迭，長年哀思。將生之怨恨，化為對死之嚮往，以同墓中人相聚，作為自己唯一之願望。本詩為悼亡詩之祖。〔註167〕

上述所謂「將生之怨恨，化為對死之嚮往」，正是這首詩最扣人心弦處。人無不具有求生的本能，但在某種特殊的狀態下，人同時還具有求死的渴望。正

〔註165〕陳子展撰述，范祥雍、杜月村校閱，《詩經直解》，（上海：復旦大學出版社，1994 年 9 月第 4 次印刷），頁 366。

〔註166〕屈萬里，《詩經詮釋》，（臺北：聯經出版事業公司，1993 年），頁 208。

〔註167〕呂珍玉，《詩經詳析》，（臺北：五南圖書公司，2015 年 8 月二版一刷），頁 238。

如此詩中的「未亡人」、「未亡」對於此刻的寡婦來說，是不斷喃喃自語，何以自己「未亡」？丈夫已死，自己獨活，分分秒秒盡是孤單與煎熬，不如「歸于其居」、「歸于其室」，才是此生最美好的結局。

第四節　隱者自適——〈衛風·考槃〉

這是一首賢者隱居，並自誓不忘其樂的詩歌。

考槃在澗，碩人之寬。獨寐寤言，永矢弗諼。
考槃在阿，碩人之薖。獨寐寤歌，永矢弗過。
考槃在陸，碩人之軸。獨寐寤宿，永矢弗告。〔註168〕

（一）詩意探析

本詩分作三章，每章四句。

首章「考槃在澗，碩人之寬。獨寐寤言，永矢弗諼。」屈萬里釋義說：「考槃，朱傳引陳傅良云：考，扣也。槃，器名；扣之以節歌。澗，山夾水曰澗。碩，大也。寬，胸懷寬廣也。獨寐寤言，謂獨寐、獨寤（醒）、獨言也。矢，誓也。」〔註169〕首章在寫賢者隱居於幽深澗谷之中，其意甚是自得。「考槃在澗，碩人之寬」，此二句乃言隱者於澗谷中扣槃而歌，其胸懷寬大，甚是自適。「獨寐寤言，永矢弗諼」，乃言隱者無拘無束，可獨寐、獨寤、獨言，狀似孤獨寂寞，然賢者卻以此為樂，並自誓將長久委身於天地間，終身不忘這樣純靜的樂趣。

第二章「考槃在阿，碩人之薖。獨寐寤歌，永矢弗過。」屈萬里釋義說：「阿，陵曲也。薖，音科，毛傳：寬大也。過，去也；弗過，猶弗忘也。」〔註170〕此章之章法及意境與前章同。「考槃在阿，碩人之薖」，猶言隱者扣槃而歌，唯場景從澗谷轉換至山坡，不論山坡或澗谷，皆大自然也。「獨寐寤歌，永矢弗過」，此二句與「獨寐寤言，永矢弗諼」詩意相似，不贅解。

第三章「考槃在陸，碩人之軸。獨寐寤宿，永矢弗告。」屈萬里釋義說：「陸，高平之地曰陸。軸，當讀為迪。偽大禹謨偽孔傳云：迪，道也。永矢弗告，朱傳：不以此樂告人也。」〔註171〕此章章法與前兩章同。「考槃在陸，碩

〔註168〕毛亨傳，鄭玄箋，孔穎達疏，阮元刻本《十三經註疏·毛詩正義》附校刊記，
　　　　（臺北：藝文印書館印行，1956年），頁128。
〔註169〕屈萬里，《詩經詮釋》，（臺北：聯經出版事業公司，1993年），頁102。
〔註170〕屈萬里，《詩經詮釋》，（臺北：聯經出版事業公司，1993年），頁102。
〔註171〕屈萬里，《詩經詮釋》，（臺北：聯經出版事業公司，1993年），頁102～103。

人之軸」，場景再一次轉換，把扣槃而歌的地點換至高平之地，隱者此時說道，這樣的生活才是碩人之道。「獨寐寤宿，永矢弗告」，此二句猶言獨寐、獨寤、獨宿，頗有獨與天地往來的瀟灑，而這樣的樂趣隱者並不打算告訴世人，在筆者看來，大概如陶淵明〈飲酒詩〉「此中有真意，欲辨已忘言」，不知用怎樣的話來描述隱居之樂，即便說了，聽者也未必能領會那種平淡自適。

（二）詩旨詮釋

《詩序》：「〈考槃〉，刺莊公也。不能繼先公之業，使賢者退而窮處。」朱熹《詩集傳》：「詩人美賢者隱處澗谷之間，而碩大寬廣，無戚戚之意，雖獨寐而寤言，猶自誓其不忘此樂也。」〔註172〕方玉潤《詩經原始》：「此美賢者隱居自樂之詞，詩意甚明，無所謂怨亦無所謂刺，不知序何以謂刺莊公。」〔註173〕龍起濤《毛詩補正》：「此賢者隱居之樂也。」〔註174〕王靜芝《詩經通釋》：「詩意純為隱者自樂之詞，既無怨意，更未見刺意。詩序每願引政入詩，至於強牽，不足取也。」〔註175〕屈萬里《詩經詮釋》：「此美賢者處窮而能安其樂之詩。」〔註176〕

以上諸說大抵皆認為〈考槃〉是一首隱者自誓其樂的詩歌。唯方玉潤、王靜芝等人提到，《詩序》「刺莊公」的說法明顯牽強，畢竟從詩句中無法看到任何怨恨之詞，反倒是詩裡處處展現出隱者的豁達大度，以及與天地自然共同謳歌的樂趣，是一種不在乎他人眼光，無須他人理解的隨性態度，因此這首詩實非怨刺之詩。

（三）全詩總說

此詩較之於《詩經》中的其他誓詛篇章，是相對特別的一篇。此詩雖有「永矢弗諼」、「永矢弗過」、「永矢弗告」等誓詞，但卻無怨憤之氣，取而代之的是一種心境的遼闊。陳繼揆《讀風臆補》中有一段話，很能詮釋這種氛圍：

> 煙銷日出不見人，欸乃一聲山水綠，碩人之境也；桃花流水杳然去，

〔註172〕朱熹《詩集傳》，（臺北：臺灣中華書局，1991 年），頁 35。
〔註173〕方玉潤，《詩經原始》，（臺北：藝文印書館，1981 年 2 月三版），頁 388～389。
〔註174〕龍起濤，《毛詩補正》，（臺北：大通書局，1970 年 6 月初版），頁 277。
〔註175〕王靜芝，《詩經通釋》，（臺北：輔仁大學文學院發行，2001 年 10 月十六版），頁 140。
〔註176〕屈萬里，《詩經詮釋》，（臺北：聯經出版事業公司，1993 年），頁 102。

> 別有天地非人間，碩人之心也。陶詩結廬在人境，而無車馬喧是首
> 句意；問君何能爾，心遠地自偏是次句意；此中有真意，欲辨已忘
> 言，即三四句意。唐人詩縱聽世人權似火，不能燒得臥雲心，亦得
> 永矢之意者。昌黎云終吾生以徜徉，終字即永字義，又陶辭策扶老
> 以流憩，時矯首而游觀，景依依以將入，撫孤松而盤桓，即軸字意。
> 太白詩但得醉中趣，勿與醒者傳，亦即勿告意也。〔註177〕

看來〈考槃〉一詩堪稱中國山水隱逸文學書寫源頭。

第五節　小結

本章題為「《詩經》發誓詩探析」。《詩經》中關於「發誓」的詩歌不少，其中發誓的種類還可細分為跟軍事有關的、跟反抗暴力有關的、跟愛情有關的、跟隱者生活有關的。

跟軍事有關的發誓詩，有〈大雅·大明〉、〈大雅·常武〉以及〈秦風·無衣〉等三篇。此類的詩篇，風格強健，語多鏗鏘，其誓辭往往果決有力，此戰能不能一舉獲勝，統帥的出征前誓師成了決定性的關鍵。好的演說能激勵全軍將士，反之，若將此關鍵的宣講，看成了兒戲，那麼這支軍隊將不戰自敗。因此這類的詩歌，往往都具有濃厚的宗教性與儀式性（誓師本身就是一種儀式），加上神監思想的作用，這類誓辭便具有不可違逆的莊嚴成分，使聽者不得不服從統帥的調度指揮。值得一提的是，〈秦風·無衣〉若非安大簡《詩經》出現和《毛詩》不同異文，今天讀者只是單純以秦國軍歌，士兵出征時高唱以為壯語來看待它。然而通過不同的異文，呈現軍隊出師前更為慎重嚴肅的儀式。安大簡本《詩經》多出「曾子以組，明月將逝」這兩句，更添揣想軍隊出師前夕，為了鼓舞士氣，將領頒贈象徵榮譽的綏帶給士兵，以明月為見證，全軍同仇敵愾，視死如歸為國效命。

再者，跟對抗暴力有關的發誓詩，有〈召南·行露〉、〈魏風·碩鼠〉兩首。這類詩歌對於現實的生活是極具挑戰性的，對於《詩經》時代的人民，「溫柔敦厚」經常是我們對當時人的既定印象，焉知《詩經》中的百姓也可以具有推翻不公不義、挑戰權威的形象。〈召南·行露〉最令我感到震撼，詩

〔註177〕陳繼揆，《讀風臆補》，收錄於《續修四庫全書·經部·詩類》第 58 冊，（上海市：古籍出版社，2002 年），頁 187。

中的主角是一名女性，面對強權逼婚之下，竟能展現無畏的精神與之興訟到底。〈魏風‧碩鼠〉則寫出小老百姓面對無良政府的強取豪奪，因而對故土心生去意，寧可另覓樂土，也不願在此與滿是「碩鼠」般的統治者為伍。

又與愛情有關的發誓詩，可說是《詩經》中發誓詩的大宗。這些詩分別是〈邶風‧擊鼓〉、〈邶風‧谷風〉、〈鄘風‧柏舟〉、〈衛風‧氓〉、〈王風‧大車〉、〈唐風‧葛生〉等六篇。只是這六篇詩歌，我們很難從中感受到因為愛情所傳達出來的甜蜜氛圍，其中泰半是因為現實環境或征伐、或遭棄、或生離死別的阻撓，導致故事中的戀情無法修成正果，曾經有過的海誓山盟，成了戀人間最深刻的記憶。

本章最後一首討論到的發誓詩，是〈衛風‧考槃〉。這是所有發誓詩中最不具強烈情緒的作品，寫的是關於一位賢者志在隱居的閒適心情，詩句中的「永矢弗諼」、「永矢弗過」、「永矢弗告」，明白表述詩人嚮往寧靜生活的堅定意志，渴望將自己永久委身於天地間，隨萬物的榮枯而老去，這樣的樂趣無須對人說，說了外人也不會懂得。

總體來說，我們在《詩經》中所考察到的十二首發誓詩，在類型上雖然有些差異，但對於「發誓」這件事情來說，其精神則是一樣的。古人不輕諾，也不輕發誓言，一旦牽扯到「誓」這個字，往往情況非同小可，多半是發出誓言的人，遭遇了某些人生中的大問題，非得以「誓」來證明自己內心的堅定意志，或者透過激烈的陳詞，才能撫平內心的矛盾與痛苦。也唯有透過對《詩經》中發誓詩的探究，我們才可以明白周人對於自己理想生活的追尋有多渴望、多堅持。「誓」在周人的生活中，無疑是洩導人情、澄清自我意志時所選擇的主要行為方式。

第四章　《詩經》詛咒詩探析

　　在論述過《詩經》中關於「發誓」的詩篇後，本章即將進入《詩經》中述及「詛咒」詩篇的探討。跟「詛咒」有關的詩篇，《詩經》中共計五首，分別是〈鄘風‧相鼠〉、〈小雅‧巧言〉、〈小雅‧何人斯〉、〈小雅‧巷伯〉、〈大雅‧蕩〉，數量上與「發誓」的篇章比較起來，明顯少了很多。而「詛咒」詩，其用字遣詞又比「發誓」詩更為直接強烈，在詩句中可以出現咒人去死、生瘡浮腫等等可怕後果的字眼，在「溫柔敦厚」的詩教中，這類詛咒的篇章可謂異軍突起，文字雖然強烈狠毒，但卻是貼近人性，直指詩人所遭遇到的衝突與矛盾，一點也無須掩飾，也無須拐彎抹角，是《詩經》中非常珍貴的作品。然而《詩經》中的「詛咒」，乃屬語言巫術的一環，與西方的「curse」較不一樣，西方的 curse，屬性較像是「魔咒」，比如希臘悲劇中的伊底帕斯，受到「弒父娶母」的詛咒，主角似乎真的在無形的魔咒中受到了牽引，不論怎麼逃避，最後還是會發生憾事，表示這魔咒的效力具有一定的延續性。但《詩經》中的詛咒詩歌，一方面可能受到文學形式的影響（《詩經》並非劇本），我們無法在閱讀文本之後，確知詛咒是否真的起了作用，受詛的對象是否真的遭遇橫禍，僅僅只能看到詩人在極端情緒下，所發出的詛咒文辭，而這樣的文辭更傾向是「詛罵」。劉勰《文心雕龍》〈祝盟〉：「黃帝有祝邪之文，東方朔有罵鬼之書，於是後之譴咒，務於善罵。」[註1]可知早在黃帝時就有驅邪避凶、東方朔有罵鬼之類的「詛罵」，然而《詩經》被忽略了。

〔註1〕 劉勰，《文心雕龍》，（臺北：金楓出版社，1986 年 10 月），頁 108。

在正式進入五首詛咒詩的探析以前，有一首詩需要稍作說明，那就是〈周南・螽斯〉。

> 螽斯，羽詵詵兮。宜爾子孫，振振兮。
> 螽斯，羽薨薨兮。宜爾子孫，繩繩兮。
> 螽斯，羽揖揖兮。宜爾子孫，蟄蟄兮。〔註2〕

《合肥晚報》2015 年 4 月刊登一篇吳營洲〈一首詛咒之歌：《詩經》中的誦蝗詩〉的雜文，提到他的老師高鶴聲認為〈螽斯〉是首「詛咒之歌」，吳營洲說：「高鶴聲老師認為，這首詩第一節末尾的『振』字，有著兩種讀音，如讀平聲 zhēn，就像是在歌頌蝗蟲的歡快、和諧、團結、繁盛，乃至仁慈、寬厚，但若讀作去聲 zhèn，則是在形容蝗群飛舞、遮天蔽日的可怕景象。」撰者以為從聲調的訓讀，雖然可以推敲出另一種詩意，但是否一定要詮釋為詛咒蝗蟲的驅蟲詩，恐怕依然值得商榷。何況《詩序》「子孫眾多」的意象已深入我國文化，「螽斯衍慶」成語，以及翠玉白菜上巧雕螽斯祝福，都已根深蒂固成為國人對家族五世其昌的美好想望。因此撰者未將〈周南・螽斯〉列入「詛咒詩」的範疇中探討，於此特作說明。

第一節　無禮速死──〈鄘風・相鼠〉

這是一首施政者無禮無儀，故而引發詩人咒罵他去死的詩篇。

> 相鼠有皮，人而無儀。人而無儀，不死何為？
> 相鼠有齒，人而無止。人而無止，不死何俟？
> 相鼠有體，人而無禮。人而無禮，胡不遄死？〔註3〕

（一）詩意探析

本詩分作三章，每章四句。

首章「相鼠有皮，人而無儀。人而無儀，不死何為？」屈萬里釋義說：「相，視也。儀，威儀也。」〔註4〕本章以看到鼠之有皮，而想到人怎麼可以沒有威儀。人若沒有威儀，不如就去死一死吧！

〔註2〕 毛亨傳，鄭玄箋，孔穎達疏，阮元刻本《十三經註疏・毛詩正義》附校刊記，（臺北：藝文印書館印行，1956 年），頁 35。

〔註3〕 毛亨傳，鄭玄箋，孔穎達疏，阮元刻本《十三經註疏・毛詩正義》附校刊記，（臺北：藝文印書館印行，1956 年），頁 122。

〔註4〕 屈萬里，《詩經詮釋》，（臺北：聯經出版事業公司，1993 年），頁 94。

第二章「相鼠有齒，人而無止。人而無止，不死何俟？」止，屈萬里說是「容止也。」〔註5〕此章與前章章法相同，意思是說，看到老鼠都有排列整齊的牙齒，那麼人怎麼可以沒有高尚的容止呢？人如果沒有高尚的容止，那還在等什麼呢？趕快去死一死吧！

第三章「相鼠有體，人而無禮。人而無禮，胡不遄死？」遄，屈萬里說是「速也。」〔註6〕此章章法與前兩章同，三疊唱之，乃在加重其語氣。此章詩意為，看到老鼠都有結構完整的身體，那麼人怎麼可以沒有得宜的禮節呢？人如果沒有得宜的禮節，為什麼不趕快去死一死呢？

（二）詩旨詮釋

《詩序》：「相鼠，刺無禮也。」朱熹《詩集傳》：「言視彼鼠而猶必有皮，可以人而無儀乎？人而無儀，則其不死亦何為哉？」〔註7〕方玉潤《詩經原始》：「序以為刺無禮，諸家皆然，唯舊說多云鼠尚有皮，人而無儀則鼠之不若，以人之儀喻鼠之皮，則未免輕視禮儀，獸皮之不若矣，夫麟鳳尚有威儀，龍馬必多精神，人之所以異於禽獸者，禮義以制心，威儀以飭躬也。倘去此威儀禮義而不之檢，則是卑污賤惡不過如鼠之徒，有其皮與齒以成其體而已矣，雖欲求為禽獸之長而不可得，況人也乎？夫人也而禽獸之不若，則何以自立於天地之間，固不如速死之為愈耳。」〔註8〕陳子展《詩經直解》：「相鼠，刺無禮也。詩序首句是。」〔註9〕牟庭《詩切》：「余按《毛詩序》據襄二十七年《左傳》慶封不敬，叔孫為賦〈相鼠〉，故曰：相鼠，刺無禮也。然刺人無禮，至於詈之以死，直而不婉，非詩教也。惟以為妻諫夫之詩，則所謂夫婦一體，榮恥共之。夫無儀，故使己無儀，己無儀，故不如死。非詈人死，乃自詈也，自詈所以諫夫也。以此意讀之可以識溫柔敦厚之教，而知古義之可貴也。」

諸家對於《詩序》所謂〈相鼠〉是為了要「刺無禮」，並無多大異議。唯方玉潤對於此詩的看法，說得更為透徹，認為拿人與鼠相比，乃是為了要凸顯人之異於禽獸者甚大，然而人之所以為人，蓋在於人有威儀禮義，若人丟

〔註5〕　屈萬里，《詩經詮釋》，（臺北：聯經出版事業公司，1993年），頁94。
〔註6〕　屈萬里，《詩經詮釋》，（臺北：聯經出版事業公司，1993年），頁94。
〔註7〕　朱熹《詩集傳》，（臺北：臺灣中華書局，1991年），頁32。
〔註8〕　方玉潤，《詩經原始》，（臺北：藝文印書館，1981年2月三版），頁373～374。
〔註9〕　陳子展撰述，范祥雍、杜月村校閱，《詩經直解》，（上海：復旦大學出版社，1994年9月第4次印刷），頁158。

棄了這些威儀禮義，那當真是連禽獸都不如了。此外，牟庭以為這是一首「妻諫夫」之詩，將一首言詞如此激烈的詈罵詩，詮釋為溫婉的勸諫詩，也可見他遵行「溫柔敦厚」詩教的闡釋態度了。

（三）全詩總說

此詩用字極為直接且強烈，在筆者看來，這是一首咒詛之詩無疑，至於咒詛的對象為何，不論是刺上或詈夫，對象必然是「對自體以外的控訴」。呂珍玉論析詩之作法說：

> 以「皮」物表，喻為人之表的禮儀；以「齒」之有序，喻為人上下、長幼有序；以「體」四肢，用以支體，喻禮儀為立身之具，相當貼切。全詩三章一體，通過鼠有人無對照反襯，無儀、無止、無禮之人連鼠都不如，並用頂針法反覆譴責，痛斥這些人「不死何為」、「不死何俟」、「胡不遄死」，語氣一句比一句激切，情感一句比一句強烈。筆鋒犀利，痛快淋漓。〔註10〕

人的無儀、無止、無禮，其嚴重的程度已經比一隻大老鼠還不如，老鼠尚且有皮、有齒、有體，但那加害者所造成的傷害遠遠大過畜生所帶來的騷擾，如此非人之舉，造成多少無辜之人受害，這樣的人怎麼不趕快一死了之。不死何為？不死何俟？胡不遄死？其控訴一聲比一聲還急切、一聲比一聲還怨毒，痛惡的詛咒，可見人民對國政深懷不滿。

第二節　生瘡浮腫——〈小雅·巧言〉

這是一首關於上位者聽信讒言，既而放任讒人為亂的詩歌，詩人憤而寫詩詛咒之。

> 悠悠昊天，曰父母且。無罪無辜，亂如此憮。
> 昊天已威，予慎無罪；昊天大憮，予慎無辜。
> 亂之初生，僭始既涵；亂之又生，君子信讒。
> 君子如怒，亂庶遄沮；君子如祉，亂庶遄已。
> 君子屢盟，亂是用長；君子信盜，亂是用暴。
> 盜言孔甘，亂是用餤。匪其止共，維王之邛。
> 奕奕寢廟，君子作之。秩秩大猷，聖人莫之。

〔註10〕呂珍玉，《詩經詳析》，（臺北：五南圖書公司，2015 年 8 月二版一刷），頁 114。

他人有心，予忖度之。躍躍毚兔，遇犬獲之。

荏染柔木，君子樹之，往來行言，心焉數之。

蛇蛇碩言，出自口矣。巧言如簧，顏之厚矣。

彼何人斯？居河之麋。無拳無勇，職為亂階。

既微且尰，爾勇伊何？為猶將多，爾居徒幾何？〔註11〕

（一）詩意探析

本詩分作六章，每章八句。

首章「悠悠昊天，曰父母且。無罪無辜，亂如此幠。昊天已威，予慎無罪；昊天大幠，予慎無辜。」屈萬里釋義說：「且，語詞。二語乃呼天呼父母之意。幠，音呼，大也。威，謂施威怒也。慎，誠也；真也。大，讀太。幠，大也。此承上文言，謂昊天之威怒太大也。」〔註12〕此章乃詩人眼見時局紛亂而呼天。「悠悠昊天，曰父母且。無罪無辜，亂如此幠」，此四句是在說，高高在上、遼遠無際的老天啊！你實在是人民的父母啊！人民無罪無辜，何以世亂如此之大？「昊天已威，予慎無罪；昊天大幠，予慎無辜」此四句則在說，上天已然震怒，然而我真的是無罪的呀！上天的威怒實在太大了，但我真的是無辜的！

第二章「亂之初生，僭始既涵；亂之又生，君子信讒。君子如怒，亂庶遄沮；君子如祉，亂庶遄已。」屈萬里說：「僭，當是譖之假借，讒言也。涵，容也。言讒言開始被容納也。君子，指王言；下同。庶，庶幾也。遄，速也。沮，止也。」〔註13〕此章主要在敘寫天下的紛亂乃肇因於上位者聽信讒言。「亂之初生，僭始既涵；亂之又生，君子信讒」此四句言，紛亂的根源乃從讒言的被容納開始，而亂事會不斷出現，則是因為上位者已然聽信讒言所致。「君子如怒，亂庶遄沮；君子如祉，亂庶遄已。」此四句指出：居上位者如能怒斥進讒者的言論，那麼亂事大概可以很快地停止。

第三章「君子屢盟，亂是用長；君子信盜，亂是用暴。盜言孔甘，亂是用餤。匪其止共，維王之邛。」屈萬里釋義說：「既背而盟，是以屢盟；屢盟屢背，亂是以長。盜，謂小人也。暴，猛烈也。餤，音談，進食也。言信

〔註11〕毛亨傳，鄭玄箋，孔穎達疏，阮元刻本《十三經註疏‧毛詩正義》附校刊記，（臺北：藝文印書館印行，1956年），頁423。

〔註12〕屈萬里，《詩經詮釋》，（臺北：聯經出版事業公司，1993年），頁376。

〔註13〕屈萬里，《詩經詮釋》，（臺北：聯經出版事業公司，1993年），頁377。

讒如進食也。匪，彼也；謂小人也。甲骨文止、足同字，止恭，猶足恭，言過恭也。邛，病也。」〔註14〕此章在說上位者喜歡聽順耳的讒言，導致時局更加混亂。「君子屢盟，亂是用長；君子信盜，亂是用暴」此四句乃在說，上位者屢次與人結盟，是因為缺乏信用的緣故，屢盟屢背，故而更添亂局。加上上位者寵信小人，此亂更烈。「盜言孔甘，亂是用餤。匪其止共，維王之邛。」此四句則說，小人的話如甘如蜜，好聽順耳，故上位者信讒猶如進食那樣自然，而小人過度的謙恭，為的是獲得上位者的寵信，此則成為居上位者的弊病了。

第四章「奕奕寢廟，君子作之。秩秩大猷，聖人莫之。他人有心，予忖度之。躍躍毚兔，遇犬獲之。」屈萬里釋義說：「奕奕，大貌。秩秩，明智貌。猷，謀也。莫，謨之假，謀也。忖度，猶今語揣度也。躍，音剔；躍躍，與趯趯同，跳躍也。毚，音讒；毚兔，狡兔也。毚兔遇犬而獲，以喻忖度他人之心必中也。」〔註15〕此章在說，進讒者的心思，詩人可是看得一清二楚。「奕奕寢廟，君子作之。秩秩大猷，聖人莫之」這四句的意思是，巍巍宗廟，乃是君子所籌建，明智的謀略，乃由聖人所策畫。「他人有心，予忖度之。躍躍毚兔，遇犬獲之」此四句則在說，他人心中所設想的事情，我都能揣測出來，這就有如東奔西跳的狡兔，一旦遇到獵犬必定要俯首就範。

第五章「荏染柔木，君子樹之，往來行言，心焉數之。蛇蛇碩言，出自口矣。巧言如簧，顏之厚矣。」屈萬里的解釋是這樣的：「荏染，柔貌。樹，種植也。行言，猶流言也。朱熹《詩集傳》：「數，辨也。蛇蛇，即孟子之訑訑。顏之厚矣，即今語臉皮厚也。」〔註16〕此章主要在說小人的巧言如簧與厚顏無恥。「荏染柔木，君子樹之，往來行言，心焉數之。」這四句是在說，柔弱之木，是由上位者所種下的，這裡的柔弱之木，指的就是小人，小人是上位者一手培植起來的，而在道路上的各種流言，我心自能分辨得清楚。「蛇蛇碩言，出自口矣。巧言如簧，顏之厚矣。」這四句詩痛罵讒人，好聽的話出自小人的嘴巴，他的巧言如簧片吹出好聽的聲音，他的厚臉皮更是常人所不及。

第六章「彼何人斯？居河之麋。無拳無勇，職為亂階。既微且尰，爾勇伊何？為猶將多，爾居徒幾何？」屈萬里釋義說：「彼，謂讒人也。麋、

〔註14〕屈萬里，《詩經詮釋》，(臺北：聯經出版事業公司，1993年)，頁377。

〔註15〕屈萬里，《詩經詮釋》，(臺北：聯經出版事業公司，1993年)，頁377。

〔註16〕屈萬里，《詩經詮釋》，(臺北：聯經出版事業公司，1993年)，頁377～378。

湄，古讀音近義通，水邊也。職，主也；猶言實也。亂階，禍亂之階梯也。微，腳脛生瘡也。尰，音腫，足腫也。」〔註17〕此章乃是詩人詛咒小人生瘡浮腫，不得有好下場。「彼何人斯？居河之麋。無拳無勇，職為亂階。」這四句是在說，那進讒的小人究竟是什麼人？他住在河水之濱，且手無縛雞之力，又無勇略，專門在做些禍事，實為禍亂的根源。「既微且尰，爾勇伊何？為猶將多，爾居徒幾何？」這四句則在說，我詛咒你這進讒的小人，最好腳脛生瘡，足部腫痛，到時看你能有多勇猛？而你所施的陰謀詭計那麼多，你到底蓄養多少徒眾？有本事使出來吧！詩人動氣向小人宣戰。

（二）詩旨詮釋

《詩序》：「〈巧言〉，刺幽王也。大夫傷於讒，故作是詩也。」朱熹《詩集傳》：「大夫傷於讒，無所控告，而訴之於天。」〔註18〕方玉潤《詩經原始》：「此詩大旨因讒致亂，而讒之所以能入與不入，則信與不信之故耳。」〔註19〕龍起濤《毛詩補正》：「巧言六章，傷讒也。幽王之世亂世也，其初天下承平，甲兵未動，而詩人以為亂如此憮何哉？蓋下有訛言而上有讒言，二者交煽，而王室於是乎騷矣！」〔註20〕王靜芝《詩經通釋》：「此感進讒者佞，聽讒者信，因以致亂，詠而歎之也。……詩中所言，惟痛進讒者之佞，而聽讒者能信，是為可唧也。不必指為刺幽王，亦不必非大夫不能作也。」〔註21〕陳子展《詩經直解》：「巧言，刺王信讒召亂之詩。序說可不謂誤。」〔註22〕屈萬里《詩經詮釋》：「此刺讒人之詩。」〔註23〕

這是一首刺讒人的詩歌無疑，但是否一定是在寫周幽王時的事，則又未必，《詩序》向來以一國之事繫於一人之本詮解詩意，過多的歷史、政治附會說《詩》，此則王靜芝等人深覺不妥之處。

〔註17〕屈萬里，《詩經詮釋》，（臺北：聯經出版事業公司，1993年），頁378。

〔註18〕朱熹《詩集傳》，（臺北：臺灣中華書局，1991年），頁141。

〔註19〕方玉潤，《詩經原始》，（臺北：藝文印書館，1981年2月三版），頁889。

〔註20〕龍起濤，《毛詩補正》，（臺北：大通書局，1970年6月初版），頁1020。

〔註21〕王靜芝，《詩經通釋》，（臺北：輔仁大學文學院發行，2001年10月十六版），頁426。

〔註22〕陳子展撰述，范祥雍、杜月村校閱，《詩經直解》，（上海：復旦大學出版社，1994年9月第4次印刷），頁697。

〔註23〕屈萬里，《詩經詮釋》，（臺北：聯經出版事業公司，1993年），頁376。

（三）全詩總說

如前述，這是一首遭受到政治迫害的詩人所留下的詩篇。對於政治的黑暗、小人的興風作浪、在上位者的聽信讒言，詩人內心憤懣憂慮，痛苦積怨，故咒詛無恥小人「既微且尰」，縱使小人「巧言如簧，顏之厚矣。」一時取巧受到重用，但這種無德小人，腳脛生瘡，終將潰爛無法行走，「躍躍毚兔，遇犬獲之」，即便狡猾如兔，有一天還是會遇到更厲害的狗抓拿他。

此詩亦出現誓詛與天、父母的關聯性，值得注意。

第三節　鬼蜮罔極──〈小雅・何人斯〉

這是一首與朋友的絕交詩。

> 彼何人斯？其心孔艱。胡逝我梁，不入我門？
> 伊誰云從？維暴之云。
> 二人從行，誰為此禍？胡逝我梁，不入唁我？
> 始者不如今，云不我可。
> 彼何人斯？胡逝我陳？我聞其聲，不見其身。
> 不愧于人，不畏于天？
> 彼何人斯？其為飄風。胡不自北？胡不自南？
> 胡逝我梁，祇攪我心？
> 爾之安行，亦不遑舍；爾之亟行，遑脂爾車。
> 壹者之來，云何其盱？
> 爾還而入，我心易也；還而不入，否難知也。
> 壹者之來，俾我祇也。
> 伯氏吹壎，仲氏吹篪。及爾如貫，諒不我知。
> 出此三物，以詛爾斯。
> 為鬼為蜮，則不可得。有靦面目，視人罔極。
> 作此好歌，以極反側。〔註24〕

〔註24〕毛亨傳，鄭玄箋，孔穎達疏，阮元刻本《十三經註疏・毛詩正義》附校刊記，
（臺北：藝文印書館印行，1956年），頁425。

（一）詩意探析

本詩分作八章，每章六句。

首章「彼何人斯？其心孔艱。胡逝我梁，不入我門？伊誰云從？維暴之云。」屈萬里釋義說：「逝，往也。梁，魚梁也。《經傳釋詞》云：『云，猶是也。』言維誰是從也。從者，同行之謂。暴，舊謂暴即暴公，而無徵可信；然為人名則無疑。」〔註25〕這是一首朋友間的絕交詩，首章先介紹詩人的這位朋友是何身分。「彼何人斯？其心孔艱。胡逝我梁，不入我門？」詩的一開始，便說這是「何人」，而「何人」指的正是詩人要絕交的對象，是故作設問之詞，明知其人而又設問之，可見內心的深惡痛絕。詩人繼續往下說，他說這個「何人」內心非常的艱險，何以去到我的魚梁，卻不進我家門？「伊誰云從？維暴之云。」這兩句則是在說，這個人是聽從誰的話，原來他是聽從暴這個人的。末兩句正式揭露詩人與之絕交者的身分，乃是跟隨暴而行事的人。

第二章「二人從行，誰為此禍？胡逝我梁，不入唁我？始者不如今，云不我可。」屈萬里釋義說：「二人，謂暴及其從行之人也。此所謂禍，當非指過門不入言，然要必甚不友誼之作為也。云，發語詞。不我可，不以我為是也。今者不以我為可，始者不如此也。」〔註26〕此章在寫詩人與朋友之間的情誼，因為禍事而變了調。「二人從行，誰為此禍？胡逝我梁，不入唁我？」這四句是在說，暴與這名友人同行，而這名友人造下了禍事。詩裡寫「誰為此禍」，依然是故作設問的手法，有意譏之。接著詩人說，為何去到我的魚梁，卻不進到我家門來慰問我？表示此禍，必定殃及詩人本身。「始者不如今，云不我可」這兩句寫的是兩人友情變質，從一開始待我甚厚，如今卻不把我當回事。

第三章「彼何人斯？胡逝我陳？我聞其聲，不見其身。不愧于人，不畏于天？」屈萬里釋義說：「陳，堂前至大門之徑也。不愧于人，不畏于天，言汝所行如此，即使不愧於人，豈竟不畏於天乎？」〔註27〕這一章是在說，那是何人呢？為何到我堂前之門徑？我但聞其聲響，卻不見其人，這裡指的仍然是不入其家門的意思。接著末兩句是在說，以你的行逕作為，難道無愧於人？即使你不感到愧對於人，難道你不害怕老天的監察嗎？

〔註25〕屈萬里，《詩經詮釋》，（臺北：聯經出版事業公司，1993年），頁379～380。
〔註26〕屈萬里，《詩經詮釋》，（臺北：聯經出版事業公司，1993年），頁380。
〔註27〕屈萬里，《詩經詮釋》，（臺北：聯經出版事業公司，1993年），頁380。

第四章「彼何人斯？其為飄風。胡不自北？胡不自南？胡逝我梁，祇攪我心？」屈萬里說：「飄風，暴起之風也。」〔註28〕此章是在說，那是什麼人呢？其人來去有如暴起之風，難以捉摸。為什麼這陣暴風不自北來？為什麼不自南來？為什麼偏偏要往我的魚梁而來？你在我這刮起的風暴，當真攪亂我的心神。

第五章「爾之安行，亦不遑舍；爾之亟行，遑脂爾車。壹者之來，云何其盱？」屈萬里釋義說：「安行，緩行也。遑，暇也。舍，息也。亟，急也。脂，膏也，即油也；此作動詞用。壹者，猶言一次也。之，猶是也。云何，如何也。盱，病也。」〔註29〕此章在說，你平日裡徐徐而行，也都無暇停下腳步休息；如今你疾疾而行，本來更應當無暇停下腳步，但你卻有時間停車加油，這不是擺明不願進我家門嗎？然而你就算抽個空來看我一下，對你來說有何困難呢？

第六章「爾還而入，我心易也；還而不入，否難知也。壹者之來，俾我祇也。」屈萬里說：「還，旋也。入，謂入己家也。易，悅也。古否字但作不，不、丕，古通用。此否字應作丕，太也，甚也。祇，音奇，安也。」〔註30〕此章直指其人居心叵測，你如果來了，到我家看我一下，讓我放心也好，但是你經過我家，始終不願進來和我打聲招呼，其中原因太難知曉了。哪怕你只是禮貌性招呼我，也能讓我安心，不是嗎？

第七章「伯氏吹壎，仲氏吹篪。及爾如貫，諒不我知。出此三物，以詛爾斯。」屈萬里釋義說：「壎，音薰，陶製樂器，似卵而有六孔。篪，音池，竹製樂器，似笛。壎篪合奏，互相應和。伯、仲，兄弟也。貫，今謂之串。如貫，謂如一串之物，言其親暱也。三物，犬、豕、雞也。詛，阻豫切，祝詛也。言出此三物祭神以詛人，使神降以殃咎也。」〔註31〕此章在說，你與我就像親兄弟一樣，曾經你和我，為兄者吹壎，為弟者吹篪，互相應和，我與你就像一條繩子串在兩個銅錢上那樣親密，誰知你今天卻真的待我不甚友善，我只好出此犬、豕、雞等三物，求神明鑑。

第八章「為鬼為蜮，則不可得。有靦面目，視人罔極。作此好歌，以極反側。」屈萬里釋義說：「蜮，音域。相傳蜮在水中，含沙以射水中人影，其人

〔註28〕屈萬里，《詩經詮釋》，（臺北：聯經出版事業公司，1993年），頁380。
〔註29〕屈萬里，《詩經詮釋》，（臺北：聯經出版事業公司，1993年），頁380。
〔註30〕屈萬里，《詩經詮釋》，（臺北：聯經出版事業公司，1993年），頁380。
〔註31〕屈萬里，《詩經詮釋》，（臺北：聯經出版事業公司，1993年），頁380。

輒病。得，謂得見也。覥，音腆，慚貌。有覥，覥然也。古視、示通用；此謂示人以不良，言其公然作不良之事也。極，正也；謂糾正也。反側，反覆也；此作名詞用，謂反覆之人也。」〔註32〕此章是在說，你的為人當真就像鬼蜮一般，能害人於無形，令人不得見。你該要顯現出慚愧的面目，但你示於人前的，終究是那套害人沒有極限的作為。我只能作此好歌，來糾正你這個反覆無常的人。

（二）詩旨詮釋

《詩序》：「〈何人斯〉，蘇公刺暴公也。暴公為卿士，而譖蘇公焉，故蘇公作是詩以絕之。」朱熹《詩集傳》：「舊說暴公為卿士，而譖蘇公，故蘇公作詩以絕之，然不欲直斥暴公，故但指其從行者而言。」〔註33〕王靜芝《詩經通釋》：「細讀此詩，名暴者有之，名蘇者無之。所譏者從暴之人，非暴本人。是詩人傷友之趨勢附暴，反覆無常，故為是歌耳。若云詩人為蘇公，則無據也。」〔註34〕屈萬里《詩經詮釋》：「序說未詳何據，然為朋友絕交之詩，則文義甚顯。」〔註35〕

朱熹《詩集傳》對於〈何人斯〉的說法，原則上還是照著《詩序》所謂「蘇公刺暴公」而來。然而王靜芝以為，詩中可看見「暴」之名，卻看不見「蘇」之名，且屈萬里在解釋此詩的第一章時便說了：「舊謂暴即暴公，而無徵可信；然為人名則無疑。」〔註36〕表示詩中雖然出現了「暴」這個人的名字，但到底是不是如《詩序》所說的「暴公」，則還是個問題。因此，此詩基本上應該定調為「朋友絕交之詩」，較為允當。

（三）全詩總說

這是一首朋友絕交之詩，詩人對於朋友的種種行為，從本來懷抱希望，到不解、到憤怒，最後終於化為詛咒，所以詩人說「出此三物，以詛爾斯」，在詩裡更是直接出現「詛」字，可見其內心怨毒之深，所以程俊英《詩經注析》才會提到：「有人評末二章云：此事極恨處。詩人如何洩恨呢？詛咒、作

〔註32〕屈萬里，《詩經詮釋》，（臺北：聯經出版事業公司，1993年），頁381。
〔註33〕朱熹《詩集傳》，（臺北：臺灣中華書局，1991年），頁143。
〔註34〕王靜芝，《詩經通釋》，（臺北：輔仁大學文學院發行，2001年10月十六版），頁429。
〔註35〕屈萬里，《詩經詮釋》，（臺北：聯經出版事業公司，1993年），頁379。
〔註36〕屈萬里，《詩經詮釋》，（臺北：聯經出版事業公司，1993年），頁380。

歌。憤怒之情，溢於言表。」〔註37〕就如同本文在前言所說，當情感的衝擊來到某個臨界點，人類便會出現「咒詛」這種特殊的情緒表達方式。所以《詩經》雖時代古遠，但是人無古今，心同此理，「咒詛」早已是人類行為的必然，也很自然被書寫下來。程俊英還提到：「《昭明文選》所錄之嵇康〈與山巨源絕交書〉、劉峻〈廣絕交論〉，可能受此詩影響，但都不夠坦率。」〔註38〕可見〈何人斯〉是朋友絕交詩的源頭，較之嵇康〈與山巨源絕交書〉、劉峻〈廣絕交論〉在寫法上更是直接坦率。

第四節　獸食天懲——〈小雅・巷伯〉

這是一首詩人因讒遭禍，發洩怨毒之詩。

萋兮斐兮，成是貝錦。彼譖人者，亦已大甚。

哆兮侈兮，成是南箕。彼譖人者，誰適與謀？

緝緝翩翩，謀欲譖人。慎爾言也，謂爾不信。

捷捷幡幡，謀欲譖言。豈不爾受？既其女遷。

驕人好好，勞人草草。蒼天蒼天！視彼驕人，矜此勞人。

彼譖人者，誰適與謀？取彼譖人，投畀豺虎；

豺虎不食，投畀有北；有北不受，投畀有昊。

楊園之道，猗于畝丘。寺人孟子，作為此詩。

凡百君子，敬而聽之。〔註39〕

（一）詩意探析

本詩分作七章，前四章各四句，第五章五句，第六章八句，最末章六句。

首章「萋兮斐兮，成是貝錦。彼譖人者，亦已大甚。」屈萬里的解釋是：「萋斐，文彩貌。貝錦，錦作貝也。」〔註40〕此章是在說，進讒言者巧於言詞，善於羅織他人罪狀。像這樣讒佞之人，實在是太過份了！

第二章「哆兮侈兮，成是南箕。彼譖人者，誰適與謀？」屈萬里解釋說：「哆，音侈。哆、侈，皆大貌。南箕，箕星也。箕星在南，故曰南箕。適，專

〔註37〕程俊英、蔣見元《詩經注析》，頁613。
〔註38〕程俊英、蔣見元《詩經注析》，頁613。
〔註39〕毛亨傳，鄭玄箋，孔穎達疏，阮元刻本《十三經註疏・毛詩正義》附校刊記，（臺北：藝文印書館印行，1956年），頁428。
〔註40〕屈萬里，《詩經詮釋》，（臺北：聯經出版事業公司，1993年），頁382。

主也。言誰復專與譖人相謀乎？」〔註41〕此章復言譖人的巧佞，總能誇大其詞，其文彩若南箕之星那般燦爛。那樣的譖人，誰還要專與他相謀呢？

第三章「緝緝翩翩，謀欲譖人。慎爾言也，謂爾不信。」屈萬里解釋說：「緝緝，說文引作咠咠，附耳私小語也。翩翩，當讀作諞諞，便巧言也。」〔註42〕此章是在說，讒人口舌緝緝，花言巧語，總是喜歡算計進讒他人。「慎爾言也，謂爾不信。」兩句則是詩人告誡譖人之辭，意思是你必須謹慎你的言詞，現在只是上位者一時迷惑於你的話術，待他醒悟過來，亦將發現你的不誠信。

第四章「捷捷幡幡，謀欲譖言。豈不爾受？既其女遷。」屈萬里解釋說：「捷捷，便給也。幡，音翻。朱傳：幡幡，反覆貌。謀欲譖言，言計劃欲進譖言也。」〔註43〕末兩句則釋為：「王初時豈不接受爾之譖言？既而知其詐乃必捨去之也。」〔註44〕此章前兩句與上章前兩句義同，接著則說，上位者起初一時不察，倉促間接受你的讒言，一旦識破你的詐術，必將疏遠於你。

第五章「驕人好好，勞人草草。蒼天蒼天！視彼驕人，矜此勞人。」屈萬里解釋說：「好好，喜也。草草，勞心也。矜，憐也。」〔註45〕此章呈現憂喜對照，譖人的喜，勞人的憂。譖人因得意而驕，甚是自樂，而勞人卻心懷憂思，詩人此時按耐不住心中的情緒，高喊著：「蒼天啊！蒼天！請你睜大眼睛看看那得意的譖人，憐憫我這辛苦的勞人吧！」

第六章「彼譖人者，誰適與謀？取彼譖人，投畀豺虎；豺虎不食，投畀有北；有北不受，投畀有昊。」屈萬里解釋說：「畀，與也。豺，音儕，狼屬。有北，北方也。古俗以北方為凶地，故云。有昊，昊天也。言投與老天使處分之也。」〔註46〕本章敘寫那位進讒的譖人，是誰在與他謀畫呢？應當把那造禍的譖人丟去餵豺虎，他那麼可惡，可能連豺虎都不願吃他吧！還是把他丟到北方寒冷不毛凶險之地去吧！甚至連北方凶險的地方都不願意收容他，我看那就交由老天爺來降罪處置吧！這章敘寫詩人遭受惡人讒言禍害，無奈只能訴諸神秘詛咒，痛罵讒人窮凶惡極，上達天聽，讓蒼天來收拾他。

〔註41〕屈萬里，《詩經詮釋》，（臺北：聯經出版事業公司，1993年），頁382。
〔註42〕屈萬里，《詩經詮釋》，（臺北：聯經出版事業公司，1993年），頁382。
〔註43〕屈萬里，《詩經詮釋》，（臺北：聯經出版事業公司，1993年），頁383。
〔註44〕屈萬里，《詩經詮釋》，（臺北：聯經出版事業公司，1993年），頁383。
〔註45〕屈萬里，《詩經詮釋》，（臺北：聯經出版事業公司，1993年），頁383。
〔註46〕屈萬里，《詩經詮釋》，（臺北：聯經出版事業公司，1993年），頁383。

第七章「楊園之道，猗于畝丘。寺人孟子，作為此詩。凡百君子，敬而聽之。」屈萬里解釋說：「楊園，園名；疑寺人孟子之居處也。之道，謂往楊園之道。猗，當讀為倚，靠近也。畝丘，丘名。言往楊園之道，靠近畝丘也。寺人，內小臣也。敬，儆也。」〔註47〕此章乃是詩人自敘其作詩之意。本章的意思是，前往楊園的道路，非常靠近畝丘，我乃寺人孟子，因為譖人進讒而遭禍，寫下這首詩，希望所有的仁人君子，都能聽取我的遭遇，而心中有所警惕啊！

（二）詩旨詮釋

《詩序》：「〈巷伯〉，刺幽王也。寺人傷於讒，故作是詩也。巷伯，奄官也。」朱熹《詩集傳》：「時有遭讒而被宮刑為巷伯者，作此詩。」〔註48〕龍起濤《毛詩補正》：「巷伯七章，寺人被讒也。」〔註49〕王靜芝《詩經通釋》：「蓋此詩為遭讒被宮之人，以之為巷伯，幽憤乃為詩。其後司馬遷之事乃類此，自在理中也。而此作詩者明言為寺人孟子。此詩銜恨至深，他人不能代作，則孟子當即是巷伯矣。」〔註50〕陳子展《詩經直解》：「巷伯，詩云：寺人孟子，作為此詩。明為奄官巷伯傷讒而遭宮刑，悔恨之作。」〔註51〕屈萬里《詩經詮釋》：「此寺人孟子刺讒人之詩。巷伯，寺人之長；以巷伯名篇者，以此。」〔註52〕

關於此詩的作者，不會有什麼疑義，因為詩中已明言「寺人孟子，作為此詩」，而這位寺人孟子，各個注家也都推斷他應當是受到譖人進讒而遭禍，至於何禍，大概可以從他的身分「寺人」來得知。根據屈萬里的說法，寺人是所謂的「內小臣」，而「巷伯」又是寺人之長，所以詩人應當是遭受宮刑的內臣。他的遭遇與後世的司馬遷相似，所以此詩亦具有金聖歎所謂「怨毒著書」的特點。

〔註47〕屈萬里，《詩經詮釋》，（臺北：聯經出版事業公司，1993年），頁383。
〔註48〕朱熹《詩集傳》，（臺北：臺灣中華書局，1991年），頁144。
〔註49〕龍起濤，《毛詩補正》，（臺北：大通書局，1970年6月初版），頁1033。
〔註50〕王靜芝，《詩經通釋》，（臺北：輔仁大學文學院發行，2001年10月十六版），頁432～433。
〔註51〕陳子展撰述，范祥雍、杜月村校閱，《詩經直解》，（上海：復旦大學出版社，1994年9月第4次印刷），頁708。
〔註52〕屈萬里，《詩經詮釋》，（臺北：聯經出版事業公司，1993年），頁382。

（三）全詩總說

此詩比較特別的地方是，它的篇名「巷伯」二字，並未出現在詩句中，這在《詩經》中是比較少見的，專以詩中主角的身分名之，更能明白其處境。據朱熹《詩集傳》的說法：「時有遭讒而被宮刑為巷伯者作此詩。」〔註53〕可見得詩人當是遭遇到政治上的迫害而遭宮刑，故留下此篇咒詛之詩。姚際恆《詩經通論》：「刺讒諸詩無如此之快利，暢所欲言。」牛運震《詩志》：「痛憤疾呼，明目張膽，驕人、投畀二章盡矣！妙在以冷婉發端，以肅重收結，便是怨怒之詩占身分處。」〔註54〕其詛辭乃是「彼譖人者，誰適與謀？取彼譖人，投畀豺虎；豺虎不食，投畀有北；有北不受，投畀有昊。」意謂這群進讒的小人，他們的下場必遭天譴，將之投向豺虎，豺虎還感到讒者不配讓其吞食，最終就交給至公無私的「天」來收拾他們吧！這種咒罵語言，至今依然常見。

第五節　侯作侯祝──〈大雅·蕩〉

這是周人假借文王口吻，歷數殷商之罪，以警惕當政者的詩歌。

> 蕩蕩上帝，下民之辟。疾威上帝，其命多辟。天生烝民，其命匪諶。靡不有初，鮮克有終。
>
> 文王曰：「咨！咨女殷商。曾是彊禦，曾是掊克；曾是在位，曾是在服。天降滔德，女興是力。」
>
> 文王曰：「咨！咨女殷商。而秉義類，彊禦多懟。流言以對，寇攘式內。侯作侯祝，靡屆靡究。」
>
> 文王曰：「咨！咨女殷商。女炰烋于中國，斂怨以為德。不明爾德，時無背無側；爾德不明，以無陪無卿。」
>
> 文王曰：「咨！咨女殷商。天不湎爾以酒，不義從式。既愆爾止，靡明靡晦。式號式呼，俾晝作夜。」
>
> 文王曰：「咨！咨女殷商。如蜩如螗，如沸如羹。小大近喪，人尚乎由行。內奰于中國，覃及鬼方。」
>
> 文王曰：「咨！咨女殷商，匪上帝不時，殷不用舊。雖無老成人，尚有典刑。曾是莫聽，大命以傾。」

〔註53〕朱熹《詩集傳》，（臺北：臺灣中華書局，1991年），頁144。
〔註54〕牛運震《詩志》，烏石山房文庫本《空山堂集》，卷四，頁21。

　　文王曰：「咨！咨女殷商。人亦有言：『顛沛之揭，枝葉未有害，本實先撥。』殷鑒不遠，在夏后之世！」〔註55〕

（一）詩意探析

　　本詩分作八章，每章八句。

　　首章「蕩蕩上帝，下民之辟。疾威上帝，其命多辟。天生烝民，其命匪諶。靡不有初，鮮克有終。」「蕩蕩」二字，屈萬里說：「即論語蕩蕩乎民無能名之蕩蕩，偉大之貌也。」〔註56〕又說：「辟，君也。疾威，猶言暴虐也。烝，同蒸，眾也。其命，承上言，謂天命也。諶，音忱，信賴也。言天命不可信賴也。義與大明天難忱斯相似。初，始也。鮮，少也，言國運初始，無不隆盛，而甚少能善其終也。」〔註57〕此章主要在說，天命靡常，殷商起初能繼承天命，也是因為具有善德，但後來的商紂暴虐無道，才導致天命移易，沒有好的下場。

　　第二章「文王曰：『咨！咨女殷商。曾是彊禦，曾是掊克；曾是在位，曾是在服。天降滔德，女興是力。』」屈萬里解釋說：「咨，嗟歎之詞。經傳釋詞云：曾，猶乃也。彊禦，強橫也。掊，音衰；掊克，聚斂也。服，事也。在服，猶在位也。以上四語，言使強橫聚斂之臣在位也。滔，慆慢也；滔德，慆慢不恭之品格也。興，作也。力，用力也。言汝則用力作為之；意謂競為惡也。」〔註58〕此章乃是假借文王之語，歷數殷商的罪行，以下各章皆是如此。本章主要在說，殷商竟然是如此的強橫兇暴、竟然聚斂且剝削百姓、竟然還能在位用事，天降下慆慢不恭的品格給你，你卻這樣競相為惡。

　　第三章「文王曰：『咨！咨女殷商。而秉義類，彊禦多懟。流言以對，寇攘式內。侯作侯祝，靡屆靡究。』」屈萬里解釋說：「而，女也。秉，用也。義類，善類也。懟，音憝，怨也。言用善人則強橫之臣怨懟也。流言，謠言也。對，答也。言以謠言答其君也。寇攘，竊盜也。式，語詞。朱彬經傳考證云：『內，入，古通用。』言竊盜以入也。侯，維也。按：作，當讀為詐。祝，詛也。屆，極也。究，窮也。言維用詐偽及互相祝詛，無窮無極也。」〔註59〕

〔註55〕毛亨傳，鄭玄箋，孔穎達疏，阮元刻本《十三經註疏·毛詩正義》附校刊記，（臺北：藝文印書館印行，1956年），頁641。

〔註56〕屈萬里，《詩經詮釋》，（臺北：聯經出版事業公司，1993年），頁512。

〔註57〕屈萬里，《詩經詮釋》，（臺北：聯經出版事業公司，1993年），頁512。

〔註58〕屈萬里，《詩經詮釋》，（臺北：聯經出版事業公司，1993年），頁512。

〔註59〕屈萬里，《詩經詮釋》，（臺北：聯經出版事業公司，1993年），頁512～513。

其中「侯作侯祝，靡屆靡究」出現了譴責「詛咒」的行為。傳統注家對於這句詩的理解：《毛傳》：「作、祝，詛也。」《鄭箋》：「王與群臣乖爭而相疑，日祝詛求其凶咎無極已。」孔《疏》：「作，即古詛字，詛與祝別，故各言侯。……詛者，盟之細事，用豕犬雞三物，告神而要之，祝無用牲之文，蓋口告而祝。」〔註60〕作、詛，或作、詐皆音訓可通，意義未必相類，究竟訓為詛或詐？固然可以再商榷，但是不論「作」字是解作「詐」或「詛」，按照詩意，「祝」字應有「詛咒」之義。整章詩句主要在說，殷商用人不當。一開始雖啟用賢臣，但群小卻因此多生怨懟，於是謠言四起，導致寇攘之輩進入權力中心，專以詛咒之事迫害賢臣，無窮無極，沒有休止的一刻。

第四章「文王曰：『咨！咨女殷商。女炰烋于中國，斂怨以為德。不明爾德，時無背無側；爾德不明，以無陪無卿。』」屈萬里釋義說：「炰烋，與咆哮同，志驕而氣健也。斂，聚也。言聚斂人之怨恨以為己之美德也。時，是也。無背、無側，謂身旁及背後無善臣也，指小臣言。陪，副也。卿，卿士也，皆大臣也。」〔註61〕此章在說，殷商在中國咆哮，聚斂成怨，還自以為是美德，導致眾叛親離，無賢臣在側輔佐。

第五章「文王曰：『咨！咨女殷商。天不湎爾以酒，不義從式。既愆爾止，靡明靡晦。式號式呼，俾晝作夜。』」屈萬里解釋說：「湎，音免，湛於酒也。義，宜也。式，用也。言不宜從而用酒也。愆，過也。止，容止也。明，晝也。晦，夜也。俾，使也。使晝作夜，亦即以夜作晝，所謂靡明靡晦也。」〔註62〕此章主要在論述殷商沉湎於酒的過失，老天並沒有要你酗酒，你就應該有所節制，不宜從而用酒，但你卻毫無限度的酗飲，喝到容止盡失，更喝到沒日沒夜的誇張地步。

第六章「文王曰：『咨！咨女殷商。如蜩如螗，如沸如羹。小大近喪，人尚乎由行。內奰于中國，覃及鬼方。』」屈萬里釋義說：「蜩，音條，蟬也。螗，音唐，蟬之大而黑者。馬瑞辰云：『謂時人悲歎之聲，如蜩螗之鳴；憂亂之心，如沸羹之熟。』小大，猶言老少也。近，幾也。言人尚由此而行，不改舊惡也。奰，音備，怒也。覃，延也。鬼方，殷商間西北狄國之名；參小雅采

〔註60〕毛亨傳，鄭玄箋，孔穎達疏，阮元刻本《十三經註疏‧毛詩正義》附校刊記，（臺北：藝文印書館印行，1956年），頁642。
〔註61〕屈萬里，《詩經詮釋》，（臺北：聯經出版事業公司，1993年），頁513。
〔註62〕屈萬里，《詩經詮釋》，（臺北：聯經出版事業公司，1993年），頁513。

薇。言延及遼遠之鬼方亦怒之也。」〔註63〕此章主要在說，殷商無道，導致民不聊生，百姓如蜩螗般悲鳴，不論老少，皆近於喪亡，而且這樣的怨怒非止國內而已，甚至擴及到遙遠的鬼方異族。

第七章「文王曰：『咨！咨女殷商，匪上帝不時，殷不用舊。雖無老成人，尚有典刑。曾是莫聽，大命以傾。』」屈萬里釋義說：「時，善也。舊，謂舊章也。典刑，法則也。聽，從也。大命，謂國命也。」〔註64〕此章在說，殷商會走到敗亡的田地，並非上帝不善，完全是因為殷商廢棄舊有的典章制度。雖時無老臣，但典型法度尚在，若肯循用，可能還有一線生機，但到底殷商還是不肯從善如流，導致國命危在旦夕。

第八章「文王曰：『咨！咨女殷商。人亦有言：顛沛之揭，枝葉未有害，本實先撥。殷鑒不遠，在夏后之世！』」屈萬里釋義說：「顛，仆也。沛，拔也。揭，樹根蹶起也。本，根也。撥，絕也。以上三語，言樹木之拔倒而根蹶起者，枝葉並未有病害，實因其根先斷絕也。鑒，鏡也。言殷人之借鏡並不在遠，即在夏后之世也。」〔註65〕此章在說，殷商你不曾聽過有人說，樹木被連根拔起，枝葉起初看似沒有絲毫損害，但實際上樹根已經斷絕，此樹必死無疑。你殷商的敗亡，足可作為我們的借鏡，而這樣的借鏡並不在遠，僅僅是夏后之世而已。

（二）詩旨詮釋

《詩序》：「《蕩》，召穆公傷周室大壞也。厲王無道，天下蕩蕩，無綱紀文章，故作是詩也。」朱熹《詩集傳》：「詩人知厲王之將亡，故為此詩，託於文王所以嗟嘆殷紂者。」〔註66〕屈萬里《詩經詮釋》：「此疑周初之詩，假文王語氣，以章殷人之惡，而明周人得國之正也。」〔註67〕王靜芝《詩經通釋》：「此周之詩人引殷商之覆亡，以警當世，而假文王之言以詠之者也。詩序以此為召穆公作，傷厲公之無道者。然無據也。揆其詞是懷古傷今，詠以警戒之義。當必在周之衰世，其時其人未可遽定也。」〔註68〕方玉潤《詩經原始》：

〔註63〕屈萬里，《詩經詮釋》，（臺北：聯經出版事業公司，1993年），頁513。
〔註64〕屈萬里，《詩經詮釋》，（臺北：聯經出版事業公司，1993年），頁514。
〔註65〕屈萬里，《詩經詮釋》，（臺北：聯經出版事業公司，1993年），頁514。
〔註66〕朱熹《詩集傳》，（臺北：臺灣中華書局，1991年），頁203。
〔註67〕屈萬里，《詩經詮釋》，（臺北：聯經出版事業公司，1993年），頁512。
〔註68〕王靜芝，《詩經通釋》，（臺北：輔仁大學文學院發行，2001年10月十六版），頁562。

「蓋臣子奉君不敢直斥其惡，而目擊時事日非，紀綱大壞，又難自忍，故假託往事以警時王。」〔註69〕

關於此詩的詩旨，各家看法大抵雷同，唯王靜芝以為《詩序》說此詩為召穆公所作，認為並無根據，然而今文三家基本上對於《詩序》關於此詩的說法並無異議。總的來看，這首詩應該是周人所作沒有錯，詩人目睹朝政崩壞，又無法直言勸諫上位，只好假託文王歷數殷商的過失，來警告當政者殷鑒不遠，勿步上商紂的後塵。

（三）全詩總說

這首詩是詩人假託文王的口吻，來總結殷商之所以敗亡的原因，目的當然是希望當時的君王能以歷史為教訓，莫再重蹈殷商的覆轍。然而這種歷數前朝的罪狀，倒有點類似先前撰者所談到的〈泰誓〉與〈牧誓〉。出征前的誓師，歷數敵方的罪狀，似乎成了討伐無道的必然程序。陳子展的《詩經直解》便這麼說：「或疑此詩為武王假遵文王，載文王木主伐紂，聲討紂罪之檄文，與〈泰誓〉、〈牧誓〉同類，惟用韻而已。此想當然耳，實未有據。」〔註70〕然而詳看此詩，實非出征誓師前整飭三軍的文字，純粹是詩人憂心周室不振而作。呂珍玉對此詩有以下見解：

> 近人說此詩以為直指殷紂之亡，異於舊說講寫託。從首章結構異於其後七章，直指天命無常，不能善始善終，似在點出作意，並非真寫殷商之事，只是借之諷喻現實。首章總冒全篇，下則全託文王口氣，歷數殷商罪過，以警告時王。後世唐詩喜用漢武當明皇、飛燕當太真皆仿此。〔註71〕

呂珍玉的說法較為全面嚴謹。特別要提到的是，這首詩同樣出現了「詛咒」的行為，然此詩跟前面幾首詛咒詩不太一樣，詩中沒有明顯的詛辭，只有「侯作侯祝」一句涉及詛咒的書寫，而且還是寇攘盜竊小人向賢臣發出詛咒，不像前面幾首詛咒詩，都是好人受到壞人的迫害，才發出痛恨的詛咒言辭。

〔註69〕 方玉潤，《詩經原始》，（臺北：藝文印書館，1981 年 2 月三版），頁 1139。
〔註70〕 陳子展撰述，范祥雍、杜月村校閱，《詩經直解》，（上海：復旦大學出版社，1994 年 9 月第 4 次印刷），頁 979。
〔註71〕 呂珍玉，《詩經詳析》，（臺北：五南圖書公司，2015 年 8 月二版一刷），頁 537。

第六節　小結

　　本章題為「《詩經》詛咒詩探析」。《詩經》中關於「詛咒」的詩篇相對於發誓詩少了許多，可能原因在於，「詛咒詩」所表現出來的情緒遠比「發誓詩」強烈，這在周文化重視道德，《詩經》多祝頌、祭祀求福詩，以善美為特質，自然不喜歡看到別人受到報應懲罰。而且前文已論及，「誓」往往是自誓，而「詛」則是咒人，詛咒人這件事，又與「嚴以律己，寬以待人」的修養大相逕庭，通常被認為是「失德」的事。由上述觀點可知，《詩經》中的詛咒詩不僅數量少，難怪不被學者提出來特別加以研究。

　　《詩經》中的詛咒詩共計五篇，分別是〈鄘風・相鼠〉、〈小雅・巧言〉、〈小雅・何人斯〉、〈小雅・巷伯〉、〈大雅・蕩〉。〈鄘風・相鼠〉是一首批評統治者無禮無儀，甚至直接咒罵無能的施政者去死的作品。咒人去死，大概是詛咒中最嚴重的懲罰了，但是如果只是老百姓之間的互相怨罵，我們也不會太意外，這首詩之所以有價值，除了它是一首詛咒詩之外，還具有一定的衝撞性，它衝撞的是掌握大權的統治階層，這在還不知「言論自由」是何物的時代，詩人如此大膽痛斥當政者，是相當可貴的民主表現，但他的安危恐怕也令人憂心。

　　〈小雅・巧言〉與〈小雅・巷伯〉這兩首詩，則同樣都是痛恨小人進讒，詩人因此遭受迫害，憤而寫詩詛咒的詩篇。對於小人進讒，恐怕是歷史上政治場域隨時上演的鬥爭戲碼，造成真正的好人被打擊，無法為國盡力。所謂「一言可以興邦」、「一言可以喪邦」，重點在於上位者聽的是誰的言，如果聽的是君子之言，那是國家的福氣；如果聽的是小人之言，那可是禍國殃民的大事了，怪不得連平日謹守道德修養的君子也無法忍受小人亂邦，發出惡毒的詛咒言語了。

　　〈小雅・何人斯〉則是一首與朋友的絕交詩。從詩境看來，應該是詩人之友與一位名為「暴」的人共事，而這位「暴」平日的所作所為大概也是頗受爭議，因此詩人與那名友人斷然絕交，而且絕交的同時還慎重舉行了「詛咒」的儀式，「出此三物，以詛爾斯」，大張旗鼓地準備了三種犧牲，詛咒友人不義並與之絕交，說明詩人心中多麼無法接受他偏離正道，與「暴」這個人為伍。

　　〈大雅・蕩〉則是詩人憂心周室的朝政綱紀毀壞，在無法直諫時王的情況下，便假託文王的口吻，透過歷數殷商的罪狀，來提醒時王殷鑒不遠，不

可重蹈前人的覆轍。詩中的「侯作侯祝」乃是描述殷商的小人，為了不使賢臣活躍在政治舞台，便出言詛咒賢臣，若時王懂得小人亂政的後患無窮，就應該以此為鑒，不可再讓小人有任何施展害人伎倆的空間。

　　以上五篇「詛咒詩」，不論是為了什麼原因要詛咒別人：不滿政治現狀也好、不滿小人進讒也好、不滿朋友疏遠自己也好，同樣反映出周人嚮往美好生活，以及交友以信。如果政治清明、歲月靜好；或者朋友間肝膽相照，不相違背，如此則誰願意惡毒詛咒他人呢？

第五章 《詩經》誓詛詩所呈現的現象

在前二章分別探討《詩經》誓詛詩篇之後，本章將繼續探討這些誓詛詩所呈現的現象。在本章裡面，筆者試著將《詩經》中的誓詛詩篇，所呈現的現象歸納成「周人的心理需求」、「周人的精神與信仰」、「周人的道德準則」等三方面探討，以下依次分節討論之。

第一節 周人的心理需求

《詩經》是周文化的精髓，是一部較全面反映周人生活面向的傳世之作，不論是周人的生活方式，情感表現，心理狀態，都可以從中加以窺測。本節題為「周人的心理需求」，這裡的「心理需求」是從「誓詛詩」的文本詮釋出發，從《詩經》中所觀察到的誓詛行為，來進一步探討周人在誓詛行為背後，所反映出來的心理狀態為何。以下分別從「誓」與「詛」的角度切入討論。

一、從「誓」的角度考察

在本文的第二章第一節，便已就「發誓」的心理狀態做了相關的論述，筆者提到，「發誓」的心理狀態不外乎展現以下幾種心理：「敬畏鬼神的心理」、「取信於人的心理」、「相信語言具有魔力的心理」以及「表達自我決心的心理」，然而本節所欲論述的「心理需求」，不是廣泛通論性，而是針對《詩經》中的詩篇具體表現論述。「心理狀態」往往根植於某些原始的渴求而來，在「發誓」的諸多詩篇中，筆者試著將其反映出來的心理需求分作五

大類，分別是「止戈為武，追求安和」、「既敬既戒，克敵制勝」、「反抗暴力，維護自我」、「渴求愛情，堅貞不移」與「寧靜自適，遠離世俗」等五類，以下分論之。

（一）止戈為武，追求安和

在第三章第二節中，筆者談到〈大雅・大明〉與〈大雅・常武〉這兩首詩，這兩首詩均屬「出征誓師」的詩篇。其中〈大雅・大明〉是武王伐紂前，非常著名的牧野誓師，而〈大雅・常武〉則是讚美周宣王親征徐國的重要文字。不論是哪一篇誓師文字，都代表著在誓師之後，將有一場無可避免的腥風血雨。

然而，「征伐」難道是人類與生俱來的本能慾望？殺伐爭奪，在原始初民的社會裡，也許是基於為了保護自己的生存權利而出現的必要手段，又或者保護自己利益的最佳方式，可能就是剝奪他人的生存利益。然而當時間軸演進到相對文明的商周時期，原始的嗜血及暴力，轉化成「有條件約束」的戰爭。發動戰爭必須是「天命所歸」、必須是「師出有名」，甚至是，戰爭必須合於「義」。換句話說，戰爭是回復和平與安定的不得已手段，所以動「武」，無非是為了要止戈。比如說，商紂暴虐無道，武王為了恢復社會的秩序，準備興兵大舉滅商，然而他必須冒著臣弒君的罵名，《史記》裏頭就有這樣的記錄：

> 及至，西伯卒，武王載木主，號為文王，東伐紂。伯夷、叔齊叩馬而諫曰：「父死不葬，爰及干戈，可謂孝乎？以臣弒君，可謂仁乎？」左右欲兵之。太公曰：「此義人也。」扶而去之。〔註1〕

上述文字是出自《史記》的〈伯夷列傳〉，內容呈現了兩種截然不同的立場：一邊是打著文王旗幟（木主）的武王，某種程度代表了民意（天命）趨向，一邊是固守君臣位份的伯夷、叔齊。然而究竟哪一種立場才是真正符合「義」呢？如果武王伐紂是義，那武王又何必說伯夷、叔齊是「義人」呢？就連孟子對於這場戰役也有「仁人無敵於天下，以至仁伐至不仁，而何其血之流杵也？」〔註2〕的矛盾，或許戰爭本身就是不容易解釋清楚的存在，因此才需要這麼多的「誓師」文字來鞏固、合理化自己出征的立場。但不論如何，發動戰

〔註1〕 瀧川龜太郎，《史記會注考證》，（臺北：萬卷樓圖書股份有限公司，1993 年 8 月），頁 847。

〔註2〕 趙岐注，孫奭疏，阮元刻本，《十三經注疏・孟子注疏》附校刊記，（臺北：藝文印書館印行，1956 年），頁 249。

爭這個舉動，除了可能是滿足某些統治階層的私慾外，站在老百姓的立場，受苦日久，的確很需要另一股強而有力的能者來擺平當前混亂的局面，也似乎只有像武王這樣的人，才有辦法還給老百姓一個安定的生活，所以〈大雅・大明〉中說：「有命自天，命此文王」又說「保右命爾，燮伐大商」，而〈大雅・常武〉中說：「四方既平，徐方來庭」大抵都在表示，發動戰爭乃是天命所趨，四方既「平」，才是天下之福，因此「誓師」文字所反映的周人心理，乃是追求和平與安定。

（二）既敬既戒，克敵制勝

這種心理狀態，也與「誓師」有關。「誓師」一方面反映的是老百姓想要追求和平安定的生活，另一方面反映的是，軍隊的首領必須仰仗誓師的過程來掌握軍心的動向，以此來規範軍隊的紀律。

軍紀猶如軍隊的命脈，一旦士兵視軍紀如無物，那麼這支軍隊必如一盤散沙，隨時都會潰散，因此軍隊首領若能善用「誓師」中的「天監」與「王命」尊嚴，在對外耀武揚威之餘，更告訴全體士兵，不遵照誓言來恪守軍紀，必遭致嚴重後果。從某個角度來看，「誓師」的過程，其實就是統帥在利用下位者懼怕鬼神或懼怕不利後果的弱點，來齊一軍隊，統帥一旦成功掌握這樣的心理，那麼他便能有效控制軍隊動向。

在本論文提到的兩首「誓師」詩篇——〈大雅・大明〉與〈大雅・常武〉，這兩篇誓師文字，目的都是在控制軍心，只是在手法上略有不同。〈大雅・大明〉偏重利用隱晦不明的天神信仰，利用難以測知的「天監」、「天命」、「上帝」等觀念，來強調神聖萬能的上天，具有能看能聽懲罰下民的強大威力，主宰著民眾的行為，使他們在神權的恐懼下，團結一致，不敢有背叛之心。所以在牧野誓師的誓辭裡才會有「維予侯興。上帝臨女，無貳爾心！」這樣的句子。另外，〈大雅・常武〉則著重在「王命」的尊嚴，要求軍隊必須「既敬既戒」，此篇雖不像〈大雅・大明〉那樣，時不時就出現「天」、「上帝」等觀念，然而對於軍隊的「敬、戒」規範，仍不免帶有天帝神權信仰。因此談「治軍的心戰」，「天神信仰」乃是敬畏思想生成的主要依據。

（三）反抗暴力，維護自我

刻苦耐勞，大概是我們對於《詩經》人物形象的想像。然而除了刻苦耐勞的群體特質外，《詩經》還有部分詩篇，反映出對於現實生活的不滿，進而

發出怒吼與控訴，這在「溫柔敦厚」的詩教裡，是非常前衛的，其中〈召南·行露〉、〈魏風·碩鼠〉就屬此類。

〈召南·行露〉一詩在筆者看來，在當時是很具有挑戰意味的。因為這是一首關於女子面對暴力逼婚，卻毫不妥協的文字。且不論「男女不平等」的社會風氣，光是反抗暴力這件事，堂堂的男子漢都可能要鬧到拋頭顱灑熱血，何況〈召南·行露〉描寫的主人翁是個女孩子，要突破性別的限制來為自己爭取利益已屬難事，她還得突破「暴力」加諸在自己身上的種種壓迫，因此從這樣的角度來研究此詩，我們不得不佩服詩中的女主角，願意為自己的幸福生活，與現實進行抗爭，誓言與逼婚的男子興訟到底。此詩或可將其視為是周代「女權覺醒」的代表之作。

〈魏風·碩鼠〉則是對於統治階層的無情剝削，誓言離開故土的作品。「故土」對於一般人而言，是具有感情的，所謂「生於斯，長於斯，死於斯」，若不是非常特殊的情況，誰願意離開自幼生長的故土，遠走他鄉，讓自己永久活在鄉愁之中呢？〈魏風·碩鼠〉正是在描寫這樣的內心衝突，「故土」雖是詩人的故鄉，但在這片土地上出現了有如大老鼠的統治者，大肆地搜刮民脂民膏，讓原先生活在這片土地上的人們，萌生去意，「逝將去女」，成了此詩最重要的主軸，只要離開這裡，去哪個「樂土」、「樂國」、「樂郊」，都比留在「故土」強上許多。此詩乃是對「理想國的追尋」提出強烈的慾望，後世陶淵明所寫〈桃花源記〉，其概念大概是出自此詩。

〈召南·行露〉、〈魏風·碩鼠〉二詩，不論是「女權的覺醒」，或是對「理想國的追尋」，都反映出有一部份的周人，在面對暴力時，其所採取的態度並非隱忍，而是與之對抗。對抗的背後，無非是希望能有尊嚴的活著，這樣的心理需求或許是天生自然，但是為了維護自我權益，不惜與現實遭遇對抗，實在是難能可貴。

（四）渴求愛情，堅貞不移

「愛情」是文學作品中永恆的命題。《詩經》中有六首與男女之情有關的「發誓」的詩篇，所佔比重最多，分別是〈邶風·擊鼓〉、〈邶風·谷風〉、〈鄘風·柏舟〉、〈衛風·氓〉、〈王風·大車〉、〈唐風·葛生〉等篇。可見周人會發誓，除了軍隊的誓師、對暴力的反抗、對寧靜生活的嚮往之外，「愛情」才是周人「發誓」的主題。

　　只是值得注意的是，《詩經》中因愛情所發出的「誓言」，似乎並不是我們想像中那樣甜美如蜜。「山盟海誓」、「海枯石爛」的誓言，在文學作品中屢見不鮮，但描寫的大多是在熱戀中的男女，為了表明心跡所發出的肺腑之言，即便這個肺腑之言很不實際，但卻讓人著迷。筆者在這裡要說的是，以上所談的《詩經》中的六篇愛情誓言，整體看來有一個共通點，那就是他們的愛情並沒有圓滿的結局。

　　〈邶風‧擊鼓〉是一首征夫出征，思歸不得之詩。光看「擊鼓」這詩題便知，隆隆戰鼓聲中的愛情，是讓人憂慮的，征戰中的愛情顯得風雨飄搖，隨時可能幻滅，即便曾經有「死生契闊，與子成說；執子之手，與子偕老」的誓約，在轉戰千里的征夫心裡，這恐怕會是他最深的遺憾，所以才說「于嗟闊兮！不我活兮！于嗟洵兮！不我信兮！」並非士兵不願信守誓約，而是「古來征戰幾人回」的殘酷無情。

　　〈邶風‧谷風〉則是一首棄婦詩。詩中描寫男子棄舊憐新，棄婦卻始終牢記男子當年「德音莫違，及爾同死」的誓言，今昔對比，令人歎惋。

　　〈鄘風‧柏舟〉則是寡婦守節，誓死不願改嫁之詩。古時婚姻不自由，女子尤然，夫死已是今生最大的哀痛，但是長輩卻欲奪女子之志，令其改嫁，更是痛上加痛。「之死矢靡它」、「之死矢靡慝」二句，代表婦人所堅持的愛情至死不變，是用來反對改嫁他人的誓辭。

　　〈衛風‧氓〉抑是一首棄婦自傷的詩歌，這首詩和〈邶風‧谷風〉同樣被推為替棄婦抒情的代表詩作。詩中的「信誓旦旦」，當是女子回憶當年男子也曾為這段感情發下誓言，言猶在耳的「及爾偕老」，承諾攜手相愛一生，無奈男子變心，曾經的誓言終究隨風而逝。

　　〈王風‧大車〉乃是一首誓言生不能同在一處，死願同墳而葬的愛情詩。方玉潤《詩經原始》中說：「周衰世亂，征伐不一，周人從軍迄無甯歲，恐此生永無團聚之期，故念其室家而與之訣絕如此，然其情亦可慘矣。」〔註3〕方玉潤斷定這仍然是一首因征戰而恐懼無法團聚的愛情詩，其誓辭曰：「穀則異室，死則同穴。謂予不信？有如皦日。」堅定的誓辭中不免透露著對於現實命運的無奈，以及生死不分的堅定承諾。

　　〈唐風‧葛生〉則是一首寡婦悼念丈夫的詩篇。面對死亡，最難的不是死去的那個人，而是留下來面對孤獨的那個人。古來有許多悼亡之作，讀來

<hr>

〔註3〕　方玉潤，《詩經原始》，（臺北：藝文印書館，1981 年 2 月三版），頁 444～445。

令人椎心，大抵是因為獨活在世上的那個人，不知得承受多久的「天人永隔」，一分一秒都是傷痛。此詩中的「歸于其居」、「歸于其室」，則是婦人最殷切盼望的誓言，等到誓言成真的那一天，她的傷痛才能獲得安息。

以上六首關於愛情誓言的作品，似乎都在不圓滿當中尋求內心意義上的圓滿，可見「愛情」是周人內心當中相當渴望的幸福無疑。

（五）寧靜自適，遠離世俗

這一類作品，在《詩經》中僅有一首，非常特別。

〈衛風・考槃〉是一首賢者隱居，自誓不忘其樂的詩歌。詩裡處處展現出隱者的豁達大度，以及與天地自然共同謳歌的樂趣，是一種無待他人眼光的自信，無須他人理解的樂趣。此詩雖有「永矢弗諼」、「永矢弗過」、「永矢弗告」等誓詞，但卻無怨憤之氣，取而代之的是一種心境的遼闊。

因此，此詩所反映出的周人心理需求，非常別具一格，是一種對寧靜生活的響往，陶淵明所謂「采菊東籬下，悠然見南山」之句，其意境大抵類此。

二、從「詛」的角度考察

本文的第二章第二節，筆者已就「詛咒」的心理狀態做了整理，詛咒的心理狀態大抵有二，其一是「報復的心理」，其一是「相信巫術的心裡」。然而會有以上兩種心理狀態，同樣有其心理需求來做支持，此節筆者同樣從通論性論述，回到《詩經》詛咒詩所呈現的心理需求加以考察，提出對清明政治的渴求、對結交良友的渴求、對小人的深惡痛絕等三種心理需求，以下分別論析：

（一）對清明政治的渴求

政治的清明與否，攸關百姓是否能安居樂業。〈鄘風・相鼠〉、〈小雅・巧言〉兩詩，均是對統治階層的不當措施，心生不滿，進而有怨毒詛咒之語的出現。

〈鄘風・相鼠〉是一首施政者無禮無儀，因而引發詩人咒罵施政者去死的詩篇。「咒人去死」，可見其怨毒之深，又其詛咒的對象不是普通的老百姓，而是大權在握的統治階層。詩人儼然受到政治上的迫害，已無懼詛咒對象是高高在上的統治者，直接以鋒利的言詞咒之以死。「不死何為？不死何俟？胡不遄死？」不難看出詩人對詛咒對象痛恨到咬牙切齒。

〈小雅・巧言〉則是一首關於上位者聽信讒言，既而放任讒人為亂，詩人憤而詛咒的詩歌。對於政治的黑暗、小人的興風作浪、上位者的聽信讒

言，詩人內心憂慮乃至於怨毒成詛，故咒詛無恥小人「既微且尰」，縱使小人「巧言如簧，顏之厚矣」，但他們的下場必然淒涼，故曰「躍躍毚兔，遇犬獲之」。

〈鄘風‧相鼠〉、〈小雅‧巧言〉這兩首詩，屬性相當，都是對上位者無禮無儀、放任讒人為亂而發出的怨毒之聲，因此「對清明政治的渴求」抑是周人的心理需求之一。

（二）對結交良友的渴求

交友，是締結人際網絡非常重要的環節。孔子曾有「益者三友」、「損者三友」的論述，認為結交朋友，心中必須有一把尺，也就是擇友須有一定的標準，不能胡來。〈小雅‧何人斯〉正是牽涉到交友的命題。

〈小雅‧何人斯〉是一首與朋友的絕交詩。詩裡面大概是在說，詩人要與那個「何人」（什麼人）絕交，絕交的原因在於，「何人」竟跟隨「暴」這個人行事，王靜芝《詩經通釋》說：「是詩人傷友之趨勢附暴，反覆無常，故為詩歌耳。」〔註4〕可見詩人亦有其擇友的標準，常言道「物以類聚」，詩人之友因與「暴」結交行事，而「暴」這個人看起來並非是個善類，故詩人出言詛咒，希望能糾正朋友的行徑，所以說「伯氏吹塤，仲氏吹篪。及爾如貫，諒不我知。出此三物，以詛爾斯。為鬼為蜮，則不可得。有靦面目，視人罔極。作此好歌，以極反側。」詩人對朋友不顧道義，委從小人非常痛心，希望他別像傷人的鬼蜮，維持一點作人的臉皮吧！

綜上所述，此詩所反映的周人心理需求，理當是「對結交良友的渴求」，對於做人應遵循道德標準的聲明。

（三）對小人的深惡痛絕

「小人」常與「君子」形成對比。在先秦，「君子」與「小人」有時純粹是階級上的畫分，如孔子說「君子之德風，小人之德草。草上之風，必偃。」〔註5〕孔子這裡的「君子」指的就是上位者，「小人」指的就是老百姓，上位者的品德如風，百姓的品德像草，風在草上吹，草必隨風勢傾倒。然而筆者這裡要談的「小人」，則有別於階級上的劃分，指的乃是品德上有瑕疵的人。

〔註4〕 王靜芝，《詩經通釋》，（臺北：輔仁大學文學院發行，2001 年 10 月十六版），頁 429。

〔註5〕 何晏注，邢昺疏，阮元刻本《十三經注疏‧論語注疏》附校刊記，（臺北：藝文印書館印行，1956 年），頁 113。

屈原憂讒畏譏，怕的就是小人。《詩經》中的〈小雅·巷伯〉就是描述此類議題的作品。

〈小雅·巷伯〉明顯是一首詩人因讒遭禍，因而藉著怨毒的詩句來發洩之作。此詩比較特別的地方是，它的篇名「巷伯」二字，並未出現在詩句中，這在《詩經》中是比較少見的，而以詩中主角居住「楊園之道，猗于畝丘。」靠近畝丘，種有楊樹巷子內的長者來表明作者身分，更能明白其處境。其詛辭乃是「彼譖人者，誰適與謀？取彼譖人，投畀豺虎；豺虎不食，投畀有北；有北不受，投畀有昊。」意謂這群進讒的小人，他們的下場必遭天譴，將之投向豺虎，豺虎還感到讒者不配讓其吞食，最終就交給至公無私的「天」來收拾他們吧！

「對小人的深惡痛絕」，不僅是周人堅定的心理信仰，於今依然是人類行為不變的法則，永恆的道德標準。

第二節　周人的精神與信仰

本節題為「周人的精神與信仰」。當我們在探究《詩經》的誓詛詩時，很明顯可以發現到，「發誓」與「詛咒」本身就帶有相當濃厚的宗教色彩，因為不論是發誓或詛咒，都會有一個「超越現象界的第三方」居中監視，這個第三方甚至是可以主宰人間的禍福，而筆者這裏所謂的「超越現象界的第三方」，即是古文獻常出現的「天」、「帝」，乃至於鬼神之屬，這在本文的第二章已有過討論。而本節主要的脈絡如下，首先，要先釐清在誓詛詩裡面所牽涉到的原始信仰和巫文化的發展，探討巫文化過渡到禮樂文化的意義，接續則是觀察誓詛詩中留下哪些巫文化的遺跡，藉以探求周文化建立之後所代表的精神意義。以下撰者將本節的內容分作三個小子題來討論，分別是「原始巫術信仰」、「巫文化的發展——從巫到禮」以及「《詩經》誓詛詩中的巫文化遺俗」。

一、原始巫術信仰

中國早期並無宗教，有的只是巫術，就連後起的道教信仰，也是吸收巫術的養分才興起的。然而什麼是「巫」呢？我們先看看許慎《說文解字》的說法：「巫，祝也。女能事無形以舞降神者也，象人兩褎舞形，與工同意。古者

巫咸初作巫。凡巫之屬皆從巫。」〔註6〕從許慎的解釋來看，巫也可以叫做「祝」，是一種用舞蹈取悅神的專職人員，「事無形」當指侍奉沒有形象的鬼神，所以「巫」的工作內容，與鬼神具有高度的關聯。

　　巫的存在，有其背景因素。原始初民，對於大自然的變化，心中總是存著戒慎恐懼的心情，加上遠古生存條件相對惡劣，天災地變與瘟疫疾病更是屢見不鮮，而當初民面對這些難以掌握的環境變化，往往會將這些現象的來源訴諸鬼神，如果想要與鬼神進一步打交道，那就得靠天人之間的媒介──「巫」來居中溝通了。簡單來說，「巫」便是原始信仰中的靈媒，他能解讀鬼神的心意，也能用舞蹈取悅天神，因此在人民遇到疑難雜症時，便須仰賴「巫」的幫忙。孫宇在其《周禮所見巫術考》一書中，引述了翟兌之對於「巫」的解釋：

> 翟兌之《釋巫》認為：「巫也者，處乎人神之間而求之以人神之道通
> 于神明者也。人嗜飲食，故巫以犧牲奉獻；人悅男女，故巫以容色
> 媚神；人好聲色，故巫以歌舞娛神；人富言語，故巫以辭令歆神。」
> 因此，巫具有無可比擬的神聖性，他既是人與天地神靈溝通的代表，
> 又是向人傳達神旨的欽差。他既可升天，又可下地；他不僅是人，
> 更是天使；他要有容色，擅歌舞，通辭令。因此，其特殊的使命決
> 定了不是任何人都可以做巫師的。〔註7〕

從翟兌之的解釋可以看到，「巫」確實是人神之間的重要溝通橋梁，而且神彷彿還具有人的習氣，人喜歡什麼，神便喜歡什麼：「人嗜飲食」、「人悅男女」、「人好聲色」、「人富言語」，先民則認為神也對飲食、男女、聲色、言語具有欲望似的，因此「巫」便透過「犧牲」、「容色」、「歌舞」、「辭令」來取悅神，以求神能降福於人、滿足人的各種欲求。撰者以為，「巫」透過各種手段來娛神、媚神，甚或請求神靈降下禍福（祝咒）〔註8〕，這些手段便是所謂的「巫術」，而初民對於巫所進行的各種巫術深信不疑，進一步產生崇拜依賴的心理，這便是巫術信仰的起源。

〔註6〕 許慎撰，段玉裁注《說文解字》，（臺北：洪葉文化事業公司，2001 年 10 月），頁 203。

〔註7〕 孫宇《周禮所見巫術考》，東北師範大學碩士論文，2010 年 5 月，頁 3。

〔註8〕 孫宇《周禮所見巫術考》，東北師範大學碩士論文，2010 年 5 月，頁 17。該文提到：「祝咒是指通過語言、聲音來溝通人神交流的巫術手段。……後來發生了分化，正面的祈求叫祝，反面的願望叫做詛或咒，祈請求福的叫禱。

而本論文所談論的發誓與詛咒，便也是咒術的一環。發誓與詛咒，特別是詛咒，具有一定的儀式，甚至也有舉行這些儀式的專職人員〔註9〕，這類專職人員，古代稱之為「巫」或「祝」〔註10〕，下文皆以「巫」稱之。莊雅州在其〈從多維角度探討詩經中的祭祀詩〉一文中便提到：

> 在《詩經》的自然觀裏，人處於核心地位，能溝通天地神和自然萬物，但卻並非處於權力意志的頂端，處於頂端的是「昊天」或「上帝」。〔註11〕

莊雅州所謂的「人」具有溝通天地神和自然萬物，其實他指的這樣的「人」就是「巫」，只是這個巫是所有人類裡面，在各方面的表現是相對出色的，這樣的人才有資格成為天人之間的橋梁。因此，《國語》中有一段文字材料，便可說明「巫」是怎樣的存在：

> 民之精爽不攜貳者，而又能齊肅衷正，其智能上下比義，其聖能光遠宣朗，其明能光照之，其聰能聽徹之，如是則明神降之，在男曰覡，在女曰巫。〔註12〕

周人的信仰，與巫文化有著密不可分的關係。巫是天與人之間溝通的橋樑，他可以傳達天神所欲宣說的話語，在必要的時候，巫甚至可以讓神靈降附在自己身上，由神靈直接與人進行對話。從《國語》裡頭記載的這段文字裡，說明了「巫」是人類中的精英，在「智」、「聖」、「明」、「聰」等方面的表現都相對卓越，而且他還能讓「明神降之」，所謂「明神降之」便是讓神靈降附在自己身上，這算是巫的另一項特色。

「巫」除了有溝通鬼神的職能外，巫甚至還能替百姓治病。在遠古，醫療條件非常貧乏，百姓有疾，往往皆以為是鬼神作祟，這時便又轉而向巫來

〔註9〕 參見余英時《論天人之際——中國古代思想起源試探》，（臺北：聯經出版社，2014年1月），頁26。巫乃天人之間的中介。

〔註10〕 王政《詩經文化人類學》，（合肥：黃山書社，2010年3月），頁541。王政說：「在人神交流的祭祀祈禱事項中，祝是一個關鍵的角色。由他出面代表祭眾邀請祖靈或各種神靈來享，並向祖靈（或各種神靈）呈告祭眾的祈請；這時又有尸（神保或靈保）這種巫職人員扮飾神靈、代表神靈接受祭眾的獻饗，並作為神靈降附、憑依的實體。」

〔註11〕 莊雅州〈從多維角度探討詩經中的祭祀詩〉，「經學史重探（I）——中世紀以前文獻的再檢討」第三次學術研討會，中央研究院中國文哲研究所主辦，2019年7月，頁8。

〔註12〕 韋昭解，《國語》，（《四部叢刊初編》景杭州葉氏藏明嘉靖翻宋本，第254冊），頁71。

求助，故上古的巫亦可稱之為「巫醫」，而「醫」又可作「毉」，從這樣的字形組合，更可看出「巫」與「醫」在上古社會中確實具有不可分割的關係。《論語》便有這麼一句話：「人而無恆，不可以作巫醫。」〔註13〕針對這文字，劉寶楠在《論語正義》有如下註解：

> 夫醫者，非仁愛不可託、非聰明達理不可任、非廉潔淳良不可信，古之用醫，必選名姓之後。又云，其德能仁恕博愛、其智能宣暢曲解，知天地神祇之次，明性命吉凶之數。處虛實之分，定順逆之理。原疾量藥，貫微達幽，觀此，則巫醫皆抱道懷德，學徹天人，故必以有恆之人為之解者，或以巫醫為賤疫，非也。〔註14〕

上述註解，說明了「巫醫」具有「巫」的神職功能，同時也具有「醫」的療疾本事。他能「知天地神祇之次，明性命吉凶之數」，這是傳統巫師的專業；他還能「原疾量藥，貫微達幽」，這是醫療的本事。除此之外，「巫醫」在品德修養上也必須具有一定的高度，他必須「仁愛」、「聰明」、「廉潔淳良」，同時必須有「德」有「智」，必須「抱道懷德」、「學徹天人」，將以上的美好品德與巫醫的專業加總起來，匯聚一身，才能算是一個稱職的巫醫，這並非無恆之人所能達到的境界。這也說明了「巫」的工作有其特殊性，不是任何人都能擔當得起這樣的職務。因此我們也可以這樣說，「巫」在上古時代裡，幾乎宰制了原始初民的生活種種，舉凡祭祀、占卜、天文、醫療、文化皆與巫有關，孫宇在《周禮所見巫術考》中就這麼說：

> 巫是古代百科全書式的人物，是人類社會最古老的文化傳播者……巫一開始就佔據人類社會的中心地位，在人類開始思考的時候，便走在別人的前面，走上歷史的舞台，引導人們去思考，因而必然成為最初的權力中心和文化知識的母體。〔註15〕

這樣的觀念，任百平於其《詩經中的巫文化研究》一書中也有類似的論述：

> 巫作為古時候人與神靈世界溝通的媒介，借助於歌舞和卜筮來溝通鬼神、驅趕妖邪，保護氏族成員及牲畜不受損害。巫的社會職能雖以巫術活動為主，但巫術儀式中還蘊含著文學創作、藝術活動、醫

〔註13〕何晏注，邢昺疏，阮元刻本《十三經注疏·論語注疏》附校刊記，（臺北：藝文印書館印行，1956年），頁119。
〔註14〕劉寶楠、劉恭冕：《論語正義》，（臺北：世界書局，1998年），頁295～296。
〔註15〕孫宇《周禮所見巫術考》，東北師範大學碩士論文，2010年5月，頁5。

學星象等多方面因素，能以神的名義傳播一些自然界的知識與規

律，所以說巫、覡是掌握、傳播各種知識的最早的知識分子。〔註16〕

綜合孫宇與任百平的說法，巫除了是神人之間溝通的媒介，他還扛下了承載

「知識」的重任，集「文化」於一身，因此巫除了有「巫醫」的別稱外，還有

一個深具文化意涵的美稱——「巫史」〔註17〕，這個名稱更能彰顯巫在上古

文化體系中的重要地位。

總的來說，「原始巫術信仰」可以說是奠基在百姓的無知與恐懼下所形成

的宗教型態，巫能為徬徨的百姓提供一些宗教上的解釋，甚至還能為人們進

行醫療行為，在文化上更扮演著開創與傳承的角色，因此原始的巫術信仰，

對於初民來說是安頓身心的重要人物，對於後世的文化與文學來看則起了引

領的作用，《詩經》去古未遠，其影響必然可見。

二、巫文化的發展——從巫到禮

《詩經》篇章中除了接近楚地的〈陳風‧宛丘〉，鄭玄《詩譜》：「大姬

無子，好巫覡禱祈、鬼神歌舞之樂，民俗化而為之。」〔註18〕以及〈陳風‧

東門之枌〉方玉潤《詩經原始》：「姚氏際恆引漢王符《潛夫論》曰：『刺詩

不績其麻，女也婆娑，今多不修中饋，休其蠶織，而起學巫覡，鼓舞事神，

以欺誑細民。以為卒證詩意，是則然矣！……』」〔註19〕少數詩篇述及巫信

仰之外，其他如〈大雅‧蕩〉：「文王曰咨，咨汝殷商，爾秉義類，彊禦多懟。

留言以對，寇攘式內。侯作侯祝，靡屆靡究。」詩人假文王口吻告誡殷商亡

國主要由於施政者不能任用賢人，強橫盜寇之人為非作歹，祝詛賢人到了

無窮無極的地步，終於走向滅亡。這裡亦可見周人認為商人相互祝詛，尤其

好人受到壞人祝詛，是非不分，也會導致道德敗壞，民無所適從。另外在

〈小雅‧楚茨〉寫歲暮收成祭祖燕饗賓客，鋪陳威儀之盛，物品之豐，祭祀

事神以求福的儀節，詩中有「工祝致告」，呈現周人祭祀禮儀，有祝官擔任

〔註16〕任百平《詩經中的巫文化研究》，重慶大學碩士論文，2012年5月，頁5。

〔註17〕《國語‧楚語下》便有「家為巫史」的說法。一般來說，「巫史」一詞說明了
　　　　這個身分具有的兩項職能，「巫」代表從事與神靈溝通等的祭祀行為，「史」
　　　　則側重於天文、星象、曆數、文學等面向的專業。

〔註18〕夏傳才、董治安主編《詩經要籍集成》，（北京：學苑出版社，2002年），頁
　　　　233。

〔註19〕方玉潤《詩經原始》，（臺北：藝文印書館，1981年2月三版），頁620。

神人之間溝通的媒介，這種祝官應是原始社會靈媒信仰禮制化、儀式化後的專職人員。

而「巫」作為天人之間溝通的橋樑，作為一種「專職」的人員，則是與古代所謂「絕地天通」的神話有關。古時天與人之間的交流，在文獻裡時有所見，然而天與人之間的「距離」，在古代神話裡，至少歷經了三個階段的發展：

> 古者民神不雜……及少昊之衰也，九黎亂德，民神雜糅，不可方物。夫人作享，家為巫史，無有要質。民匱于祀，而不知其福。烝享無度，民神同位。民瀆齊盟，無有嚴威。神狎民則，不蠲其為。嘉生不降，無物以享。禍災薦臻，莫盡其氣。顓頊受之，乃命南正重司天以屬神，命火正黎司地以屬民，使復舊常，無相侵瀆，是謂絕地天通。〔註20〕

從《國語》的這段文字來看，天人之間的距離曾有過三次變動，從最開始的「民神不雜」，到後來的「民神雜糅」，一直到最後的「絕地天通」。也就是說，天與人之間的距離，最早是有明顯的區隔的，民與神之間互不交通，唯有透過巫這個角色，民神之間才有交流的媒介；到了「少昊之衰，九黎亂德」，民與神之間才沒了界線，甚至出現了「民神同位」、「禍災薦臻」的亂象，儼然是因為百姓失了「德」，才導致這樣的結果。因此到了顓頊的時候，才命「重」與「黎」來匡正這個亂象，一個專司「天」職，一個專司「地」職，這才把「天」與「人」的距離再度拉了開來，恢復到最開始的舊貌，故謂之「使復舊常，無相侵瀆」。

巫文化在上古時代便已存在，到了周朝可說是歷經了相當漫長的演變，但巫文化的起源到底為何，歷來學者尚無定論。整體來說，商人重鬼，巫俗的氣氛還非常重，然而到了周公「制禮作樂」之後，信仰的趨勢漸漸由「巫」轉而為「禮」，也就是從感性的、神秘的巫俗信仰，轉變成理性的、普遍的禮樂教化。

> 中國文化——哲學特徵來自原始巫術活動的理性化。……我所謂的巫術禮儀和由巫到禮，便是一個來源久遠、非常漫長的歌舞——儀式——祭祀的歷史演進過程。大概從魚龍時代的三皇五帝開始，一

〔註20〕 韋昭解，《國語》，（《四部叢刊初編》景杭州葉氏藏明嘉靖翻宋本，第 254 冊），頁 70～73。

直到殷因于夏禮，周因于殷禮的周公制禮作樂，才基本完成，經歷
至少數千年以上。……禮的基本特徵是「原始巫術禮儀基礎之上晚
期氏族統治體系的規範化和系統化」。〔註21〕

李澤厚論及中國文化的發展大勢，乃是「巫術活動的理性化」，亦即整個
發展態勢是「由巫到禮」的演變過程。但不可否認的，鬼神祭祀的儀節，仍是
禮樂教化中非常重要的一環，巫在與「天」溝通的過程中，便會進行一定的
儀式，而這些儀式，便可視為「禮」的前身，只是從巫文化演進到禮樂教化，
其大趨勢則是從神秘、激情的巫俗信仰轉變到同時重視神性又增添了人類的
理智進來，是整個儀節成了一套具有匡正社會秩序與文化意義的工具。莊雅
州於〈從多維角度探討詩經中的祭祀詩〉一文中這麼說：

周代雖然從神治走向人治，但對於鬼神的信仰還是堅定不移，視為頭
等大事，只是加進了許多理智的成分，也就是禮而已矣！〔註22〕

莊雅州可說是一語道破從「巫」到「禮」的核心精神。正如孔子所謂「敬
鬼神而遠之」，孔子對於鬼神的祭祀，其抱持的態度便是相對理性的虔敬，同
時還要與鬼神保持一定的安全距離。李澤厚在其《說巫史傳統》一書中，另
有這樣的論述：

在巫術禮儀中，情感因素極為重要。巫術活動是巫師或所有參加者
所具有的某種迷狂狀態，它是一種非理性或無意識的強烈情感的展
現和暴露。〔註23〕

可見巫術本身具有極其狂熱的因子，周公「制禮作樂」的目的，大概有
一部分的原因就是要以理智來制衡這樣的迷狂。然而「巫」與「禮」其實是互
為表裡的，余英時這麼說：

禮樂源於祭祀，而祭祀則從巫的宗教信仰中發展出來。因此我們也
許可以說：早期的禮樂是和巫互為表裡的；禮樂是巫的表象，巫則
是禮樂的內在動力。〔註24〕

〔註21〕李澤厚《說巫史傳統》，（上海：譯文出版社，2012年6月），頁49～50。
〔註22〕莊雅州〈從多維角度探討詩經中的祭祀詩〉，「經學史重探（Ⅰ）——中世紀
以前文獻的再檢討」第三次學術研討會，中央研究院中國文哲研究所主辦，
2019年7月，頁8。
〔註23〕李澤厚《說巫史傳統》，（上海：譯文出版社，2012年6月），頁16。
〔註24〕余英時《論天人之際——中國古代思想起源試探》，（臺北：聯經出版社，2014
年1月），頁29。

但要注意的是，余英時所謂的「早期的禮樂」，並非指的是周公時期所謂的禮樂，而是上古時期巫俗信仰本身的儀式中就已存在的儀節與樂音，只是到了周公制禮作樂後，禮的特質更被世人所關注，巫的迷狂則逐漸受到壓抑。直到後來，巫與禮逐漸走向分途的路徑：

> 在長期的歷史進程中，巫和禮樂也一直在分途發展之中，因此越到
> 後來便越不能混為一談。周公「制禮作樂」是禮樂史上一個劃時代
> 的變動。概括地說，周初以下禮樂已從宗教——政治擴展到倫理—
> —社會的領域。〔註25〕

余英時的說法，或可作為從「巫」發展到「禮」的中肯註腳。巫到禮，其實就是從著重「天道」的立場，轉而為關注「人道」的領域，因此人的道德行為便在整個發展歷程中愈發受到關注，也影響著早期「天命觀」的改變，關於這部分的討論，筆者將留在本章第三節再行論述。

三、《詩經》誓詛詩中的巫文化遺俗

《詩經》中的誓詛詩保留了一定程度的巫文化遺俗，透過對誓詛詩中巫文化遺俗的考察，將有助於我們認識周人的宗教信仰。

（一）誓詛詩中的神監思想

「神監」的觀念，可說是誓詛詩中最需要注意的部分。「神監」指的是上天具有觀察人間的超越能力，上天透過對人間的監察，便能據此斷定人類行為的是非對錯，進而降災或賜福。王政在《詩經文化人類學》一書中說到：

> 人們之所以有對誓詞的戒守意識，是因為在初民思維中，誓詞是由
> 冥冥中的神來監視督察的，即所謂的「神監」觀念。在《詩經》中，
> 上帝好像有視覺。它觀看著盟誓之人的行為和誓言能不能一致，它
> 在監視著立誓人。〔註26〕

王政提到，《詩經》中的上帝好像有「視覺」，這在〈大雅·大明〉中可以很明顯地看到：「殷商之旅，其會如林。矢於牧野：維予侯興。上帝臨女，無貳爾心！」這裡的「上帝臨女」便是說明著上帝具有「視覺」的能力，祂能清楚「看見」人的作為是否遵照著誓言，若違反誓言，上帝恐怕會因此降下災禍給人們。

〔註25〕余英時《論天人之際——中國古代思想起源試探》，（臺北：聯經出版社，2014年1月），頁31。

〔註26〕王政《詩經文化人類學》，（合肥：黃山書社，2010年3月），頁297～298。

再如〈小雅・巧言〉所謂「悠悠昊天，曰父母且。無罪無辜，亂如此憮。昊天已威，予慎無罪；昊天大憮，予慎無辜。」還有〈小雅・巷伯〉中的「蒼天蒼天！視彼驕人，矜此勞人。」其中的「悠悠昊天」與「蒼天蒼天」，是詩人對上天的呼告之詞，這裡所隱含的「神監」感官能力則是「聽覺」的，透過詩人的大聲疾呼，上天似能因此「聽到」人間的悲苦，進而垂憐善者，報應惡者，故曰「視彼驕人，矜此勞人」。至於最為全面描述意識天的篇章要屬〈大雅・皇矣〉了，「皇矣上帝，臨下有赫。監觀四方，求民之莫。……上帝耆之，憎其式廓。乃眷西顧，此維與宅。」「帝遷明德，串夷載路。天立厥配，受命既固。」「帝省其山，……帝作邦作對。」「維此王季，帝度其心。」以及接連三章以「帝謂文王」天帝告誡文王口吻書寫，全詩逼真描摩周人心目中上帝（天）有心、有口、有手、有眼的鮮活形象。

俗話說「舉頭三尺有神明」，誠心向上天祈求，心願必能「上達天聽」，在在表現出「神監」具有「視覺」與「聽覺」的感官能力，以及人的行為，必須配合天命，皇天無親，惟德是輔的堅定信仰。

（二）誓詛詩中的日月信仰

《詩經》中的誓詛詩提供窺測當時「日月信仰」的遺俗，雖然僅有〈王風・大車〉一詩較為直接：「穀則異室，死則同穴。謂予不信？有如皦日。」指著太陽發誓，在先秦已是一種普遍的習慣，這類例子在《左傳》中出現不少，特別是「有如……」的句式，更成為發誓時的慣用套語。王政說：

> 以太陽作為約誓見證的觀念，看來很古老。從理論上說，太陽的意識產生後，太陽作為盟誓見證之神的可能性也就產生了。從留下來的史料看，《尚書・湯誓》講夏王朝到了桀，眾心欲叛，眾人視桀必敗。夏桀立誓說：「時日曷喪，予及汝皆亡！」……夏桀指日為誓，太陽不滅他不亡。〔註27〕

可見太陽神的信仰，在《詩經》的寫作階段，已相當普遍。透過太陽的居中見證，由太陽神來監察誓言的真偽，發誓者更能以此取信於眾人，這與前述所謂「神監」的觀念實為一體。其實《詩經》中的日月信仰的例子還有許多，但不見得都與「誓詛」有關，〈邶風・日月〉即是一例：

〔註27〕王政《詩經文化人類學》，（合肥：黃山書社，2010年3月），頁291～292。

　　日居月諸，照臨下土。乃如之人兮，逝不古處。胡能有定？寧不我
顧！

　　日居月諸，下土是冒。乃如之人兮，逝不相好。胡能有定？寧不我
報！

　　日居月諸，出自東方。乃如之人兮，德音無良。胡能有定？俾也可
忘。

　　日居月諸，東方自出。父兮母兮，畜我不卒。胡能有定？報我不述。
〔註28〕

　　《詩序》:「〈日月〉，衛莊姜傷己也，遭州吁之難，傷己不見答於先君，
以至困窮之詩也。」朱熹《詩集傳》:「莊姜不見答於莊公，故呼日月而訴之。
言日月之照臨下土久矣，今乃有如是之人，而不以古道相處，是其心志回惑，
亦何能有定哉？而何為其獨不我顧也，見棄如此，而猶有望之之意焉。此詩
之所以為厚也。」〔註29〕此詩在傳統注家看來，大抵是衛莊姜見棄於夫，憂
傷而作。

　　但詩中對於日月的再三呼求，其所呈現的意涵，大概要屬方玉潤的解釋
較為清楚:「一訴不已，乃再訴之，再訴不已，更三訴之，三訴不聽，則惟有
自呼父母而歎其生我之不辰，蓋情極則呼天，疾痛則呼父母。」〔註30〕其中
「情極則呼天，疾痛則呼父母」正是初民在處於極端情緒時會出現的宣洩行
為，希望透過呼喊日月天地（希望能被這些自然神聽見）而獲得內心的平衡，
這樣的「日月」信仰，可能是源自於日月高懸於天，日月的地位便幾乎等同
於「天」了。以日月的高度照臨下土，處在低處的人們自然希望能從對日月
的崇拜獲得救贖。

　　其實，關於日月的信仰，在甲骨卜辭、《尚書》、《國語》皆可找到一些材
料。《尚書·虞書·堯典》中，有「寅賓出日」、「寅餞納日」等語〔註31〕，其中
的「出日」、「納日」，分別指的是在日出與日入時分舉行祭日的儀式。而《國語·
魯語》則有這樣的句子:「是故天子大采朝日，與三公、九卿祖識地德；日中考

〔註28〕　毛亨傳，鄭玄箋，孔穎達疏，阮元刻本《十三經註疏·毛詩正義》附校刊記，
　　　　（臺北：藝文印書館印行，1956 年），頁 78。

〔註29〕　朱熹《詩集傳》，（臺北：臺灣中華書局，1991 年），頁 17。

〔註30〕　方玉潤，《詩經原始》，（臺北：藝文印書館，1981 年 2 月三版），頁 288。

〔註31〕　孔安國傳，孔穎達疏，阮元刻本《十三經注疏·尚書正義》附校刊記，（臺北：
　　　　藝文印書館印行，1956 年），頁 21。

政，與百官之政事，師尹維旅、牧、相宣序民事；少采夕月，與大史、司載糾
虔天刑。」〔註32〕其中「大采朝日」與「少采夕月」則分別指的是早晨「祭日」
與夜晚「祭月」的儀式，凡此種種，皆可作為「日月信仰」的旁證。

（三）〈小雅・何人斯〉中出現的詛咒儀式

在《詩經》的誓詛詩中，大部分的篇章並無明顯的儀式，多數僅能從詩
句當中所透露出的情緒，來判斷該詩究竟是屬於發誓的詩還是詛咒的詩，但
〈小雅・何人斯〉很特別，在詩句當中很直接地向讀者道出「詛咒」中的「儀
式」。

回顧前文，筆者在第二章第二節所論述的「詛咒」儀式，「詛咒」儀式中
最關鍵的兩個元素就是「血的交感巫術」以及「殺牲」。透過「血」來連結兩
個個體生命的關係，使任何一方都受血緣的控制，古有所謂「歃血為盟」，只
要有其中一方違背承諾，「血」將成為災禍的導體，這樣的詛咒稱之為「血的
交感巫術」；另外「殺牲」同樣也是詛咒中相當常見的一種儀式，「殺牲」為的
就是要取血，這又與「血的交感巫術」有了某種牽連。底下我們來看看〈小
雅・何人斯〉中出現了什麼詛咒的儀式：

> 伯氏吹壎，仲氏吹箎。及爾如貫，諒不我知。出此三物，以詛爾斯。
> 〔註33〕

〈小雅・何人斯〉一詩，前文已述及這是一首與朋友絕交的詩。詩中出現
兩句與詛咒儀式密切相關的句子：「出此三物，以詛爾斯」，意思是拿出三種東
西要來詛咒你，那麼這三物是哪三物呢？朱熹說：「三物，犬豕雞也，刺其血以
詛盟也。」〔註34〕龍起濤也說：「三物，犬豕雞也，民不相信則盟詛之。」〔註
35〕竹添光鴻則說：「三物，豕犬雞也，民不相信則盟詛之，君以豕，臣以犬，
民以雞。」〔註36〕陳子展則言：「相厄若不相知，願詛于神以示訣絕。」〔註37〕

〔註32〕韋昭解，《國語》，（《四部叢刊初編》景杭州葉氏藏明嘉靖翻宋本，第252冊），
頁53。

〔註33〕毛亨傳，鄭玄箋，孔穎達疏，阮元刻本《十三經註疏・毛詩正義》附校刊記，
（臺北：藝文印書館印行，1956年），頁425。

〔註34〕朱熹《詩集傳》，（臺北：臺灣中華書局，1991年），頁145。

〔註35〕龍起濤，《毛詩補正》，（臺北：大通書局，1970年6月初版），頁1025。

〔註36〕竹添光鴻，《毛詩會箋》，（臺北：大通書局，1970年9月初版），頁1327。

〔註37〕陳子展撰述，范祥雍、杜月村校閱，《詩經直解》，（上海：復旦大學出版社，
1994年9月第4次印刷），頁702。

綜上所述，各注家認為的「三物」大致相同，不外乎是豬、狗、雞三種牲畜，這即是詛咒中的「殺牲取血」，朱熹說「刺其血以詛盟」，恰恰道出「血」與「詛」的密切關聯。張永和於《信仰與權威——詛咒（賭咒）、發誓與法律之比較研究》一書中有言：

> 從人們選擇的犧牲來看，也不是隨意的結果。在中國古籍就有記載「民不相信則盟詛之，君以豕，臣以犬，民以雞。」忽略可能存在的等級制度不論，我們可以發現無論是君、臣還是民，他們所選擇的犧牲都是已經被人們自己馴化的禽獸。……我們不見人們將其他未被馴化的動物作為詛咒的犧牲，而見之最多的是牛、羊、狗、雞。人們相信，這些動物不僅具有某些與人相同的特性，同時也具有人不可有的神性，因此，順勢以殺牲形式增強詛咒的靈性也就成為必然。〔註38〕

也就是說，這些要成為犧牲的動物，也是經過人們特意的挑選，既要被人們馴化，更要能通人性，如此才能增強詛咒的效能，可見「殺牲」一法確實是「詛咒」儀式中不可或缺的手段，〈小雅・何人斯〉的「出此三物，以詛爾斯」證明了這個重要的觀念。

第三節 周人的道德標準

上一節論及「周人的精神與信仰」，提出周人的信仰有個演進的大趨勢，那就是從「巫」到「禮」的演變歷程。我們也可以這樣說，「巫」意味著不可測知的「天命」，而「禮」指的是可看得見的具體「行為」，而這些行為變成了能不能受到天命認可的「德」。「德」與「禮」的關係，還有「天命靡常」的觀念，成了本節必須討論到的重點。本節題為「周人的道德標準」，其脈絡正是由上一節著重在「天道」（巫文化、宗教信仰）的討論，到本節關注在「人道」（道德）的行為標準上。

要注意的是，《詩經》中之所以會出現「發誓」與「詛咒」的作品，通常是詩人在其生命際遇裡遭遇到相當程度的迫害與衝擊，因此才會在詩歌裡以誓或詛的方式，排遣心中憂思。然而在發誓與詛咒的詩篇中，詩人已在這些

〔註38〕張永和《信仰與權威——詛咒（賭咒）、發誓與法律之比較研究》，（北京，法律出版社，2006 年 5 月），頁 58。

強烈的誓詛字眼裡，隱然寄託了他們心中的理想道德人格典型，什麼樣的道德標準才是詩人心中的完美狀態，這是本節所欲討論的方向。

綜上所述，本節擬將討論的內容分作三個部分，分別是「天命觀的演變」、「德、禮與天命的關係」與「道德準則」三個向度，以下依次討論之：

一、天命觀的演變

所謂「天命」，指的就是老天爺的許可。過去上古時期，天命是恆常不變的，部落的首領乃至於巫的身分，地位可說是相當牢固，天與人之間的溝通權柄，幾乎掌握在這個首領或者是巫身上，不論這個首領或巫的品德資質是好是壞，老天爺認定他，就是一輩子了，恐怕就連他的後代血統都會一起認同進去。然而這樣的天命觀，在《詩經》時期便有所鬆動了。我們先看看余英時對於「天命」的解釋：

> 「天命」是巫文化中一個最重要的觀念，巫在上古精神領域中之所以取得長期的霸權和這一觀念有很大的關係。前面論及「絕地天通」神話時已指出，它可以被看作是遠古宗教、政治發展史上的一種殘餘記憶，折射出地上人王（無論規模大或小）通過巫師的中介，壟斷了與「帝」或「天」的交通。根據巫的說法，「帝」或「天」接受人王的祭祀，承認他王朝統治的合法性，這就表示他的王朝獲得了「天命」。〔註39〕

可見得「天命」是巫文化之所以能長久屹立不搖的主要原因，因為有老天爺的撐腰，地上的人王（部落首領）與巫就能從中取得統治權。然而這樣遭受巫所壟斷的天命霸權，其結構最後還是鬆動了。姑且不論夏桀無道，商湯藉此討伐他的例子，就從我們所討論的《詩經》文本，就可以看見這樣的現象：

> 明明在下，赫赫在上。天難忱斯，不易維王。天位殷適，使不挾四方。
> 摯仲氏任，自彼殷商；來嫁于周，曰嬪于京。乃及王季，維德之行。
> 大任有身，生此文王。
> 維此文王，小心翼翼。昭事上帝，聿懷多福。厥德不回，以受方國。
> 〔註40〕

〔註39〕余英時《論天人之際──中國古代思想起源試探》，（臺北：聯經出版社，2014年1月），頁42。

〔註40〕毛亨傳、鄭玄箋，孔穎達疏，阮元刻本《十三經註疏・毛詩正義》附校刊記，（臺北：藝文印書館印行，1956年），頁540。

〈大雅‧大明〉記錄的是武王伐紂時的誓師過程。詩句中提到「天難忱斯，不易維王」，正是在說明「天命」是難以信賴的，換句話說「天命」是隨時可能改變的，因此才會說「不易維王」，表示要維持王業並非易事。從這裡我們不難看出「天命靡常」的觀念已在這首詩出現了，那麼要如何才能維持天命呢？那就必須靠養「德」來贏得上天的認可，所以詩句中才會有「乃及王季，維德之行」的句子，明白告訴世人，文王之父——王季，也是因為靠著修養道德，才讓上天注意到周室這條血脈，最後傳承到了文王，文王更是小心翼翼地侍奉上帝，才能有獲得「天命」認可的福分，武王則是基於上述的德澤，才能順應「天命」，大舉伐商。因此從商到周，其間又是一次天命移轉的歷程。

總的來說，王朝是否具有統治的合法性，取決於「天命」在誰身上，而「天命」移轉的依據則是仰賴「德」的有無。

二、德、禮與天命的關係

誠如前文所述，周人的信仰既然是由「巫」到「禮」的發展態勢，而「禮」又是規範一個人的具體作為而設置的，因此我們或許可以說，符合「禮」的標準，就是有「德」。我們看看李澤厚對於「德」和「禮」有著怎樣的解釋：

> 原始巫君所擁有與神明交通的內在神祕力量的「德」，變而為要求後世天子所具有的內在的道德、品質、操守。這種道德、品質、操守，仍然具有某種自我犧牲、自我懲罰、自我克制（如祭祀時必須禁欲、齋戒等等）特色，同時它又具有魔法般的神祕力量。所有這些，便都是原巫術禮儀的遺跡殘痕。「德」的外在方面便演化為「禮」。〔註41〕

從上述文字我們可以知道，「德」是一種自我犧牲、自我克制的內在品質，後世的天子必須有這樣的內在特質，才有被天命認可的資格，然而「德」既然是一種內在特質，那麼依據德所表現出來的樣貌，便是「禮」了，因此「德」與「禮」的關係可說是互為表裡。余英時也說：

> 「禮」為判斷「德」的標準，合乎「禮」的才是「德」。〔註42〕

〔註41〕李澤厚《說巫史傳統》，（上海：譯文出版社，2012 年 6 月），頁 29。
〔註42〕余英時《論天人之際——中國古代思想起源試探》，（臺北：聯經出版社，2014年 1 月），頁 32。

　　然而需要特別說明的是，這裡所謂的「德」，仍是從統治者（人王）的角度來說，並未將這個內在品質落實到一般老百姓身上來講。但是到了孔夫子的出現，原先僅限於統治者必須保守的「德」，開始下放的民間來。應該這麼說，孔子所處時代正值禮樂崩壞，王官學術開始因為孔子的私人講學之風，成功的移植到民間來，因此許多本來與道德修養沒有直接相關的「士」、「君子」等等稱呼，開始被賦予新意，也就是要成為士君子，那得要講究個人修養問題才行。

　　而這樣的改變，其實也與孔子的「天命觀」有關。前面說過，「天命」曾經是被巫與人王所把持，要與天溝通，非得要透過巫，一直到了王朝的更替，「天命恆常」的觀念才開始鬆動。然而孔子的「天命觀」則更進一步，只要是有德的人，人人都可與天進行溝通。

> 從孔子開始的個人本位的「天命」已擺脫了人格神的糾纏。前面曾
> 論及，孔子的「天」很可能像宇宙中一種超越的精神力量，在功能
> 上或有近似人格神之處，然而並不具備人格神的形象。他直接以「個
> 人」的身分與「天」打交道，根本不給巫師的中介留下任何空間。
> 他說：「吾……五十而知天命」（〈為政〉），又說：「知我者，其天乎？」
> （〈憲問〉）這兩句話，至少就他個人一方面而言，表示他和「天」
> 之間的交往主要是通過內心的活動。〔註43〕

　　在筆者看來，余英時所謂的孔子與天之間的交往主要是通過「內心的活動」，這內心的活動應當就是「德」，只要有內心存在著「德」的涵養與精神，加上表現出來的行為合於「禮」，便能與「天命」產生聯結。經過以上的論述，接下來我們就比較能理解，何以在談完「周人的精神與信仰」之後，轉而要談「周人的道德標準」了。

三、道德準則

　　孔子說：「周監於二代，郁郁乎文哉！吾從周。」〔註44〕講的是孔子對於周禮的讚賞，周公的制禮作樂，確實對周人的信仰產生了相當巨大的影響，「理性化」是整個發展態勢的重點指標，人要從充滿神祕激情的信仰階段，

〔註43〕余英時《論天人之際——中國古代思想起源試探》，（臺北：聯經出版社，2014年1月），頁59。

〔註44〕何晏注，邢昺疏，阮元刻本《十三經注疏‧論語注疏》附校刊記，（臺北：藝文印書館印行，1956年），頁28。

過渡到理性制約的階段，非靠「禮」不可，而這個「禮」恐怕就是周人道德標準中的最高指導原則了。

這一小節要開始從《詩經》的誓詛詩，來探究周人有哪些重要的道德準則？

（一）守禮

前面提過，「禮」本來也是源於巫術中的一種儀式，也就是說「禮」原先是被壟斷的，但在周人的天命恆常觀崩解後，「禮」也開始對普通的老百姓張開雙臂。而《詩經》是周文化的產物，裡頭除了記錄了天子祭祀征伐之事，當然也開始注意到小老百姓的生活，所謂的「道德準則」，就不能僅僅圍繞在人王身上來談。

《詩經》誓詛詩中，談到對於「禮」的重視的，大概有以下幾篇：〈大雅‧大明〉、〈大雅‧常武〉、〈召南‧行露〉、〈魏風‧碩鼠〉、〈鄘風‧相鼠〉，以下依序討論之。

1.〈大雅‧大明〉

此詩關於「禮」的論述，並不直接，先來看看此詩與禮相關的句子：

> 維此文王，小心翼翼。昭事上帝，聿懷多福。〔註45〕

這裡所談到的「禮」的觀念，便是人王侍奉上帝之禮。文王有德，得到了天命的眷顧，他更要以「小心翼翼」、戒慎恐懼的心情來舉行祭祀之禮，如此才能獲得更多的認可與福分，而「小心翼翼」，其實也可視為「禮」的另一種內在品德，換另一個字來描述，就是「敬」。

2.〈大雅‧常武〉

這首詩也是一首誓師的文告。裡頭關於「禮」的敘述如下：

> 赫赫明明，王命卿士，南仲大祖，大師皇父。整我六師，以脩我戎。
> 既敬既戒，惠此南國。
> 王謂尹氏，命程伯休父，左右陳行，戒我師旅：「率彼淮浦，省此徐土，不留不處。」三事就緒。〔註46〕

「誓師」有個重要目的——嚴整軍紀。因此詩句裡面提到「整我六師，以脩我戎。既敬既戒，惠此南國」、「戒我師旅」：其中的「整」、「脩」、「敬」、

〔註45〕毛亨傳，鄭玄箋，孔穎達疏，阮元刻本《十三經註疏‧毛詩正義》附校刊記，（臺北：藝文印書館印行，1956 年），頁 540。

〔註46〕毛亨傳，鄭玄箋，孔穎達疏，阮元刻本《十三經註疏‧毛詩正義》附校刊記，（臺北：藝文印書館印行，1956 年），頁 691。

「戒」，都是「守禮」的表現，畢竟這些字眼都有自我克制之義，正如孔子所謂「克己復禮」的精神。

3.〈召南‧行露〉

這是一首女子面對暴力逼婚，卻不願妥協的詩歌。「暴力」本身就是無禮的表現，透過對暴力控訴，便是對守禮的渴求。

> 誰謂雀無角？何以穿我屋？誰謂女無家？何以速我獄？雖速我獄，
> 室家不足。
> 誰謂鼠無牙？何以穿我墉？誰謂女無家？何以速我訟？雖速我訟，
> 亦不女從。〔註47〕

其中的「雀角穿屋」、「鼠牙穿墉」都是在描述該名男子的暴行。然而面對這樣的暴行，女子卻勇於與對方對簿公堂，在《詩經》中確實少見。

4.〈魏風‧碩鼠〉

這是一首諷刺統治階層對百姓進行無情剝削，百姓進而誓言要離開故土，另覓理想樂土的詩歌。其中統治階層的無理剝削，也都是因為統治階層失德，無視於「禮」的約束。

> 碩鼠碩鼠，無食我黍！三歲貫女，莫我肯顧。逝將去女，適彼樂土。
> 樂土樂土，爰得我所。
> 碩鼠碩鼠，無食我麥！三歲貫女，莫我肯德。逝將去女，適彼樂國。
> 樂國樂國，爰得我直。
> 碩鼠碩鼠，無食我苗！三歲貫女，莫我肯勞。逝將去女，適彼樂郊。
> 樂郊樂郊，誰之永號？〔註48〕

其中「碩鼠」自然指的是無情剝削的統治者，而「無食我黍」、「無食我麥」、「無食我苗」等句子，則把統治階層那貪得無厭的醜態完全揭露無遺，這樣不顧百姓生活的統治階層，自然不會是一個注重「禮」的領導者。

5.〈鄘風‧相鼠〉

這首詩對於「禮」的渴求，就非常直接了。詩句是這樣的：

〔註47〕毛亨傳，鄭玄箋，孔穎達疏，阮元刻本《十三經註疏‧毛詩正義》附校刊記，
　　　　（臺北：藝文印書館印行，1956年），頁55。
〔註48〕毛亨傳，鄭玄箋，孔穎達疏，阮元刻本《十三經註疏‧毛詩正義》附校刊記，
　　　　（臺北：藝文印書館印行，1956年），頁211。

相鼠有皮，人而無儀。人而無儀，不死何為？

相鼠有齒，人而無止。人而無止，不死何俟？

相鼠有體，人而無禮。人而無禮，胡不遄死？〔註49〕

這首詩與〈魏風·碩鼠〉有異曲同工之妙，都是在抨擊政府的無禮作為，只是這一首詩所表現出來的內心怨憤，又更勝〈魏風·碩鼠〉一籌。詩裡面直接地說了，相鼠都有皮、有齒、有體了，難道施政者卻可以如此無儀、無止、無禮嗎？既然上位者是這樣的恬不知恥，那何不去死一死算了。

（二）守信

「守信」是誓詛詩中所呈現的另一個道德準則。孔子也曾說：「人而無信，不知其可也。大車無輗，小車無軏，其何以行之哉？」〔註50〕可見「信用」對於一個人起了相當關鍵的作用，沒有信用，那就是一種人格破產。而《詩經》的誓詛詩，有好一部份都是在談人與人之間的守信問題，特別是在愛情中發誓的詩。《詩經》誓詛詩中，談到守信的詩篇，計有以下篇章：〈邶風·擊鼓〉、〈邶風·谷風〉、〈鄘風·柏舟〉、〈衛風·氓〉、〈王風·大車〉等五篇，以下分論之。

1.〈邶風·擊鼓〉

這是一首征夫出征，思歸不得之詩，詩的最後也感嘆自己無法信守誓言。我們來看看此詩說到「信用」的詩句：

死生契闊，與子成說；執子之手，與子偕老。

于嗟闊兮！不我活兮！于嗟洵兮！不我信兮！〔註51〕

「死生契闊，與子成說；執子之手，與子偕老」是千古名句，內容當然是征夫對愛人曾經許下的諾言，誓言裡說到，不論生死，都希望能牽著對方的手到老。無奈的是，連年征伐，這樣單純真摯的愛戀，終究很難有一個圓滿的結局，所以詩人才說「不我信兮」。很明顯的，不是詩人不願實踐承諾，而是朝不保夕的戎馬生涯，帶給詩人相當強烈的不確定感，「守信」成了他心中最大的奢望。

〔註49〕毛亨傳，鄭玄箋，孔穎達疏，阮元刻本《十三經註疏·毛詩正義》附校刊記，（臺北：藝文印書館印行，1956年），頁122。

〔註50〕見《論語》〈為政〉第二。

〔註51〕毛亨傳，鄭玄箋，孔穎達疏，阮元刻本《十三經註疏·毛詩正義》附校刊記，（臺北：藝文印書館印行，1956年），頁80。

2.〈邶風·谷風〉

這是一首棄婦詩。詩句中提到信用的地方在這裡：

> 習習谷風，以陰以雨。黽勉同心，不宜有怒。
>
> 采葑采菲，無以下體？德音莫違，及爾同死。〔註52〕

上述詩句的大意是，夫婦相處之道要如和舒的谷風，也要如風雨陰陽的調和，齊心勉力，不宜怒氣相對。夫婦之間也必須有始有終，不應當愛年華而棄衰老，曾經許下「及爾同死」的諾言，更不應該違背。這段文字當然是婦人遭丈夫遺棄後的憤慨之語，「德音莫違」，是心中的想望，現實的生活中，丈夫畢竟還是不願堅持曾經有過的生死之誓了。

3.〈鄘風·柏舟〉

這是一首寡婦守節，誓死不願改嫁之詩。「守節」，從某種程度來看，也是一種「守信」的表現。詩句是這樣的：

> 汎彼柏舟，在彼中河。髧彼兩髦，實維我儀。之死矢靡它。
>
> 母也天只！不諒人只！
>
> 汎彼柏舟，在彼河側。髧彼兩髦，實為我特。之死矢靡慝。
>
> 母也天只！不諒人只！〔註53〕

此詩最能表現出「守信」的詩句是「之死矢靡它」、「之死矢靡慝」，意味到死我都無他適之心，代表婦人所堅持的愛情，至死都不會有所動搖。

4.〈衛風·氓〉

與〈邶風·谷風〉一樣，這首同樣是棄婦自傷的詩歌。出現「守信」觀念的詩句，在該詩的最後一章：

> 及爾偕老，老使我怨。淇則有岸，隰則有泮。
>
> 總角之宴，言笑晏晏。信誓旦旦，不思其反。
>
> 反是不思，亦已焉哉！〔註54〕

這一章總結女子之怨。女子本欲與男子相伴到老，但偕老之說使女子更添怨恨。淇有岸，隰有泮，惟男子的無良沒有極限。如今女子回想起總角之

〔註52〕毛亨傳，鄭玄箋，孔穎達疏，阮元刻本《十三經註疏·毛詩正義》附校刊記，（臺北：藝文印書館印行，1956年），頁89。
〔註53〕毛亨傳，鄭玄箋，孔穎達疏，阮元刻本《十三經註疏·毛詩正義》附校刊記，（臺北：藝文印書館印行，1956年），頁109。
〔註54〕毛亨傳，鄭玄箋，孔穎達疏，阮元刻本《十三經註疏·毛詩正義》附校刊記，（臺北：藝文印書館印行，1956年），頁134。

時，言笑之樂無窮，男子誠懇的誓言依然飄盪在女子的腦海裡，只是男子卻不肯回頭想一想當初的濃情蜜意，既然如此，女子也是莫可奈何，就讓一切都算了吧！男子的無良，對比當初的「信誓旦旦」，更添女子的悲苦。

5.〈王風・大車〉

這是一首誓言生不能同在一處，死願同墳而葬的愛情詩。詩句中同樣出現關於信用的誓言。

> 穀則異室，死則同穴。謂予不信？有如皦日。〔註55〕

這很明顯是一句誓詞。活著的時候，不能常相廝守，但願死時能同穴而葬。詩人為了強調此誓的可信，還特地指日為誓，希望透過太陽的見證，能讓聽者相信詩人的誓言並不虛假。

第四節 小結

總結本章第一節，從《詩經》的發誓中，可以發現周人的心理需求有：「止戈為武，追求安和」、「既敬既戒，克敵制勝」、「反抗暴力，維護自我」、「渴求愛情，堅貞不移」、「寧靜自適，遠離世俗」；又從詛咒詩中則呈現「對愛情的渴求」、「對結交良友的渴求」、「對小人的深惡痛絕」等心理需求。在研究《詩經》中的誓詛詩時，我們可以透過考察周人的心理需求，來理解周人在遭遇不平之事時，「發誓」與「詛咒」是如何有效幫助周人走過生命的低谷，如何透過一聲又一聲的怨毒咒罵，來控訴社會的不公不義。是否因為詩人的誓詛行為而有所改變現況，可能已不是關注重點，而是透過詩人的誓詛行為，周人的心理需求至少能夠藉著寫詩，得到紓發寬解。

本章第二節，周人的精神與信仰，在《詩經》的誓詛詩中可見其端。大抵誓與詛都是宗教儀式的一環，且與上古的天神信仰和巫文化有著相當密切的關聯。在「原始巫術信仰」的討論中，我們可以進一步釐清「巫」在上古社會中所扮演的角色，他除了具有與鬼神溝通的能力外，甚至還具有「巫醫」的治病專業，也具有「巫史」的文化傳承功能。另外，透過對「巫文化的發展——從巫到禮」的探討，可以了解到周人乃至於更早的初民，在「絕地天通」的傳說裡，必須透過「巫」才能與天神進行交流，也才能明白周人在周公的

〔註55〕毛亨傳，鄭玄箋，孔穎達疏，阮元刻本《十三經註疏・毛詩正義》附校刊記，（臺北：藝文印書館印行，1956 年），頁 153。

「制禮作樂」下，其「精神與信仰」漸趨理性；最後更通過探究「《詩經》誓詛詩中的巫文化遺俗」，看到「巫文化」是如何影響著《詩經》的誓詛行為。整體看來，周公的「制禮作樂」，對周人的宗教信仰的理性化過程，起了相當重要的作用，而從《詩經》的誓詛詩，亦可窺見這樣的發展脈絡。

　　本章第三節「周人的道德標準」，筆者特別從「周人的精神與信仰」接續談起，因為談「道德標準」，就勢必得明白周人信仰的演變大勢，是由「巫」到「禮」，其中的關鍵當然是周公的制禮作樂了。過程中，筆者還討論了「天命靡常」、「德、禮與天命的關係」等等議題，目的其實是要彰顯「道德」在周人的心目中已具有相當重要的地位，有「德」才能獲得天命的認可，而「德」與「禮」又是互為表裡的關係。最後，才正式談到「道德準則」，當然，周人的道德準則豈止筆者所述「守禮」、「守信」而已，如果把範圍擴大到所有《詩經》的作品來看，理當還可以列出一些道德標目，此處僅以誓詛詩為窗口觀看而已。

第六章　結　論

　　發誓和詛咒行為從古至今不衰，人們喜歡透過至高無上的神監來支持自己的良心道德，一吐冤屈，希望自己真誠無邪之心明月可鑑，也希望法律無法制裁的壞人，難逃良心道德的譴責，用詛咒的語言，上通天神來懲罰他。發誓和詛咒行為起源於原始巫術信仰，道教、佛教、基督教等宗教中，因著不同的教義，表現方式有所差異，但都持正向勸善道德觀。

　　《詩經》為我國最早文學總集，全面反映周人生活以及思想文化，對後代文學以及思想影響源遠流長，它雖非宗教之書，但提供比較完整材料考察周人天神信仰、祭祀文化，以及周人心理狀態與情感發抒。在人類的諸多行為中，「發誓」與「詛咒」，是屬於情緒較為激烈的抒發方式，透過發誓，要來證明自己的清白或信用；透過詛咒，要來懲罰他人的不當行為。發誓和詛咒有違中國人以和為貴的待人處事原則，在《詩經》中這類詩篇數量遠不及祝福、頌揚，正面和諧看待人際關係，因此這議題向來不被研究者所關注。然而人類行為是複雜的，情感經常受到他人或者社會變動而起伏不安，若能從負面來觀察當人受到挫折、沮喪、憤怒時的行為表現，將更為全面考察周人的心理和信仰特徵。因此本文分別選擇《詩經》中〈召南·行露〉等十二首發誓詩，以及〈鄘風·相鼠〉等五首詛咒詩，採用內容分類法、文本分析法、經史互證法、綜合歸納法等常見的人文社會科學研究法，期望通過相關詩篇，深入文本，透視詩中人物的遭遇，所呈現的心理精神狀態，考察周人在無告時，如何絕地天通，期望鬼神明鑑，以紓緩自己難以平和的情緒，讓人相信他內心的真誠，壞人也得到應有的懲罰。

　　本文第一章「緒論」，分別說明研究動機、前人研究情形，研究範圍和方法、研究步驟和預期成果。

　　第二章「誓詛人類行為的形成」，其中在探討「發誓」與「詛咒」這兩種人類行為時，更注意到了出現這類行為時的心理狀態與儀式，其中的「儀式」，更說明了誓詛行為的巫術特質。若就儀式而論，發誓較無制式化的儀軌，往往是對天發誓、指日為誓，不太像詛咒就必須有犧牲，有歃血的儀式。但在撰者整理發誓的相關材料時，卻也發現到，發誓有時也同樣採取較為激烈的方式，以傷害自己身體的手段來達到表達自我決心的強烈意志，其中「截耳示信」就屬於此類。而論及誓詛行為的「心理狀態」時，「敬畏鬼神的心理」與「相信巫術的心理」，都代表周人深信神靈的存在，而這些神靈還能主宰人間的禍福，這也是造成誓詛行為能夠長久被人們所依賴的原因。

　　第三章「《詩經》發誓詩探析」，撰者在這一章正式對《詩經》中的發誓詩展開文本的詮釋。《詩經》中的發誓詩可分為軍事類、抗暴類、愛情類與隱者自適類。其中軍事類有〈大雅‧大明〉、〈大雅‧常武〉以及〈秦風‧無衣〉等三篇；抗暴類有〈召南‧行露〉、〈魏風‧碩鼠〉兩首；愛情類有〈邶風‧擊鼓〉、〈邶風‧谷風〉、〈鄘風‧柏舟〉、〈衛風‧氓〉、〈王風‧大車〉、〈唐風‧葛生〉等六篇；隱者自適類僅〈衛風‧考槃〉一首。

　　第四章「《詩經》詛咒詩探析」，《詩經》中的詛咒詩僅有五首，分別是〈鄘風‧相鼠〉、〈小雅‧巧言〉、〈小雅‧何人斯〉、〈小雅‧巷伯〉、〈大雅‧蕩〉。值得注意的是，《詩經》中的詛咒詩多是集中在〈小雅〉，這頗符司馬遷《史記‧屈原賈生列傳》所謂「小雅怨誹而不亂」的評價。

　　第三章與第四章，撰者對相關詩篇文本作比較多字詞訓解和詩旨詮釋，由於《詩經》歷代傳播接受難免流於多元詮釋，在詩無達詁的必然下，造成注家眾說紛紜，莫衷一是的局面。因此在界定是否屬於誓詛詩的前提下，勢必要先蒐集歷來重要注家的訓解詮釋。撰者先羅列出《詩序》，以及歷來注家對這些誓詛詩的詮釋，再加上個人判定意見，企圖能從中建構、整理出誓詛詩出現的背景，所呈現的內容，詩中人物的處境，情緒抒發，以及希望得到的精神救贖。

　　第五章「《詩經》誓詛詩所呈現的現象」，探究《詩經》的誓詛詩，筆者提出三個可以進一層考察的面向，分別是「周人的心理需求」、「周人的精神與信仰」以及「周人的道德標準」。

　　第一節考察「周人的心理需求」。「誓」與「詛」往往是在人類遭遇不平之事時而產生的極端行為，因此可透過《詩經》中的誓詛詩，可以歸納得知周人有哪些心理需求。其中「誓」的心理需求有：「止戈為武，追求安和」、「既敬既戒，克敵制勝」、「反抗暴力，維護自我」、「渴求愛情，堅貞不移」、「寧靜自適，遠離世俗」；「詛」的心理需求有：「對清明政治的渴求」、「對結交良友的渴求」、「對小人的深惡痛絕」，這些心理需求具有恆常的普世價值。

　　第二節考察「周人的精神與信仰」。發誓與詛咒具有高度的巫術色彩，這必然牽扯到「周人的精神與信仰」。大抵誓與詛都是宗教儀式的一環，且與上古的天神信仰和巫文化有著相當密切的關聯。因此透過對「原始巫術信仰」的探討，可以了解到周人乃至於更早的初民，在「絕地天通」的傳說裡，必須透過「巫」才能與天神進行交流；也由「巫文化的發展——從巫到禮」的討論中，明白周人在周公的「制禮作樂」下，其「精神與信仰」漸趨理性；最後更通過對「《詩經》誓詛詩中的巫文化遺俗」的探究，看到「巫文化」是如何影響著《詩經》的誓詛行為。

　　第三節考察「周人的道德標準」。誓詛詩不失為反面考察周人道德標準的好視角，從誓詛詩中，我們可以發現到周人最重視的兩項道德準則，分別是「守信」與「守禮」，「守信」多與「發誓詩」有關；「守禮」多與「詛咒詩」有關。因為缺乏信用，所以必須透過發誓來強化並確認自身言論的可信度；因為無禮，所以必須透過詛咒來達到懲罰他人的惡行。因此我們或許也可以這樣說，透過《詩經》誓詛詩的研究，我們才能知道發誓與詛咒是如何穩定周人的內心秩序、如何平衡周人心中的矛盾，也才能夠藉此窺探周人的信仰遺俗，確知周人的理想道德典型。

　　《詩經》誓詛詩研究，其實是一種嘗試，過去的研究者，少有觸及到這類問題，遑論全面觀察研究，本文開啟初步的整理與詮釋，然因時代久遠，所能提供的材料有限，加上個人淺學，侷限和不足自是難免，期望方家不吝賜正。當然本文也僅是一個開始，在文化是不可切割的前提下，將來撰者應該更加用心於研究上古社會，人類行為，考古文獻，打通時空，以歷時、共時視角，全面研究人類誓詛行為和儀式，以及在中國信仰中的意義。

參考文獻

一、**古籍**（按時代先後排列）

（一）十三經注疏類

1. 左丘明傳，杜預注，孔穎達疏，阮元刻本，《十三經注疏・春秋左傳正義附校刊記》，臺北：藝文印書館印行，1956 年出版。

2. 公羊壽傳，何休解詁，徐彥疏，阮元刻本，《十三經注疏・春秋公羊傳注疏附校刊記》，臺北：藝文印書館印行，1956 年出版。

3. 孔安國傳，孔穎達疏，阮元刻本，《十三經注疏・尚書正義附校刊記》，臺北：藝文印書館印行，1956 年出版。

4. 毛亨傳，鄭玄注，孔穎達疏，阮元刻本，《十三經注疏・毛詩正義附校刊記》，臺北：藝文印書館印行，1956 年出版。

5. 趙岐注，孫奭疏，阮元刻本，《十三經注疏・孟子注疏附校刊記》，臺北：藝文印書館印行，1956 年出版。

6. 鄭玄注，孔穎達疏，阮元刻本，《十三經注疏・禮記注疏附校刊記》，臺北：藝文印書館印行，1956 年出版。

7. 何晏注，邢昺疏，阮元刻本，《十三經注疏・論語注疏附校刊記》，臺北：藝文印書館印行，1956 年出版。

（二）出土文獻

1. 黃德寬等（主編），《安徽大學藏戰國竹簡》（一），上海：中西書局，2019 年 8 月 1 日出版。

（三）其他專著

1. 許慎撰，段玉裁注，《說文解字》，臺北：洪葉文化事業公司，2001 年 10 月出版。

2. 韋昭解，《國語》，《四部叢刊初編》景杭州葉氏藏明嘉靖翻宋本。

3. 王弼注，嚴復評點《評點老子道德經》，臺北：廣文書局，1979 年出版。

4. 郭璞傳，郝懿行箋疏《山海經箋疏》，成都：巴蜀書社，1985 年出版。

5. 葛洪《抱朴子》，上海：上海書店出版社，1992 年出版。

6. 劉義慶撰，劉孝標注，朱鑄禹彙注，《世說新語彙校集注》，上海：上海古籍出版社，2002 年 12 月出版。

7. 劉勰，《文心雕龍》，臺北：金楓出版社，1986 年 10 月出版。

8. 唐，房玄齡，《晉書》，北京：中華書局，1975 年 6 月出版。

9. 唐，李延壽，《南史》，北京：中華書局，1975 年 6 月出版。

10. 李昉等纂修《太平御覽》，臺南：平平出版社，1975 年出版。

11. 郭茂倩，《樂府詩集》，北京：文學古籍刊行社印行，出版年不詳。

12. 朱熹，《詩集傳》，臺北：臺灣中華書局，1991 年出版。

13. 元，脫脫，《金史》，北京：中華書局，1975 年 6 月出版。

14. 陶宗儀，《南村輟耕錄》，上海：上海商務印書館，《四部叢刊三編》本，1936 年出版。

15. 黃佐，《六藝流別》，收錄於王雲五編《景印岫廬現藏罕傳善本叢刊》，臺北：臺灣商務印書館，1973 年出版。

16. 牛運震，《詩志》，烏石山房文庫本《空山堂集》。

17. 劉寶楠、劉恭冕，《論語正義》，臺北：世界書局，1998 年出版。

18. 方玉潤，《詩經原始》，臺北：藝文印書館，1981 年 2 月三版。

19. 陳繼揆，《讀風臆補》，收錄於《續修四庫全書·經部·詩類》第 58 冊，上海：古籍出版社，2002 年出版。

20. 龍起濤《毛詩補正》，臺北：大通書局，1970 年 6 月初版。

21. 瀧川龜太郎，《史記會注考證》，臺北：萬卷樓圖書股份有限公司，1993 年 8 月出版。

22. 陳奇猷校注，《韓非子集釋》，臺北：漢京文化事業有限公司，1983 年 5 月出版。

二、近人著作（依姓氏筆畫排列、域外學者列後）

1. 于省吾，《詩經新證》，臺北：藝文印書館印行，1958 年出版。

2. 王靜芝，《詩經通釋》，臺北：輔仁大學文學院發行，2001 年 10 月十六版。

3. 王政，《詩經文化人類學》，合肥：黃山書社，2010 年 3 月出版。

4. 田兆元，《盟誓史》，南寧：廣西民族出版社、上海藝文出版社，2000 年 10 月出版。

5. 余英時，《論天人之際——中國古代思想起源試探》，臺北：聯經出版社，2014 年 1 月出版。

6. 李澤厚，《說巫史傳統》，上海：譯文出版社，2012 年 6 月出版。

7. 呂靜，《春秋時期盟誓研究——神靈崇拜下的社會秩序再構建》，上海：上海古籍出版社，2007 年 6 月出版。

8. 呂珍玉，《詩經詳析》，臺北：五南圖書公司，2015 年 8 月二版一刷。

9. 屈萬里，《詩經詮釋》，臺北：聯經出版事業公司，1993 年出版。

10. 林惠祥，《文化人類學》，上海：上海書店出版社，2011 年 12 月出版。

11. 俞水生，《漢字中的人文之美》，香港：中華書局，2014 年出版。

12. 夏傳才、董治安主編《詩經要籍集成》，北京：學苑出版社，2002 年出版。

13. 陳子展撰述，范祥雍、杜月村校閱，《詩經直解》，上海：復旦大學出版社，1994 年 9 月四版。

14. 郭沫若，《郭沫若全集：考古編第九卷》，北京：科學出版社，2002 年出版。

15. 郭沫若《甲骨文字研究》，香港：中華書局，1976 年出版。

16. 郭春梅、張慶捷，《世俗迷信與中國社會》，北京：宗教文化出版社，2001 年 5 月出版。

17. 程俊英、蔣見元，《詩經注析》，北京：中華書局，2005 年出版。

18. 張永和，《信仰與權威——詛咒（賭咒）、發誓與法律之比較研究》，北京：法律出版社，2006 年 5 月出版。

19. 聞一多著，孫黨伯、袁謇正主編，《聞一多全集》，武漢：湖北人民出版社，1993 年出版。

20. 蔣文，《先秦秦漢出土文獻與詩經文本的校勘和解讀》，上海：中西書局，2019 年 8 月出版。

21. 竹添光鴻，《毛詩會箋》，臺北：大通書局，1970 年 9 月初版。

22. 白川靜著，加地伸行、范月嬌合譯，《中國古代文化》，臺灣：文津出版社，民國 72 年。

23. 詹·喬·弗雷澤（Frazer James Grorge）著，徐育新、汪培基、張澤石譯，汪培基校，《金枝》，北京，大眾文藝出版社，1998 年。

24. 路先·列維—布留爾（Lucien Levy-Bruhl），《原始思維》，臺北：臺灣商務印書館，2001 年。

三、學位論文（按姓氏筆畫排列）

1. 任百平，《詩經中的巫文化研究》，重慶大學中國古代文學專業碩士論文，2012 年 5 月。

2. 林玲華，《詩經巫俗研究》，嘉義大學中文研究所碩士論文，2006 年 7 月。

3. 苗純嬌，《關雎、東方之日、九罭的巫術咒語因素解讀》，延邊大學中國古代文學專業碩士論文，2011 年 5 月。

4. 孫宇，《周禮所見巫術考》，東北師範大學中國古典文獻學專業碩士論文，2010 年 5 月。

5. 魏昕，《滲透於詩經中的原始宗教意識》，東北師範大學中國古代文學專業碩士論文，2006 年 5 月。

6. 龔曉康，《道教咒術中的時間、空間及主客體觀念》，四川大學宗教所道教專業碩士論文，2002 年 3 月。

四、期刊論文（按姓氏筆畫排列）

1. 田兆元、龍敏，〈秦國崛起與盟誓制度研究〉，《國際觀察》，2007 年第 5 期。

2. 田兆元、羅珍，〈論盟誓制度的倫理與孔子信義學說的形成〉，《湖北民族學院學報》（哲學社會科學版），2006 年第 24 卷第 6 期。

3. 李艷紅，〈侯馬盟書溫縣盟書與左傳盟誓語言比較研究〉，《殷都學刊》，2007 年第 3 期。

4. 金顏，〈先秦盟誓的社會作用〉，《青海師範大學學報》（哲學社會科學版），2006 年第 5 期。

5. 雒有倉，〈西周初期盟誓論述〉，《西北大學學報》（哲學社會科學版），2006 年 3 月第 36 卷第 2 期。

6. 雒有倉、梁彥民，〈論商周時代盟誓習俗的發展與演變〉，《陝西師範大學學報》（哲學社會科學版），2007 年 7 月第 36 卷第 4 期。

7. 瞿繼勇，〈詩經中的語言巫術及民俗信仰〉，《常熟理工學院學報》（哲學社會科學），2009 年 11 月第 11 期。

五、學術會議論文

莊雅州，〈從多維角度探討詩經中的祭祀詩〉，「經學史重探（Ｉ）——中世紀以前文獻的再檢討」第三次學術研討會，中央研究院中國文哲研究所主辦，2019 年 7 月。

六、讀書會紀要

西南大學孟蓬生、王化平等主持微信群「安大簡《詩經》讀書班」研討紀要。

附錄一　《詩經》中的發誓詩

（依論文討論次序排列）

篇　名	誓　辭
〈大雅·大明〉	殷商之旅，其會如林。矢于牧野：「維予侯興。上帝臨女，無貳爾心！」
〈大雅·常武〉	戒我師旅：「率彼淮浦，省此徐土，不留不處。」三事就緒。
〈秦風·無衣〉	曾子以組，明月將逝。
〈召南·行露〉	雖速我獄，室家不足。 雖速我訟，亦不女從。
〈魏風·碩鼠〉	逝將去女，適彼樂土。 逝將去女，適彼樂國。 逝將去女，適彼樂郊。
〈邶風·擊鼓〉	死生契闊，與子成說；執子之手，與子偕老。
〈邶風·谷風〉	德音莫違，及爾同死。
〈鄘風·柏舟〉	之死矢靡它。 之死矢靡慝。
〈衛風·氓〉	信誓旦旦，不思其反。
〈王風·大車〉	穀則異室，死則同穴。謂予不信？有如皦日。
〈唐風·葛生〉	夏之日，冬之夜。百歲之後，歸于其居。 冬之夜，夏之日。百歲之後，歸于其室。
〈衛風·考槃〉	永矢弗諼。 永矢弗過。 永矢弗告。

附錄二　《詩經》中的詛咒詩

（依論文討論次序排列）

詛咒篇名	詛　辭
〈鄘風‧相鼠〉	人而無儀，不死何為？ 人而無止，不死何俟？ 人而無禮，胡不遄死？
〈小雅‧巧言〉	既微且尰，爾勇伊何？為猶將多，爾居徒幾何？
〈小雅‧何人斯〉	出此三物，以詛爾斯。
〈小雅‧巷伯〉	彼譖人者，誰適與謀？取彼譖人，投畀豺虎； 豺虎不食，投畀有北；有北不受，投畀有昊。
〈大雅‧蕩〉	侯作侯祝，靡屆靡究。